公益叢書
第六輯

公益法人・NPO法人と地域

現代公益学会編

文眞堂

公益法叢書
第六巻

公益法人・NPO法人と地域

現代公益学会編

文眞堂

はしがき

　公益活動、公益事業、公益法人という言葉を聞くと、なぜか自分には身近でないもののように感じるのはなぜであろうか。それらは寄付やボランティア活動といった、利他の精神に基づいた崇高な活動を行っているところに限定されると思うからではあるまいか。自分はそういった公益活動を行っていないので、公益とは程遠いと感じているのではないだろうか。物心がついて幼稚園・保育園から小学校・中学校・高校・大学と授業を受け、スポーツの部活動や文化クラブの活動に参加する、これらは国公立・私立のいかんを問わず、すべて公益活動の恩恵にあずかってきているものである。また、スポーツ観戦、音楽鑑賞、美術鑑賞、あるいは習い事、趣味のたぐいまでのどれをとっても公益法人や公益事業と無縁であるものはないといってもよいのではなかろうか。

　広く公益事業をとらえると、学校のみならず、公共交通、電気・ガス・上下水道、郵便事業・宅急便事業、病院・医院等医療事業等も公益事業の範疇に含めることができるとすれば、今日においても多くの国民が公益事業と無関係でいることはない。

　平成28年「公益法人の概況及び公益認定等委員会の活動報告」（平成29年9月27日内閣府）によれば、一つの都道府県だけで活動している社団法人・財団法人と複数の都道府県で活動している社団法人・財団法人との比率は概ね8対2の割合[1]であり、さらに、一つの都道府県だけで活動している公益社団法人・財団法人（7,048法人）の中では事業目的に「地域社会の健全な発展」を事業目的としているところが最多で、3,011法人（42.7%）[2]に達している。

　以上のように公益活動は、地域を中心とした活動が基礎となっている。地域での活動を全国的に取りまとめる組織ができることもある。公益叢書第六輯は、地域という観点から公益法人・NPO法人を取り上げることとした。

（佐竹正幸）

はしがき

注

1) 平成28年「公益法人の概要及び公益認定等委員会の活動報告」〜概要〜平成29年9月27日内閣府、19頁：表1-3-2より抜粋（ただし（＊）を除く）。

平成28年度	内閣府	都道府県	合計
公益社団	797	3,353	4,150
公益財団	1,613	3,695	5,308
公益法人計	2,410	7,048	9,458
移行法人＊	1,931	8,408	10,399
合計	4,351 (22%)	15,456 (78%)	19,797

＊ 移行法人とは、特例民法法人のうち、一般法人に移行し、公益目的支出計画を実施中の法人のことをいう。（平成27年公益目的支出計画実施報告の提出件数：同84頁、表2-2-24より抜粋）

2) 3,011÷7,048＝42.7%（同表1-3-2より）

目　次

はしがき……………………………………………………佐竹正幸

地域と公益

第Ⅰ部　公益法人・非営利法人と地域

第1章　学校法人・公益法人と地域
　　　　―地域は公益の基点・拠り所―……………小松隆二

　はじめに―公益における地域認識の欠落 ………………………… *5*
　1. 大学・学校の地域認識の現実 ………………………………… *7*
　2. 公益法人は地域をどう受けとめるか ………………………… *9*
　3. 大学・学校関係者と地域・住民の距離 ……………………… *15*
　4. 欧米の大学と地域の関係の実際 ……………………………… *17*
　おわりに ………………………………………………………… *19*

第2章　非営利法人の現状と課題 ……………………渡辺勝也

　はじめに ………………………………………………………… *23*
　1. 非営利法人制度の変遷 ………………………………………… *23*
　2. 法人別の現状と課題 …………………………………………… *28*
　3. 非営利法人制度全体の課題と今後のあり方 ………………… *35*
　おわりに ………………………………………………………… *39*

第3章　市民社会組織の学習支援と公益 ……………安田尚道

　はじめに―公益としての学習支援と生活の質 ……………… *41*

1. 公益の分業と市民社会組織 …………………………………… *42*
2. 市民社会組織の役割と生活の質 ……………………………… *44*
3. シティズンシップと学習支援 ………………………………… *47*
4. ポスト工業化の初職構造と格差 ……………………………… *48*
5. 貧困による潜在能力の欠如と支援 …………………………… *52*
おわりに―学習支援の実質化と地域の市民化 ………………… *53*

第Ⅱ部　地域・自治体における共生と公益

第4章　地域包括ケアの課題と地域共生社会への展望 ……… 山路憲夫

はじめに ………………………………………………………………… *59*
1. 地域包括ケアの取り組みの経緯 ……………………………… *60*
2. 医療・介護保険制度改革から地域包括ケアへ ……………… *61*
3. 財政抑制策としての「予防」と「在宅」を柱とした医療・
介護保険制度改革 ………………………………………………… *64*
4. 地域の看取り体制をどう作り上げるのか …………………… *68*
5. 本当の「かかりつけ医」をどう増やすか …………………… *71*
6. 自治体での看取り体制をどう作るか
―兵庫県豊岡市と神奈川県横須賀市の事例から ……………… *74*
7. 地域包括ケアから地域共生社会への展望と課題 …………… *77*

第5章　エイジレス社会における人材の循環的活用
　　　　　―高年齢者雇用安定法の現状と課題― …………………… 村上正史

はじめに ………………………………………………………………… *81*
1. 高年法の概要 …………………………………………………… *82*
2. 高年齢者雇用の現状 …………………………………………… *83*
3. 循環型社会形成推進法との比較 ……………………………… *87*
4. 高年齢者雇用安定法の分析 …………………………………… *89*
おわりに ………………………………………………………………… *95*

第6章　わが国自治体における CSR の政策化の意義と課題 …泉　貴嗣

　　はじめに ……………………………………………………………… *98*
　　1. CSR 政策の視座と政策化の歴史 ………………………………… *99*
　　2. CSR 政策化の意義 ………………………………………………… *110*
　　3. CSR 政策化の課題 ………………………………………………… *112*
　　おわりに ……………………………………………………………… *114*

第Ⅲ部　地域における被災・犯罪と公益の対応

第7章　被災地域事業者への復興支援コンサルティングから
　　　　公益活動を考える ……………………………………青木和博

　　はじめに ……………………………………………………………… *119*
　　1. コンサルティング活動とは ……………………………………… *121*
　　2. 関わった復興支援コンサルティング活動のスキーム ………… *123*
　　3. 事例に見る被災地事業者へのコンサルティング活動 ………… *127*
　　おわりに ……………………………………………………………… *130*

第8章　濱口梧陵と公益
　　　　―「稲むらの火」説話にみる防災の精神― ……………仁茂田恭一郎

　　はじめに ……………………………………………………………… *132*
　　1. 濱口梧陵の生きた時代 …………………………………………… *133*
　　2. 安政南海大地震・大津波襲来 …………………………………… *135*
　　3. 堤防建設の精神 …………………………………………………… *139*
　　4. 「稲むらの火」とラフカディオ・ハーン ……………………… *141*
　　5. 「稲むらの火」からの教訓 ……………………………………… *145*
　　6. おわりに―濱口梧陵と公益 ……………………………………… *147*

第9章　未成年者の法律違反についての社会と公益 ………横山　勝

　はじめに ………………………………………………………………… *150*
　1. 日本の刑事裁判―特に少年審判を中心に ……………………… *150*
　2. 少年審判の実際 …………………………………………………… *153*
　3. 家庭裁判所における少年審判 …………………………………… *154*
　4. 少年審判と刑事裁判 ……………………………………………… *158*
　5. 公益と少年審判 …………………………………………………… *160*
　6. 少年法適用年齢引下げ …………………………………………… *164*

環境と公益

第1章　原子力発電に公益性はあるか ……………………北沢　栄

　はじめに ………………………………………………………………… *169*
　1. 「夢の原子炉」の破綻 …………………………………………… *169*
　2. 原発7基が再稼働 ………………………………………………… *171*
　3. 失われた人と土地 ………………………………………………… *173*
　4. 後始末に重い国民負担 …………………………………………… *174*
　5. 果てしない汚染水対策 …………………………………………… *177*
　6. 新しい知見相次ぐ ………………………………………………… *178*
　7. 政府が原発にこだわる理由 ……………………………………… *181*
　おわりに ………………………………………………………………… *183*

第2章　技術と社会の協働
　　　　　―デンマークの風力発電機開発等からの考察― …………上野伸子

　はじめに ………………………………………………………………… *186*
　1. 近代化における技術と社会の協働―オランダの自転車開発 … *187*
　2. 再生可能エネルギー普及のための技術と社会の協働

　　　　　―デンマークにおける風力発電機開発 …………………………… *191*
　　3. 技術と社会の協働に関する考察 ……………………………………… *197*

第3章　生活環境と酸素およびオゾン ………………………… 苗村晶彦

　はじめに ……………………………………………………………………… *201*
　1. 地球の歴史上の酸素とオゾン ………………………………………… *202*
　2. 生活の中の酸素 ………………………………………………………… *205*
　3. 成層圏オゾン …………………………………………………………… *207*
　4. 対流圏オゾン …………………………………………………………… *208*
　おわりに ……………………………………………………………………… *215*

あとがき ………………………………………………………… 境　新一

資料 …………………………………………………………………………… *220*
　現代公益学会　活動報告
　現代公益学会　会則
　公益叢書発刊の辞（第一輯）
　公益叢書第一輯～第五輯の紹介

執筆者紹介

地域と公益

第二十部分

第Ⅰ部

公益法人・非営利法人と地域

第1章

学校法人・公益法人と地域
―地域は公益の基点・拠り所―

はじめに―公益における地域認識の欠落

　公益や公益法人にとって、基本となるもの、あるいはその原点や出発点に位置するものは何であろうか。
　組織や活動の原点や出発点と言えば、それぞれの領域やテーマにおいて、最も大切・重要な位置にあるものの一つである。それだけに原点や出発点について語ることは、組織や活動、あるいは領域やテーマにおいて最も中心的な課題に触れることになるであろう。
　例えば、公益に関して言えば、私は、その原点が自らを超える他への思いやりである、とくり返し説明してきた。またその実践の第一歩は、人々の日常でよく見られる小さな親切や善行、つまり予定・計画された行動というより、任意に、また自然に踏み出される、心のこもった行動である、とも説明してきた。そこには、任意・自由、非営利、対象の不特定多数性という公益の原則が明快に込められている。
　その公益における非営利など原点や出発点に位置するものは、一般的には時代を超えても変わらない。ただ、その活動の方法、意義、役割は時代と共に変わってきた。そうかと思うと、地域のように、大切なのにその重要性の認識が後れてきたものもある。
　日本でも、明治初年など資本主義初期の頃は、地主・経営者など資産家や地域リーダーが足下の村やまちの貧困、被災、不幸、公共施設の不足などに対し、一方的に上から救済、救護、サービスするあり方が普通であった。その上からのサービスや資金の提供が活かされ、世のため人のためになってきたので

ある。

　その後、時代を経て、現代に至ると、公益のサービスの提供は一方的に上から付与されて終わる形ではなく、また「世のため人のため」を超えて主体と対象が対等に向き合い、サービスや資金の提供がなされる。しかも、その提供されたサービスや資金は、いずれ自分にもプラスになって返ってくる。まちづくり、あるいはまちづくりにも不可欠なボランティア活動がその典型である。まちづくりも、ボランティア活動も、活動主体がサービスを提供してそれで終るのではなく、その結果、地域・まちが整備され、より良くなることで、それを全てのものが享受できるようになる。すると、それが自分（サービス提供者）にもプラスに返ってくる。その点を見ても、公益における活動成果、地域の役割や意義は時代と共に変わってきたことがうかがえるであろう。

　そのようなあり方を振り返りつつ、改めて公益の原点や出発点について思いを致すと、どの時代にも、公益活動の出発と展開は各地域においてなされてきた。公益の活動が認められ、評価されるのも、まず地域においてである。大学をはじめ、公益法人が地域の重要性を認識することは、資本主義初期の頃には弱かったが、時代と共に、少しずつ強まってきた。しかし、なお公益法人の地域に対する認識と評価は弱い。

　現在同様かつても、公益活動は活動母体の置かれた、それぞれの地域で展開された。いきなり知らない都市、あるいは全国や世界中で展開されたわけではない。まず母体や活動拠点のある地域を念頭に、地域の課題に地域の広がりで、公益活動は展開された。貧困、被災、公共施設の不足などの救援・救護、補助がその典型である。また初期から盛んであった教育や倫理・道義関係の公益活動・公益法人も、主として地域の教育や倫理の啓発、指導、サービスから取り組んできた。

　現代の公益・公益法人にあっても、地域こそ基点であり、活動が展開される拠点である。その地域における公益法人や公益活動の役割が一層大きく、明快になっているのが現代である。実際の公益法人やNPO法人、あるいはボランティア活動などの公益活動を例にとってみても、それらの依存できる拠り所、活動の場は地域である。また公益活動を評価し、協力してくれるのも、地域である。どのような公益活動でも、地域との関わりが、それぞれの活動の発展や

将来を分けるほど重要な意味をもつほどになっている。

　現実に、地域の理解や支援があるかどうかで、公益法人・公益活動のあり方や内容や役割、そして評価は大きく変わってくる。それほど公益・公益法人にとって地域というものが重要な位置にあるということである。

　にもかかわらず、日本では公益法人が地域のことをしっかり受けとめる例は少なかった。むしろ地域に応援を求めるよりも、自分たちの法人が現に持っている人材や能力、収入や資金の範囲で活動することで良しとしてきたのである。

　また、公益・公益法人と地域の関係やあり方について、研究でも真正面から取り組む例はほとんど見られなかった。それは、公益法人関係者のみか、専門研究者にも言えることであった。地域の重要性の認識、そして公益法人と地域が良好・親密な関係を築くことは、とりわけ公益法人関係者にとっては有効・有益に働く。

　しかるに、そのような認識と姿勢が遅れてきたのが、公益をめぐる日本の特徴の一つである。研究者も、その点では例外ではなかった。ようやく近年に至ってその遅れに気づき、地域重視へと軌道修正が図られつつあるところである。

1. 大学・学校の地域認識の現実

　大学・学校にしろ、日本の場合、長い間教育・研究の維持や向上に必要な収入に関しては、学生・生徒等の納付金、戦後はそれに加えて公的助成に主に依存してきた。地域からの協力や支援、具体的には地域からのボランティア活動や寄付にはそれほど関心を向けることはなかった。

　実際に、日本における大学・学校では、教育・研究のコストを負担するのは、サービスを受ける学生や生徒たちであった。地域ではない。そうならば、サービスを提供する対象は、学生・生徒であり、自らが立脚する地域・住民に関しては、コストを負担しないという理由でサービス対象から外して当然という程度の認識を続けてきた。

　経済発展・経済成長が当り前の時代が長く続いたので、それに合わせて、大

学は学費類に関しても定期的に値上げで対応することができた。定期昇給による賃金等の支出の年々の増加にも堪えることができた。経済成長に合わせ、消費者物価などの上昇率にスライドさせて学費を毎年値上げする大学が、早慶両大学をはじめ、当り前になったほどである。地域の協力や寄付に依存するあり方に注意を向ける必要はなかったので、自らが地域に協力や貢献する役割にも力を入れることは少なかった。また、自分たちの大学・学校を地域がどう評価し、どう位置付けているかも、それほど真剣に受けとめる必要も感じなかった。

そのような認識や構造が、日本の大学・学校に、地域とその公益的な関係に配慮する理念や姿勢、また地域に依存するあり方・姿勢を弱いものにした。それが、学校法人の財政の規模をスケールの小さなものにし、また財政の安定性を弱いものにした一因ともなった。

本来、教育や研究は非営利のもので、学校法人は理念的には公益を基本としてきた。実際に、大学・学校の本務とする教育・研究は、公益性の高いものである。それだけに、国・自治体も学校法人には補助や減免税も行ってきた。

ただ実際には、日本の場合、大学も学校も、教育をサービスで提供する発想は極めて弱く、サービス対象からコストあるいはコスト以上のものを徴収するという理解も、当り前であった。その点でも、公益意識は弱かったり、欠けたりしがちであった。

その点は、大学・学校が自らの拠って立つ足下の地域を大切にしなかったことによく表れていた。教育・研究のサービス相手に関しては、近隣・足下の地域を視野・視界から外し、コストを負担する学生・生徒にもっぱら目を向けるあり方にこだわった。むしろ、費用・コストを負担しない地域や住民にサービスしないのも、積極的に交流しないのも、当り前という認識に立ってきた。

その分、日本の大学・学校は、地域と住民からボランティアや寄付などの貢献が少ないのも当然と考えてきた。

そのように、公益の基本となる地域を軽視する以上、公益の理念や活動が地域には容易には拡大しなかった。また、公益と地域について真正面から考え、論ずる認識も限られてきた。近年に至って、地域とは公益的に強く結びつき、寄付もボランティアも多く提供される欧米のあり方に学んで、ようやく日本の

大学・学校も地域の重要性に気づき、考え方・あり方を変えだしたところである。

しかし、長年の地域軽視の風潮は容易には改善されそうにない。欧米に近いほどに良好な関係を実現するには、なお相当な時間がかかりそうである。

欧米では、地方小都市でも、美術館、博物館、オーケストラなどが安定して成り立つのは、地域住民のボランティアや寄付による協力のお蔭である。そういった実情を日本も学びだしたところである。

同様に、大学・学校以外の公益法人一般も、日本では地域の重要性の認識・理解には欠けているのが常であった。近年に至って、ようやく一部の公益法人が地域の重要性に気づき出したところである。公益法人でありながら、公益の拠点となる地域に関心・配慮を向けえなかったところに、大学・学校はじめ、日本の公益活動や公益法人における重要な欠落や課題が存したのである。

2. 公益法人は地域をどう受けとめるか

(1) 市民やまちづくりにとっての地域

ついこの前まで、地域研究などと研究レベルで地域を考える場合、世界の限定された地域、例えば東南アジア、アフリカ、中近東、中南米、ヨーロッパなどを指すのが一般的であった。現在も、地域研究あるいは地域研究所といえば、アジア研究、ヨーロッパ研究、南米研究などと、世界の特定地域を指すものが多い。

また民俗学、言語学、宗教学、人類学など地域性が出やすい学問を、地域研究と呼び、その視点から取り組むものも見られた。

さらに、近年、地域学の視点から地域にアプローチし、研究を深める動きも出てきた。20世紀末から21世紀にかけて、東北学、多摩学、千葉学、大阪学、東海学、小平学など地域学があいついで提唱されたり、登場したりした。その成果の一つは中路正恒責任編集で『地域学』（改定新版、京都造形芸術大学、2010年）にまとめられた。地域学では珍しく地域とは何かを深く掘り下げようとしており、大いに注意を引く。ただ、まちづくりのように地域を公益性や社会性との関わりで見る視点や公益活動・公益法人の拠点として見る視点

は視界に入っていない。

　ところが、まちづくりの一般化と共に、断りなしに地域といえば、世界の限定された特定の地域や、日本の特定地域を指す地域学の地域よりは、市民・住民と共にある足下の、あるいは周辺のまちが想起されるようになってくる。

　実際に、現在、地域と言えば、その住民、さらにまちづくりに関わる人々が、共有・享受できる場・広がり・空間を考える。地域の土地は多くの市民、法人、あるいは国や自治体によって所有されている。それらの土地・広がりは道路、公園、河川・水路、街路樹等でつながれている。その道路等で結ばれた地域という空間・自然・環境全体を土地所有の如何に関係なく、意識上は市民みんなで地域として共有し、享受する。政治、経済、生活、社会的活動、教育・文化・芸術などあらゆる活動も、地域を足場に展開される。

　辞典類を見ると、地域については世界の特定地域を念頭に浮かべることはなく、「区切られた土地」「土地の区域」(『広辞苑』)、「一定の限られた土地の範囲」(『新潮国語辞典』)などと説明されている。なんとなく曖昧で、抽象的であり、実感・実態がともなわない。むしろ、実態・現実の姿が思い浮かぶように具体的に説明するのを避けてきた感がある。明らかに、辞典類は日本の地域の実態を誰もが納得するようには明快に表現できずにいる。そんな状態なのである。

　それを受けて、公益認識や公益法人全体で共有できる地域に関する共通の認識や定義も成立していない。一人一人が地域をこのようにとらえるという個別的理解・定義に任せる状態であったし、現在もそうである。

　実際に、地域に関しては、あらかじめ地域とはこういうものであると明快に定義して取りかかる例はほとんどない。研究者レベルでも、地域をきちんと定義している例は、ほとんど見られない。各々が必要に応じて自由に柔軟に使用しているのが実情である。一人一人の地域の理解をまとめたり、まちづくりなど地域に関わる関係者に地域をどうとらえているかをアンケートなどで調査したりすることがなお必要な段階である。

　例えば、私どもが山形県でも日本海側の庄内地域において、東北公益文科大学を足場にまちづくりを先駆的に訴え、取り組んだ時に、地域として念頭に置いたのは、一方で大学（酒田市）を拠点にする場合は、大学のある酒田市を足

場に、その周辺、つまり大学院のある鶴岡市も含む、庄内地域全域であった。他方で大学院を拠点にする場合は、大学院のある鶴岡市を足場に、その周辺、つまり隣の酒田市を含め、庄内地域全域であった。そんな具合に地域を意外に広域でとらえていた。それは、大学が足場にした酒田や鶴岡を超えて庄内全域から大学も大学院も支援を受けていたせいでもあった。

そのように、地域やまちという用語は、まちづくり関係者や研究者を先頭に、全ての市民が自由に気軽に使ってきた。実際に、全ての市民が使う用語である。それだけに多様に、柔軟に使われてきた。専門的に厳格に定義され、専門家以外には使用しにくいというものではなかった。まちづくりで言う地域は、自分の住んでいる土地・住居の周辺などとごく狭く言う場合もあれば、さらには地元全体であったりもした。つまり、地域は、まちづくり、開発、整備計画など、目的や課題によって、狭く、時には広く、柔軟に、自由に使用されてきたということである。

ということは、地域やまちづくりの広がりは、目的にあわせて自由自在に伸縮できるということである。それほど厳密・細密に区切って理解することはない。例えば、狭い特定の地域のみのまちづくりにも、また市町村全体を対象にするまちづくりにも、地域は使えた。

市民がボランティアとして公益活動に従事する場合、地域を抜きには考えられない。自らの住居と生活の周辺、あるいは勤務先の地域やそこにある施設などから始めるのが普通である。見ず知らずの場所ではなく、自らの生活する場、あるいは生活するまちの周辺が地域認識の出発点・拠点になるのである。

(2) 地域の重要性を認識できなかった学校法人・公益法人

これまで日本の公益法人の課題として地域について議論が行われる時は、きまって、地域および住民との連携・協力の弱さの指摘がなされた。地域は公益の出発点であり、公益活動の実践の場でもある。公益性の強いまちづくりも、その第一歩が踏み出されるのは、地域であり、またその後の永続的活動もその地域で展開される。大切なことは、自分の持家から地域に視野も活動も拡げることにより、持家づくりからまちづくりに活動の目標、視界、意味も変わるこ

とである。
　ところが、そのように大切な地域なのに、多くの大学・学校は地域を軽視してきた。学校法人のみか、公益法人全体が地域を軽視してきた。公益法人でも、巨大法人ほど地域を軽視してきた。地域がどうあろうと、自分たちは地域に関係なく法人の目的や活動を自らの持つ人材や財政の範囲で遂行するという閉ざされた意識であった。
　実際に、日本では大学も、学校も、長い間、地域の重要性を認識できなかった。地域による評価の重要性にも気づかなかった。教育・研究のコストを負担する学生・生徒へのサービスを行っていればよいという考えであった。その点が欧米の大学と大きく異なる点であったし、日本の大学・学校は、地域からの評価、地域とのつながりの重要性を認識できなかったことが大きな弱点でもあった。
　地域を軽視することは、地域を支える住民、さらにはそこにおける歴史・伝統、文化、自然などを軽視すること、同時に自らの意識や活動を狭めることであったが、それらの点を容易には意識されなかったのである。
　その点では、学校法人のみか、公益法人全体がそうであった。教育関連の公益法人の場合は、自らの足下の地域・住民と離れては意味がないので地域に目を向けてきた方であるが、それでも決して重視してきたとはいえない。
　公益法人と経済的な営利企業の相違の一つは、地域の位置づけ、評価である。営利活動にあっては、大切なことは、商品と市場である。その発展は市場を通す商品の販売にかかっている。商品を市場で販売することが勝負なのである。決して地域が基本となるのではない。
　いうまでもなく、公益法人は、不特定多数に非営利でサービスを行うことを目的にする。企業が依存する営利をあげる商品も、市場も持っていない。依存できるのは、少数の理解者・スポンサー、それ以外に頼りになるのは、主に地域とその住民である。ところがその地域と住民を軽んじてきたので、公益活動は発展しにくかった。
　営利企業にとっては、地域も、経済的な市場の視点で見るので、全国、さらには世界が視野に入る。多ければ多いほど、広ければ広いほどよいのである。
　それに対し、まちづくりには暮し良さの適正規模があり、大きければ良いと

いうものではない。まずは自分の住居、ないしはその周辺、次第に快適さの追求は拡大していく。しかし大切なのは、まずは自分の住まいとその周辺であり、また自分のまちである。

　公益法人は出発時点や初期には、いずれも狭い地域から着手する。救貧活動も、福祉活動、奨学金サービスも、倫理・学習活動も、足下あるいは周辺の地域から出発し、次第に力をつけると、対象地域を拡大する。

　公益法人なら、助成法人も、教育・倫理系法人も、社会福祉法人も、活動の目的を達成するには、先ず活動の拠点となる地域から認識、対応する必要がある。いずれ全国化、さらに国際化・世界化するとしても、まずは足下や周辺の地域から出発する。それに応じて、時代と共に地域の重要性が弱いながらも意識されてきたことも現実であった。

　先ず重視すべきところは、足下の狭い地域であり、また最後に行き着くところも地域とのつながりの一層の強化である。

　その点で、公益や公益法人の役割は、地域を受け入れ、そこで地域の人たち・住民と公益の理念で共創することである。地域には個性・特徴があり、それが、公益活動、公益法人とその活動にも活かされる。ところが、日本の場合、地域との結びつきが弱く、地域が持つ特徴・個性、売りは活かされないのが普通であった。

　むしろ、公益法人の活動・対象が拡大すると共に、地域が軽視されてきた一面もある。まちづくりを支えるのも、教育・研究を含め、公益活動を支えるのも、実は地域の住民、特にボランティアや寄付である。その認識が欠けていたのである。

　現実に、日本の公益法人は、全般的に活動・事業の規模、その基となる基金額が小さいのが特徴である。その主要な要因は、地域とのつながりが弱く、その支援を得られなかったことである。もし欧米の公益法人が地域から得てきた支援、例えばボランティアや寄付の提供の数分の一でも活用することができていたら、公益法人の財政の規模も、活動・実績ももっと拡充されていたはずである。そうではなく、自己の基金・基本金の範囲の活動に限定する縮み志向が中心で、それを超える努力、例えば地域との連携や貢献に踏み出すといった尽力が欠けがちであった。それが日本の公益法人を小さいまま推移させてきた大

きな理由の一つでもあった。

(3) 公益活動に不可欠な地域からのボランティアや寄付

日本では、長い間、公益法人が地域・住民の協力、特にそのボランティアや寄付に与れなかったことが、地域の伝統や文化や自然の良さを活かせなかったことと共に、どれだけマイナスであったかが、近年に至り、ようやく理解されだした。

そのボランティアと寄付という二つの文化は主に地域から生み出されるものであるが、公益法人は地域との連携が弱い以上、人材や資金で地域の支援を期待することは難しかった。

そのような地域を軽んじたあり方への不満・批判から、既存の公益法人を超える、地域・市民により近い公益組織・活動の必要と期待が強まった。それに応えて成立したのがNPO法（特定非営利活動促進法）であった。その成立と共に、NPO法人が続々と誕生し、既存の公益法人を追い越す勢いを示し続けた。

そのような動きに、学校法人を先頭に、公益法人全体がようやく地域の重要性を認識し、少しずつ対応しだした。大学には、その目標・本務である教育と研究に、地域活動・地域貢献が加えられた。他の、公益法人も地域との関わりにようやく少しずつ注意を向けるようになった。

例えば、資生堂社会福祉事業財団は、最新の「第47期（2018年度）事業計画」の中で「基本的には、『地域』『予防』『自立』を継続的な強化ポイントに設定し、各事業の将来性を吟味し、財団全体としてどのように進化させるか、を明確化します」と、わざわざ地域を強化ポイントにあげている通りである。

ただ、地域重視の姿勢が公益法人にも見られるようになったとはいえ、まだまだ全般的には、学校法人以外は、緩やかな反応にとどまっている。

ボランティア活動や寄付は、地域に根ざし、地域で育つものである。それも自然に育つものではない。欧米では、大学など公益法人・公益活動がふんだんに活用してきた地域というものは、自然に公益活動を支援する力を育んできたのではない。むしろ、大学・学校などが地域・住民が公益活動を支援するあり

方に関心を持つよう育ててきたともいえる。

　アメリカの場合でも、大学・学校は地域、特に一般住民の寄付やボランティア活動に依存せざるをえなかった。日本の農村のように、以前から寄付や公益サービスが可能な大地主が定着していたわけではなかったからである。それに対して、地域・住民も大学など公益法人の期待に応えるように努力してきた。

　その結果の地域におけるボランティア活動や寄付の成熟・日常化である。地域は大学を誇りや地域の売りと思い、可能な範囲で協力する。大学も、研究・教育でも、夜間・週末などの文化・芸術活動のサービスでも、学生にも、市民にも、大きな寄与を行ってきた。

　かくして、欧米には大学を軸に、あるいは大学と共に、地域により良いまち・暮しをつくるという意識や目標では、大学と地域・住民の間に共通の認識と目標が育つことになった。まちづくりを担ったのも、大学・学校の発展を支えたのも、地域とその住民であったのである。

　日本でも、大学も、大学づくりだけでなく、地域に大学を含んだより良いまちづくり、つまり「大学まちづくり」を構想したのであれば、大学と地域・住民に連帯感がもっと強くなったはずである。大学はじめ公益法人が地域認識を改めることになれば、大学・公益法人にも、地域にも、将来性や夢が拡がることになろう。まだ時間はかかるが、地域からの協力・支援をあきらめずに、それを育てる方向で挑戦せざるをえない。

3．大学・学校関係者と地域・住民の距離

　大学や学校にとって、地域は大学・学校関係者が考える以上に大切な位置を占めてきた。地域に対しては、大学・学校関係者は、寄付・協力など経済的側面からのみ有用性・有益性を見がちであった。例えば、地域は、学生・生徒のように学費を払って大学や学校に貢献してくれるわけではないといった認識である。しかし、実際にはそれにとどまるのではない。大学・学校にとって、足下の地域が自分たちをどう見てくれているか、どう評価してくれているかなども予想以上に重要なのである。

　例えば、地域の人たちが、大学・学校関係者が考える以上に、大学・学校に

対して良い点や実績を評価してくれたり、誇りにさえ思ってくれていたりする場合などは、きわめて大きく大切な応援団・スポンサーであり、それほどの例は他にはない。地域の人たちが、子供を近隣の大学や学校に入学させたいと思うほどに評価してくれていたら、それほど強い応援団はいない。その地域の評価が大学・学校にとっても大きな資産、伝統になっていく。それほど、地域は、大学・学校にとって重要なのである。

加えて、欧米では、地域はボランティアや寄付の供給源としても学校法人・公益法人にとって宝庫である。

学校など公益法人は非営利団体である。商品を市場でどんどん販売し利益を得るために経営・活動を行っているわけではない。たしかに、教育サービスの対象の学生・生徒からは授業料など学費を徴収する。よく言われるように、むしろ「学費依存」「学費頼み」の財政であった。しかし、学費で人件費、施設・整備費、教育研究経費などの全てをカバーできる学校ばかりではない。寄付は集まらず、その寄付を積み立てた基金・基本金の運用益も、低金利時代なので、ほとんどあてにできない。

そうすると、収入は学生・生徒の納付金のみか、公的補助、基本金の運用益等をプラスしても、不足する。寄付、特に地域の住民によるボランティア活動や寄付を当てにせざるをえない。欧米では、それが可能で、日本では当てにできないのが従来の実態であった。ところが、そのような現実にもかかわらず、日本で納付金依存の限界を言う専門家も、それに代わる地域の役割の重要性や必要性を持ち出す人はめったにいなかった。

しかるに、大学・学校にとっても、地域との連携が大きな課題となりだす。学校法人に関しては、大学のみか、諸学校も地域に負わざるをえない面が強い。より安定的に、よりレベル高く教育・研究を行うには、地域とのつながりを真剣に考える必要がある。

本来、高校以下の諸学校にとっては、とりわけ地域が大きな意味・役割をもっている。現に生徒たちはほとんどが地域でも、地元といわれる比較的狭い地域からやってくる。学校の伝統や特徴もその地域の実態やあり方と密接に結びついている。

非営利が基本の公益法人にとって、頼れるのはそう多くない。その中で地域

は宝の山である。そのことをしっかり銘記すべきである。地域とのつながり、交流がきわめて重要なのに、その意味・役割が十分に議論も、認識もされないできた。

もともと、大学の方が、学生は必ずしも地元からだけやってくるわけではないので、足下の地域に余り目を向けなかった。しかし、欧米における大学と地域のあり方、それに伴う地域の有難さや活用の意味に学んで、ようやく日本でも地域に注意を払い出したところである。

まちづくりも、公益活動も、地域やまちでも最小単位のところから出発する。実際に、まちづくりも、公益活動も、当該市民の周辺から始まる。それがまち全体に、さらにまちを超えて視野も活動もより広い地域に拡大していく。

ただ大学と地域の結びつき方は多様であり、日本と欧米では違うし、日本の中でも、大学ごとに違う。日本の大学の場合、全体として、地域の重要性の認識が遅れてきたことだけは、共通している。

4. 欧米の大学と地域の関係の実際

欧米の大学が地域に依存する度合いはきわめて高い。その分、地域に貢献する姿勢や実績も高く、強い。欧米の場合、地域では住民は卒業生かどうかよりも、大学のある地域に住んでいるかどうかを基本に対応する。住民も、この大学は母校でないから協力しないという姿勢は通常は見せない。ボランティア活動も、寄付も、母校かどうかにはこだわらない。日本と大きく異なるところである。

アメリカのカリフォルニア大学を例にとっても、サンフランシスコ校、ロスアンゼルス校、バークレー校などどのキャンパスでも、地域による支援は中途半端ではない。ボランティアの参加は膨大で、寄付は巨額である。各大学の足下の地域には、大学の後援会が卒業生かどうかに関係なく組織される。その会長も卒業生であるよりも、むしろ大企業の代表クラスといった地域の有力者が就くのが普通である。また、大学の募金委員会や後援会とは別個に、大学の外に市民が募金団体を組織し、常時募金活動も行って協力している。そこで集める資金はしばしば大学の募金活動に劣らない。

医学系のサンフランシスコ校にあっては、かつてキャンパスを移転するとき、その費用の全額を地域が募金で集めてくれたこともあった。どの市でも、カリフォルニア大学は地域と住民の誇りであり、同校を地域にとどめるために、また研究・教育で成果を上げてもらうために、地域をあげて支援する。

また経済人・経営者が成功した場合、社会的認知を受けるには、地域の大学や母校に寄付をすることが欠かせない。ベンチャーなどで成功すると、30億円、50億円規模の資金が当然のように地域の大学や母校に寄付される。

アメリカのみか、イギリスでも、オックスフォードやケンブリッジ大学を見ても、図書館、校舎、寮などの新設は、ほとんどが地域や住民の寄付による建設である。大学は自己資金を施設建設には使わないのが普通である。

その点で公益活動、あるいは公益法人・NPO法人、特に大学にとっては、まず大切にすべきものは地域・住民である。公益法人・公益活動にとっては、いろいろと絡み合いながら最後に拠り所となるのは、地域である。日本でも漸くそのあり方に気づき、その方向に向かいつつある。大学も、公益法人も、地域と強く結ばれてこそ、本来の公益活動の安定化・高度化も可能になることに気づいたのである。

ただ欧米の場合、ボランティア文化と寄付文化というつながりあう二つの文化が地域に定着している。それに対し、日本にはまだどちらも定着していない。その違いは大きく、日本の大学や公益法人が地域・住民に安心して依存するにはまだ時間がかかる。しかし、ただ受け身に黙って待っているだけでは、ボランティア文化も寄付文化も育たない。いつまでも、成立も確立もしない。むしろ、大学や公益法人の方で積極的に地域・住民に、また企業に接近し、呼びかけ、二つの文化を育てあうことも必要である。

日本にも、その芽は出始めている。最近の二つの大震災はボランティアの急増を促したし、NPO法とNPO法人を引き出した。その流れを見れば、今やボランティア文化を育てるチャンスが到来しつつあるといえる。自治体も参加のまちづくりでボランティアの育成・拡大に意識して取り組むべきであり、実際に各地で多様なボランティアが生み出されつつある。

地域が最も躍動できる時、つまり地域が非営利の公益・公益活動に打ち込み、最も成果をあげることができる時、それはボランティアの理念と活動がそ

の地域において拡大、定着するときである。そのような地域こそ、光輝き、公益にもまちづくりにも、有意味に対応し、貢献することになるであろう。

　公益活動の先行した欧米などでは、大学・学校にしろ、いかに大きくはばたけるかの鍵は、地域との関わり方如何であった。その点で、日本の大学・学校は地域との関わり、それを利用する認識や活動は遅れていた。その遅れを回復する環境・状況が少しずつ成育しつつあるのが近年の動向である。

おわりに

(1)　学校法人・公益法人の発展には地域との相互貢献が鍵

　公益の理念や考えが実践に移されるのは、地域においてである。同様に現代の公益法人を代表するまちづくりの出発も、地域からである。市民にとっても、各自の住居や個人を超えて地域に踏み出すところから公益・公益活動、あるいはまちづくりは出発する。そのような理念や活動は、地域で生活し、活動する組織や個人が協力し合うことで安定し、発展する。

　地域で、人々はいろいろの人や活動、またいろいろの出来事・問題に出会い、地域活動に参加する。そういったことの中には、公益と意識することはなくても、善行、親切、人助け、ボランティアなど公益の理念や活動も含まれる。そういう時に、刺激を受けたり、自らの生き方・処し方に再考を迫られたりもする。実際に、公益の理念と活動は地域と共にあり、地域のいたるところに散りばめられている。意識せずに、日々公益が実行され、市民もそれに触れたりしている。それらが協力・支援し合う時の強さは特別である。

　公益活動の対象ともなり、現在も大きな問題である不登校や引きこもりを例にとっても、閉ざされた一人一人の問題である以上に、学校、会社、地域、とりわけ地域との関わりで対応・解決することが有効である場合が多い。

　大学・学校は地域の上に成り立つ。地域で生活する子ども・若者たちが個々の家庭を超えて集まるところから出発する。同様に、まちづくりも、地域の上に成り立つ。

　かくして、地域は、いろいろのところで大切な役割を演じている。教育、研究、社会的活動、ボランティア活動、カウンセリング活動なども地域と結びつ

いたとき、本物に、また強いものになる。

　不登校でも、引きこもりでも、個人の問題として閉鎖的に対応・処理する限り、容易には前に進めない。それらは個人を超える学校や会社全体、さらには地域の問題でもある。そういう認識があってこそ、解決への糸口が見えてくる。

　学校でも会社でも、問題を抱える生徒や社員がでてきたら、担任、上司、同僚が個別的に一人で対応するのではなく、組織を挙げて協力・対応すること、さらには地域の広がりで連携し、対応することが大切である。

　カウンセラーは、地域でも、一人のクライエントに個人で対応する際にも、個々のクライエント、個々の問題に一対一で対応するだけでなく、地域とのつながりの中で協力しあいながら、問題を解決するあり方にこそ意味がある。不登校や引きこもりにしろ、一人・一家の問題としてではなく、学校全体を、さらに地域や社会を、全ての人に過ごしやすいものにする視点が必要である。

　現在、地域は、いろいろの問題で、解決・前進・発展の拠り所となっている。学校法人・公益法人も地域に依存する部分や度合いがますます増えている。

(2)　公益法人の拠り所であり続ける地域

　現代の代表的な公益活動である「まちづくり」は、地域を重視する。まちづくりが地域の住民によって地域において展開される以上当然のことである。

　そのまちづくりは、20世紀の末から今世紀にかけて多くの地域学を生み出してきた。地域学とは、東北学、大阪学、千葉学、多摩学、小平学など市町村、都道府県、さらにはそれらを超える広がりで、地域名を冠に戴く学問である。それは、地域に立脚し、地域を対象とする地域の総合的研究を目ざすものである。その成果がまちづくりやその地域を拠点にする公益法人・公益活動にも寄与する。

　地域学は、中央・全体を重視する既存の学問のあり方、特に地方・地域、ひいては市民本位を軽視するあり方に対する批判から生み出されたケースもあるが、より良いまち・暮しを目ざすまちづくりの要請・必要から生成したケースも多い。地域に足場を置く公益法人やまちづくりが、その地域を対象とする学

問に目を向けることは、ある意味では当然のことである。地域学は、まちづくりなどそれぞれの地域の活動・事業の本格化に寄与することになるからである。

公益法人・NPO法人が重視すべき課題は多い。公益の理念、またそれぞれの法人の目的や活動方針を大切にするのは、当然であるが、その目的に向かって、活動する際に大切にすべきは、地域である。公益法人は、非営利団体であるからこそ、営利なしに結びつける地域は大切である。そのことに気づいていなかったのが日本の大学・学校であり、公益法人であった。

考え方、活用の仕方によっては、地域こそまちづくりや公益法人にとって宝となりうる。それなのに、大学をはじめ、日本の公益法人の多くは、その大切さを認識できないできた。対応の仕方によっては、地域は大学をはじめ、公益法人・公益活動に大きな貢献をしてくれる。公益法人が公益法人として、永続的に安定して活動できるかどうかは地域との関係次第なのである。

公益法人は、非営利という公益活動の原点にたち返り、地域、そこに生活する住民とのかかわり、その位置・役割を改めて受けとめ直す必要がある。それは、公益性の高い教育・研究活動に従事する学校法人にはとりわけ強く言える。改めて公益と地域を深く考えなおすときである。

欧米では、大学を先頭に、公益・公益法人は、一般的には地域からの協力、例えばボランティアや寄付の提供を事業や財政の基本的な柱・支えにする。実際に、公益法人で着実な成果をあげうるのは、地域を大切に受けとめる法人である。ところが、長い間、日本の多くの公益法人はそれを軽く扱ってきた。そのような認識・対応に公益法人の安定・発展の遅れの理由の一端もあったほどである。

要するに、地域を味方にできるかどうか、地域の上で地域と共に活動できるかどうかが、公益法人、特に大学・学校の大切な宿題である。大学・学校に学生・生徒が集まるのも地域からであり、学生が学生生活を送るのも地域である。それを応援してくれるのも、地域なのである。

それほど地域は、大学・学校にとって大切な存在である。大学・学校をはじめ、全ての公益法人・公益活動も、地域を重視することで、地域からより大きな理解、協力、支援を受けることができるし、その成果も役割も一層高いもの

になりうる。

　地域の役割の大きさに気づき、良好な関係を結ぶときに、大学・学校の将来や可能性が拓かれ、教育・研究の永続的な発展や安定も確保できよう。実際に、大学・学校は地域からボランティアや寄付を提供されることによって研究・教育の保障、さらには一層の発展を実現することができるのである。

(小松隆二)

参考文献
小松隆二『公益とまちづくり文化』慶應義塾大学出版会、2003年。
伊藤眞知子・小松隆二編著『大学地域論―大学まちづくりの理論と実践―』論創社、2006年。
「特集　地域コミュニティと大学」『三田評論』1095号、慶應義塾、2006年11月。
伊藤眞知子・大歳恒彦・小松隆二編著『大学地域論のフロンティア』論創社、2007年。
小松隆二・白迎玖・小林丈一編著『共創のまちづくり原論』論創社、2010年。
中路正恒責任編集『地域学（改定新版）』京都造形芸術大学、2010年。
「特集　地域研究の軌跡と展望」『三田評論』1182号、慶應義塾、2014年10月。
小松隆二「小平学への挑戦とその可能性」『地域と教育』第32号、白梅学園、2016年8月。
小松隆二「まちづくりと白梅学園の発展」『地域と教育』第35号、2018年3月、白梅学園。
小松隆二「小平学の生成とまちづくり」、白梅学園大学小平学・まちづくり研究所編『小平学・まちづくり研究のフロンティア』論創社、2018年。

第 2 章

非営利法人の現状と課題

はじめに

　本稿は 2018 年 3 月 10 日（土）に成城大学において行われた「現代公益学会」研究会において発表した内容を基に執筆したものである。
　もともと筆者は公益法人を中心とした「サードセクター・非営利組織」を主な研究対象としているが、現在の当該分野は、法改正や社会環境の変化による制度やその運用に変化はあるものの、社会全般からの注目度は 20 年前の NPO 法制定時に比べるべくもなく低くなっている感が強い。これは良く表現すれば、NPO 法人を代表とした非営利組織が社会生活の中に定着・浸透しているからであるともいえるが、悪い表現で言えば、その社会的・公益的な役割の全てを果たし切れていないためであるともいえるだろう。それは、この分野にかかわる（私も含めた）関係者の努力不足もあるとは思うが、制度や置かれた環境からくる「使い勝手の悪さ」が力を発揮できない大きな要因の一つとも思える。
　2018 年の今年は、ちょうど特定非営利法人活動促進法（NPO 法）の制定・施行から 20 年、また、「公益法人制度改革関連 3 法」の施行から 10 年の節目に当たる。こうした状況から「非営利組織の現状と課題」と題し、最近のトピックを交えて紹介していく。

1. 非営利法人制度の変遷

(1) 戦前から戦後の非営利法人

　我が国の非営利法人は、1896（明治 29）年に制定された旧民法 34 条に旧公

益法人制度として次のように定められたことによる。「祭祀、宗教、慈善、学術、技芸其他公益ニ関スル社団又ハ財団ニシテ営利ヲ目的トセサルモノハ主務官庁ノ許可ヲ得テ之ヲ法人ト為ス」。営利を求めず、公共の目的のために活動する団体が公益法人であるとの位置づけである。

もともと旧民法での想定は、例えば社団・財団ともに資産家や不特定多数による善意を前提とした慈善活動であった。時代背景も日本が日清・日露戦争で戦費がかさむため、国家ができない分、富む者が持たざる者に施すという発想であったと考えられる。こうした発端にもかかわらず時代が変わり、特に戦後の高度成長期以降に、天下り、補助金の受け皿、金儲け、ずさんな経営といった法人が顕著になるなど内容が変容し、また、その中身も行政の細分化とともに複雑化していった。

図表 I-2-1　旧民法34条公益法人の変更の推移

宗教法人 収支計算書 財産目録	社会福祉法人 新会計基準 2011	学校法人 会計基準 (省令改正) 2013	医療法人 病院会計準則 1983改正		NPO 会計基準 2012
宗教法人法 宗教法人 1951	社会福祉法人 社会福祉事業法 1951	学校法人 私立学校法 1949	医療法人 改正医療法 1950	更生保護法人 更生事業法 1995	NPO法人 NPO法 1998

旧民法第34条
祭祀、宗教、慈善、学術、技芸其他公益ニ関スル社団又ハ財団ニシテ営利ヲ目的トセサルモノハ主務官庁ノ許可ヲ得テ之ヲ法人ト為スコトヲ得

公益社団・財団法人
20年度公益法人会計基準
2008

公益法人制度改革関連3法2006年
一般法人

出典：出口（2015）「市民社会セクターの可能性」第6章。

その一因としては、戦後の特別法による公益法人からの分離があると考える。旧34条で許可された戦前の公益法人は数も少なく、決して国全体の公益増進に役立ってきたといえる存在ではなかった。それが戦後、戦禍から各方面での復興が求められている中で、各種の特別法が作られ、目的・専門別の法人が相次いで旧34条法人の中から抜け出し、制度化された。このことがますます官庁の監督が強化される原因にもなり、旧民法34条に基づく旧制度の公益

法人は多様な目的による法人のみが残り、国民からはより分かりにくい存在になったものと考えられる。本来、公益法人とは民間のニーズによる民間団体であることが基本だが、旧民法34条の「主務官庁ノ許可ヲ得テ之ヲ法人ト為ス」のとおり、官庁の許可なしに設立できないことを逆手にとって、官僚は公益法人の設立を自分たちの専権事項にしてしまった。このことで公益法人は民の意から遠くなり、官の下請けであるとのイメージがつくとともに、天下りとそれに伴う補助金の受け皿になるといった、例えると「澱んだ水につかる」結果になってしまった。

(2) NPO 法人の誕生

　そのような中、我が国で未曾有の大災害が発生する。1995年1月17日に発生した「阪神・淡路大震災」である。特に震源に近い神戸市市街地の被害は甚大であり、犠牲者は6,435名に達した。この状況下に社会の注目を集めたのが、被災者も含めた市民間の助け合いであり、かつ、交通機関もマヒする中、自主的に駆けつけたボランティアの姿であった。地震直後に現地において、被災者支援のボランティア活動に参加した人の数は1日平均2万人超、3か月間で延べ117万人ともいわれている。被災地でのボランティア活動（専門ボランティア・情報ボランティアを含む）の重要度に対する一般の認識も飛躍的に高まった。このため、この年は日本における「ボランティア元年」ともいわれる。後に、内閣は1月17日を「防災とボランティアの日」、17日を中心とした前後3日の計7日間を「防災とボランティア週間」と定めた。

　こうして我が国でも政府や自治体任せではなく、民間活力を生かす機運が高まった。また、こうした機運は日本のみならず先進諸国において、新自由主義の台頭とも相まって、国家による福祉が問題になり、社会サービスの先駆性・多様性・柔軟性・効率性・迅速性を実現するための受け皿として民間公益団体の活躍が求められるようになった。

　その後我が国では1998年にNPO法（特定非営利法人活動促進法）が制定され、NPO元年として脚光を浴びた。もともと我が国におけるNPO法人の概念や制度は、1988年に米国サンフランシスコを中心に視察団を組んで訪問した山岸秀雄が最初に日本に紹介したとされている。

(3) 新しい公共

こうしたNPO法人の活躍がもとで、我が国でも「新しい公共」の考え方が生まれることになった。「新しい公共（New Public）」とは、公共サービスを市民自身やNPO法人が主体となり提供する社会、現象、または考え方をいう。これまでの公共サービスは、行政が管理的に提供する立場、市民は供給される立場であった。新しい公共では市民も公共サービスの提供者となること、行政は市民に場を提供し、信頼し、権限を移譲することが求められる。なお、具体的には、「新しい公共」宣言として、以下のように高らかに謳われている。

（第8回「新しい公共」円卓会議資料）平成22年（2010年）6月4日（抜粋）

これまでのように、政府がカネとモノをどんどんつぎ込むことで社会問題を解決することはできないし、われわれも、そのような道を選ばない。これから、「新しい公共」によって「支え合いと活気のある」社会が出現すれば、ソーシャルキャピタルの高い、つまり、相互信頼が高く社会コストが低い、住民の幸せ度が高いコミュニティが形成されるであろう。

このような政府や自治体任せではなく、自らが自らの手で社会を良くしていこうとの機運の高まりと、一部の公益法人の不祥事表面化とがあいまって、2008年の公益法人制度改革へとつながっていく。

(4) 公益法人制度改革

旧公益法人制度は、さすがに110年間使われてきた制度だけに、近年は大きな社会問題となったケースがあった。具体的な事件としては、社会的に大きな関心を集めた2000年のKSD事件、2009年の漢字検定協会事件などがある。このため、不祥事を起こす法人、ならびに「行政委託型法人」の改革必要性が世論で叫ばれるようになった。2000年から制度改革の議論が始まり、その後公益法人制度改革関連3法が制定され、2008年12月1日に新たな制度として施行された。

2004年11月19日に「公益法人制度改革に関する有識者会議」が出した報

告書によると、今回の公益法人改革の主旨として以下の記載がある。

「民間非営利部門に関わる人々の総意に基づく幅広い活動を促進するため、法人格の取得と公益性の判断を分離することとし、準則主義（登記）により簡便に設立することが出来る一般的な非営利法人制度を創設する。」「営利を目的としない団体に一般的に法人格取得の機会を付与することによって、法人を設立して活動しようとする人々の自由活発な活動を推進する。」

こうした有識者の報告を受け、出来た新制度の骨子としては、① 設立許可の主体を主務官庁から分離すること。② 従来はなかった公益性の判断基準を法令で明文化して、それを満たすかどうかは第三者機関が審査を行うこと。③ この審査に通り公益認定された団体だけを「公益社団法人」「公益財団法人」と呼び、税制優遇の対象とすること。④ 認められなかった法人については「一般社団法人」「一般財団法人」と呼び、公益法人ほどは優遇措置を設けないこととした。

(5) 新公益法人制度の特徴

公益法人は一般法人法の要件を満たしたうえに、さらに公益法人認定法の要件を満たし、公益認定等委員会の答申を得て、内閣総理大臣が認定するスキームとなっている。

公益社団・財団法人が厳しい基準が定められているのに対し、一般社団・財団法人は、実施できる事業に制限がない代わりに、税制については、非営利徹底型・共益型と普通法人型ではその適用が異なる。また、遵守事項も手続法である一般法人法のみ順守すればよく、公益目的支出計画のみ行政庁の監督下に置かれ、法人そのものの監督はいかなる行政庁にもなされることはない。納税義務さえ果たせば、ほとんど管理監督されることがない法人格である。事業や活動の自由性からすれば圧倒的に一般法人の方が優れてはいるが、その活動実態、特に2008年度以降に新設された一般法人の実態についてはどの機関もとらえ切れていない事実がある。これは大きな問題であり、今後の課題である。

その後、2017年には社会福祉法の一部を改正する法律が施行されたが、このように社会福祉法人など特別法上の非営利法人の関係法が改正される際にも、公益法人認定法をはじめとする関連法が大いに参考にされた。現在では非

営利法人制度全般に関するベンチマークとなっていると言える。元々が不備のない法律であればもちろんそうした行為は好ましいが、まだまだ改善余地のある法律（制度）を参考に次の新法なり制度改正を行うことはいかがなものであろうか。現代では概念や環境はすぐに変わり得る。今後は、法や制度の定期的な見直し実施を期待したい。

2. 法人別の現状と課題

(1) 公益的非営利法人と法人別現況

図表 I-2-1 に既出している旧民法 34 条法人からの派生法人は一般に「公益的非営利法人」と呼称されている。つまり、特定非営利活動法人（NPO 法人）、公益社団・財団法人、一般社団・財団法人をはじめとして、社会福祉法人、医療法人、学校法人などをいう。さらに旧民法 34 条法人の流れでは、宗教法人、職業訓練法人、更生保護法人もこの公益的非営利法人の仲間である。反対に、労働組合、協同組合、商工会などは、大きな意味合いではもちろん公益的な活動も行う団体ではあるが、直接的には組合員や構成員のためにサービスの提供を行うことを目的とする組織であるので、いわゆる共益的な非営利団

図表 I-2-2　公益的非営利法人の団体数

法人種別	団体数	備考
公益社団法人	4,163＜ 4,151＞	（2013 年 11 月 30 日までの移行申請法人、3,967）
公益財団法人	5,375＜ 5,314＞	（2013 年 11 月 30 日までの移行申請法人、5,083）
一般社団法人	47,219＜39,623＞	（2013 年 11 月 30 日までの移行申請法人、7,281）
一般財団法人	6,996＜ 6,659＞	（2013 年 11 月 30 日までの移行申請法人、4,398）
＜上記法人全体、63,752＞		
特定非営利活動法人	55,194＜53,078＞	
（内、認定特定非営利活動法人	33＜ 23＞）	
	（NPO 法人全体、2016 年 7 月内閣府調べ 52,120）	
＜NPO 法人全体、55,194＞		
社会福祉法人	20,948＜20,703＞	
学校法人	8,102＜ 8,063＞	
医療法人	55,032＜53,360＞	
（内、社会医療法人	291＜ 272＞）	
職業訓練法人	431＜ 428＞	
更生保護法人	164＜ 164＞	

出典：国税庁法人番号公表サイト（http://www.houjin-bangou.nta.go.jp/）より、2017 年 11 月 30 日と 2016 年 9 月 14 日（＜　＞で表す）に筆者がカウントし作表。

体として上記の団体群とは区別されている。

今回は、公益的な非営利法人の中でも、中心的な存在であるといえる特定非営利活動法人（NPO法人）、新制度になった公益社団・財団法人、また新たに設けられた一般社団・財団法人の3法人類型にスポットを当て現況を紹介していく。

(2) 特定非営利活動法人（NPO法人）

特定非営利活動促進法（NPO法）の第一条総則には以下のように定められている。

「この法律は、特定非営利活動を行う団体に法人格を付与すること並びに運営組織及び事業活動が適正であって公益の増進に資する特定非営利活動法人の認定に係る制度を設けること等により、ボランティア活動をはじめとする市民が行う自由な社会貢献活動としての特定非営利活動の健全な発展を促進し、もって公益の増進に寄与することを目的とする。」

上記にもあるとおり、もともとNPO法人は市民運動の派生として出来上がってきたボトムアップ型の組織である一方、旧制度下の公益法人は明治期に制定された民法34条に基づく法人形態であり、主務官庁の許可により設立される、いわば官製法人が多いトップダウン型であることが大きな相違点である。同じサードセクター内の法人格であるが、それぞれの性格は大きく異なる。また、NPO法は任意の市民活動をしてきた団体に法人格を与え、社会の一員として役割を継続して果たしてもらおう／果たしたいとの行政サイド・民間サイドの意思が一致した結果成立した法案でもある。それゆえ市民サイド（個人・団体）の意見も聞きながら議員立法で作られた法律となった。

NPO法人の特徴としては、「小さな組織、小さな活動、少ない資金」が挙げられるが、それぞれの組織を構成するメンバーの志は高く、現状で最も現場感覚のある市民活動を行っている法人というイメージがある。特に、環境・福祉などの分野では行政からの助成金が得やすいことも相俟って、活動が活発に行われている。その一方で、助成金が得やすいということは、財政的に行政頼みになりやすく、以前から指摘されている「行政の下請け化」という状況になりやすい。ただし、実際の現場で、NPO法人からサービス提供を受ける利用

者の声や、また NPO 法人のスタッフが現場を見聞きすることが直接行われることで、ニーズの把握が比較的容易であり、NPO が本来持つアドボガシー機能が発揮しやすい立ち位置でもある。現場の声を集め、もっと立法・行政機関に対して政策提言を行えるように、中間支援組織（インターミディアリ）を中心とした機関が、同種の団体間をつないで情報交流を活発にするなど、その持つ機能をさらに発揮してほしい。

ところで、最近は子ども食堂の話題が新聞紙上をにぎわすことが多くなっている。子ども食堂とは、貧困家庭や一人でご飯を食べる子どもに食事を提供する場として始まったものだが、今ではお年寄りや障碍者も含む地域交流の場となっている。運営者の団体「こども食堂安心・安全向上委員会」は、全国で約 2,300 か所もの子ども食堂が運営されていると発表したが、この中でも多くが NPO 法人の運営によると言われている。こうした施設は、食材費のみならず場所代がかかるなどして、資金の獲得に苦心している法人が多いと聞く。こうした恵まれない現状にもかかわらず地道な活動を行うことこそ、NPO 法人の真骨頂であろう。以前見られたような行政に対する要求だけではなく、自らが担い行動する立場へと変化し、積極的に実践している最も NPO 法人らしい活動の一つと言える。

また、NPO 法人も昨今の人手不足は例外ではなく、なかなかに人材確保が難しい現状がある。これは他の法人類型でも同じ状況ではあるが、これから家庭を持ちたい、生活の資金的な基盤を構築したいとする若年層は、いかに社会的な貢献をしたいとの意思が強くてもなかなか NPO 法人のような低賃金の世界に入りにくいのはもっともなことであろう。活動の意味・意義だけではなく、さらに生活の安定を図れる報酬の提供を図れるように関係者は努力しなければならない。また、企業で長年勤続してきた社会経験者がボランティアすることも NPO 界からは強い要請があるはずであり、シニア層の積極的な活用とともに、少しでも報酬を得られるような有償ボランティアの拡充を行政サイドも含めて積極的に検討していくべきである。

さらに、NPO 法人による障碍者向け就労支援について、国税庁が「原則、収益事業で納税義務がある。」との見解を示したとの最近の報道がある。他法人との競争条件の公平性担保からの見解とは思うが、これこそ現在の税法の矛

盾であり、利潤の追求か就労支援かといった目的を見ずして、税収の増加を一方的に図ろうとする税務当局の安易な解釈がある。障碍者が就労支援でいくばくかの収入を得ることによって、仕事のやりがいと社会の一員としての自らの存在意義を確認できるという意味が全く理解されていない。もともと就労支援は地域住民の理解と購買などの行為により成り立っている小さなエリア単位の事業規模がほとんどである。その意味からもすべての就労支援収入を課税対象にするのではなく、一定の法人格であったり、ある収入限度額の設定で枠を定めるなどの運用が望ましいことは言うまでもない。

(3) 公益法人＜社団・財団＞

公益法人の数は、移行時と2017年11月の数を比較すると社団は約200件、財団が300件増加したのみであり、微増にとどまっているといってよい。これは、特に社団においては設立が容易な一般社団法人を選択することが主因と考えられる。特に、収支相償、遊休財産規制、公益目的事業比率規制などの財務3基準と、事業目的追加・変更など公益法人認定法の運用が厳しいとの考えから、一般法人から公益法人への移行を希望する団体が、2階建て制度の2階になかなか上がってこないものと推定される。

さて、小松（2004、186-187頁）は、旧制度下の公益法人に対して以下の分析をしている。"いわゆる社団法人、財団法人など民法上の公益法人よりも、特別法上による公益法人（社会福祉団体、学校・大学、宗教団体など）の方が、直接市民・対象に向けて活動するのが普通"とし、"民法上の公益法人（社団・財団）は、数は多いが社会的な影響力が弱く、すなわち組織の目的である主活動そのものが社会的活動として弱い"とした。その理由としては、"① 公益法人の多くが小規模であること。② 助成財団に代表されるように、組織や活動が市民・住民と直接つながりを持つものばかりでないこと。また、財団法人全体の性格としては、狭く限定的な目的や役割を持っているので、市民の見えるところでの活動が少なく、専門的な活動に従事することが多いこと。③ 社団法人は専門的で特定の領域に特化されることが多いように、特定の領域・業界、例えば大学や学校、医師・病院、経営者・企業などが結集するもので、それぞれの団体・領域の利害代表的性格が目立つようになりやすいこと。

④ 原則として営利などの競争原理には乗らないので、一般市民に対して啓蒙・宣伝の必要や機会が少ない"ことを挙げている。

　上記の状況は10数年たった今でも大きくは変わっていない。特別法上の団体が戦後抜けてしまったことから、各公益法人の目的も多種多様な状況であり、まとまりに欠けている。こうした状況を脱却するには、公益法人それぞれが本来事業でいかに社会に役立つ行動をするかにかかっている。また、そうした行動のプロセスと結果を積極的に社会全般に情報提供する仕組みが必要である。

　2013年（平成25年）に全日本柔道連盟が公益認定等委員会から勧告を受けているが、最近では日本相撲協会、日本レスリング協会の関係者が相次いで公益認定等委員会に告訴状を送ったことがマスコミで話題になった。公益認定等委員会は、確かに公益認定を実質的に行う機関としては、前制度の主務官庁と同様な立場とも言えるが、公益認定等委員会は団体内部のガバナンス、特にセクハラやパワハラなどの状況について管理監督する機関では少なくともないはずである。現状において、一般から見て特殊な世界であるスポーツ団体から訴えられた内容を的確に把握し、判断できる職員が当該委員会に配置されていることを期待するのは酷である。公益認定等委員会の存在意義については、あくまでも公益認定するうえでの団体の在り様を公益法人として合致しているかどうかをチェックする機関ではないかとする意見のある一方で、いやそうではなく認定するのだから監督官庁なのだとする意見とが分かれる点でもある。本来からすれば、パワハラ・セクハラなどの実際の現場に関する申し立てをスポーツ団体が訴え出る相手としては、スポーツ庁または日本体育協会やJOCにまず送付するのが筋ではないだろうか。

(4) 一般法人＜社団・財団＞

　2008年12月1日から2013年11月まで移行された一般法人は社団、財団併せておよそ1万2千弱。さらに4年後の2017年11月現在、5万4千強となっており、特に一般社団法人の数は4万7千を超えている。これはこの4年の間に少なくとも約4万の一般社団法人が設立されたということである。このままの勢いが続けば特定非営利活動法人（NPO法人）を追い越すこともあり得る

だろう。こうした事態の原因としては先ず一般法人の設立の容易さが挙げられる。

今回の公益法人制度改革で、旧制度下の公益法人の許可制度では一体となっていた法人の設立と法人の公益性の認定を分離して、登記のみで設立できる一般社団・財団法人の制度を創設するとともに、公益目的事業を行う一般社団・財団法人はさらに公益認定を受けることができることとし、公益認定を受けた一般社団・財団法人を公益社団・財団法人と呼び、中間法人を一般（社団）法人に吸収することになった。公益法人と一般法人の違いは、公益認定を受けているか否かということになるが、実体面では公益社団・財団法人は、行政庁の監督の下、税制上の優遇措置を多く受けつつ主に公益目的事業を実施していきたい法人が選択するのに向いている場合が多く、一般社団・財団法人は、比較的自由な立場で、非営利部門において、可能な範囲で公益目的事業を含む様々な事業を実施していきたい法人が選択するのに向いている場合が多いと考えられている。そうした意味からは、何も公益法人だけが民による公益の増進を求められているのではなく、一般法人に対しても大きな期待が寄せられているといえる。

要は一般法人制度の中に旧公益法人の移行組から、旧中間法人まで幅広く受け入れようとしたために、特徴が無いあいまいな制度となってしまった。特に、移行した旧公益法人から見ると、この中間法人の存在は、同じ分類に入っていることに対して違和感を持つであろうことは間違いない。また、普通法人型一般法人においては営利法人的な性格をますます強くし、組織によっては経済的な安定のため自身の収益力強化を積極的に進めることに注力し、公益性が薄くなってしまうこともあり得る。また、非営利徹底型法人から見ると、公益法人か一般法人かという法人格の差異だけで公益性が疑問視され、法人に対する信用度が低下してしまうことを懸念することになるのではないか。

今回の公益法人制度改革の目的は、行政による監督や規制を緩やかにすることで、公益活動を活発にしようとしたものだったが、実際の一般法人の存在は官庁の外郭団体ともいえる団体の税金の使い道を分かりにくくしてしまった。2010年公益法人協会「特例民法法人の概況調査」によれば、一般法人の大きな特徴の一つとして「情報公開の縛りが軽減し、資金の使われ方が旧法人時代

よりもさらにわかりにくくなっている」と回答した団体があるとの記述がある。行政委託型法人をはじめとする、国などから補助・委託金を受ける団体、つまり税金で運営される団体ほど、高い規律が求められず、国民の目が行き届きにくい一般法人を選択する傾向になっている。一般法人は外部からのチェックが、現状ではほとんど効かないというところに最大の問題があり、登記だけで設立できるということは、行政の監督下から外れ、手続き上も営利企業とほぼ同じ存在になったということである。まだ営利企業はマーケットや銀行などステークホルダーからの監視の目にさらされているが、一方の一般法人は行政に対する報告義務すらなくなっているのが現状であり、例えば補助金や委託金をもらっている一般法人に対して「こういう情報を全て公開しなさい」という指導や強制がない。これでは団体の外部からチェックしようにもできるはずもなく、監視の目が機能しづらくなっている。

　最近、一般社団法人の制度変更について報じられている。これは、一般社団法人に持ち株がないことを利用し、まず親が代表者となって法人を設立し資産を移す。その後子を代表理事に就かせ法人の支配権を継承させる方法での相続税逃れが発生している事案が頻発していることに対して、2018年の与党税制大綱では、こうした相続税逃れを逃さないようにするため、一般社団法人の役員に占める同族の割合が相続開始時に2分の1以上、または、この状態が5年以内に3年以上の団体を「特定一般社団法人等」と名付け、2020年から相続税を課税すると発表された。これは、課税の平等性の観点からも当然の措置であり、税収不足が叫ばれている我が国において、このような税逃れが許されるわけがない。このような脱法行為に非営利法人制度が利用されることが悲しくもあり、また、この件で一般法人のみならず、非営利法人のイメージが悪くなると思うと忸怩たるものがある。

　一方、一般社団法人の利用のされ方で好ましい例もいくつか表出されてきた。一例をあげると、文部科学省が国公立大学が一緒に一般社団法人を作って認可されれば、単位互換などの要件を緩和する制度の創設を、中央教育審議会の部会に提出したことである。事務の軽減や、教職員の人事交流にもつながり、また、学生側にとっても授業や研究の選択の幅が広くなる可能性がある。うまく利用すれば、東京に集中している学生の入学希望を、地域へと向かせる

エンジンになり得るかもしれない。

　また、中小規模の私立7大学3短期大学が、地域を超えて教育改革に取り組むため、一般社団法人をつくり、各大学の特色を生かしながら、テストの開発や単位互換、また国内留学などで連携する例も紹介されている。前者は地域単位での連携、後者は広域での連携とその内容は異なってはいるが、いずれも教育の充実のために一般社団法人を活用し、連携を深めていこうとする試みである。成功するかは今後の関係者の努力にかかってはいるが、目的を同じくする法人・個人が連携のため法人制度を活用することは、もともとの社団の意味合いに合致し、制度改革の一つの成功した証といえる。

　さらに、秋田県にかほ市においては、東京・神奈川・千葉・埼玉の生活クラブ生協が出資する一般社団法人「グリーンファンド秋田」が設立され、「夢風」と銘打った風力発電の風車が2012年から稼働している。この「夢風」が生み出す年間売電益約300万円が首都圏の生協組合員と地域住民との交流に充てられているとの報道があった。この秋田の例は制度改革以前であれば出来ても任意団体であったろうものを、「人の集まり」といった社団本来の形態を、一般社団法人という新たな法人格を利用して成功した例である。法人格がなければ銀行の債務保証も個人で行わなければならないなど制約が多いものを、法人格を利用し組織力に変えたということになるのではないだろうか。

3. 非営利法人制度全体の課題と今後のあり方

(1) 非営利法人制度全体の課題
1) 収益力の弱さ
　最も問題なのは、非営利法人全体が資金不足であることである。これは、世界の中でも我が国においては寄附文化が定着していないことをよく指摘されるし、実際その通りではあるが、非営利法人自体に情報発信力がないこと、また事業において自らが稼ぐ力に乏しいことも大きな要因として挙げられる。発信力や発言に影響力があれば注目を集めることができ、結果として知名度が高まれば、いくばくかの寄付を募ることも今よりは容易になるであろう。また、元より利潤を追求することを第一としている非営利法人はないはずであって、稼

ぐ力を云々するのは本末転倒であるが、他から得られないのであれば自らの手で活動資金の手当てをすることも必要である。そのためには、設立や活動目的を違えることなく、正攻法で資金のさらなる獲得を目指すことも今後真剣に考えていかなくてはならない。

　そのような中、長い間利用されていない預金等を社会のために有効活用する観点から、2018年1月に「民間公益活動を促進するための休眠預金等に係る資金の活用に関する法律」（以下、「休眠預金等活用法」）が施行された。この休眠預金等活用法に基づき、2009年1月1日以降、10年以上入出金等がない預金等を、各金融機関から預金保険機構に移管し、民間公益活動の促進の財源として活用されることとなる。

　2)　種類が多すぎる法人類型

　図表I-2-1で見た通り、公益的な非営利法人だけでも類型が数種類数えられる。非営利団体の関係者であれば、どのような法人格で、どのような活動を行い、監督はどのようにされているかは想像がつくが、一般の市民から見て、団体ごとの活動やその内容が容易に推測できない。そうした意味ではわかりやすく法人類型を整理し、法人がどのような活動を行っているかを一般人にも判りやすく整理する必要があると考えている。例えば特別法上の学校法人が何をやっている法人かわからないことはないはずだが、公益社団法人と一般社団法人の違いが判る市民はほとんどいないと思われ、現状の名称や法人類型のままでは、ある局面において市民生活に影響を及ぼす可能性がある。

　3)　ガバナンスの弱さ

　非営利法人では一般に法人ガバナンスが未熟な団体が多い。特に一般法人では、監督官庁がおらず、情報公開を行わないことを原因とする罰則規定があるわけでもない。管理の目も行き届かないため、どうしてもわかりにくい存在になってしまいがちである。また、世襲経営も非営利法人には数多くみられる。設立者の意を汲み、伝統を大切にしていくためには世襲が必ずしも悪いことばかりとは言えない。ただし、株式会社の株主のようなチェック機能がない非営利法人にとって、理事の選任はどうしてもお手盛りになりやすく、経営陣は息のかかった人間ばかりで周りを固めてしまいがちになる。大手企業では社外取締役への委任が一般的になり、外部の意見を取り入れることが普通となってい

る状況で、一部の非営利法人だけがそうした流れから取り残されるのは、公益に資するという主旨からしてもおかしな状況であると言える。また非営利法人の性格上、表出している理事の顔ぶれだけではチェック機能が機能しているかは判断しづらい。法人のミッションと活動内容が合致しているのか、不正はないのかを第三者チェックするオンブズマン制度や認証制度が早晩必要になるかもしれない。

4) 公益認定等委員会の機能強化―非営利法人全体の認定制度改革へ

特定非営利活動法人（NPO法人）が米国のNPO制度を範としたのに対し、今回の公益法人制度改革においては、英国のチャリティ委員会を範とし、民間による公益認定の制度化を目指して、公益認定等委員会を組織した。この公益認定等委員会は、委員会自体が権限を有する国家行政組織法の「3条委員会」ではなく、実質的には合議制の審議会である「8条委員会」となっている。そうした意味では判定（内閣総理大臣に対する答申）内容に、官庁（この場合は内閣府）・官僚の恣意がより入る可能性があり、今後も継続して完全に民間の意思による公益認定ができるのか、時代の変遷とともに行政サイドの裁量が強くなっていくのではないかとの疑念が生じる。

北沢（2001、191頁）は、"「公益性」の判断・認定はNPOを含め「チャリティ委員会（仮称：当時）」で一括して行い、NPOと同一の判断基準とし、「公益性が高い」と認定された場合の税制優遇措置も同様とする"と記しているが、まさに今、公益認定等委員会には非営利法人界全体を俯瞰でつなぐ役割を持っていただきたいと思う。

(2) 今後の制度に関する一考察―公益的非営利法人を中心に

制度には問題点や課題が必ずある。特に今回のように行政庁が主導で制度を作った場合、結果として市場ニーズ（この場合は市民であり、使う立場としての公益法人）から乖離し、大きな問題点を生み出すこともあり得る。また、現状では介護事業一つをとってみてもNPO法人、公益法人、株式会社、社会福祉法人など同じ事業なのにそれぞれ非課税、課税に分かれ実施しており、法人体系がこれでいいのかという議論がある。以下、どのような制度を作り改善を行えばいいのか、先行研究の説とともに考察したい。

もともと法人を運営する側は、法人選択時に存在する制度を活用して、法人の新設・移行などの行動に出る。ただし、サービスを利用しようとする市民の側からみると、法人格は表札・看板と同じであり、活動内容や、団体の方向性を知る一つの大きな手掛かりとなり得る。また、税制に関しても、法人格がよい方向に収斂することが条件ではあるが、使い易く、また、法人内での事例・先例を基に運営し易く、法人別に異なる税制となっている現状とは異なった、より公平なものに変わる可能性があると考えられる。こうした状況もあり、現状でいくつかの「新非営利法人制度」に関する先行研究が発表されている。

その一つが山岡義典の説である。山岡の提案はいわゆる二階建ての仕組みであり、一階部分に統一的非営利法人制度を置く。山岡は、「法人制度は非営利法人法で一本化する。これには非営利社団法人と非営利財団法人を含む。現在の一般法人の内の非営利徹底型と同等のものとし、設立は準則主義とするが、特定非営利活動法人のように一定の情報公開の仕組みを導入する。税制的には、原則非課税（有益事業課税）とし、それに相応しいガバナンス規定を設ける。」と考えた。こうして設立された一般法人が一定の基準で「認定」を受けると二階部分の各種認定法人になり、共通の寄付税制を適用される。山岡によ

図表 I-2-3　非営利法人制度の統一的将来像のひとつの考え方（山岡義典説）

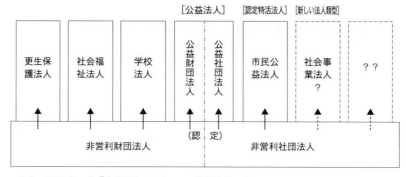

出典：山岡（2015）『市民社会セクターの可能性』第6章。

れば、この認定は統一的な認定機関で行うことができればもっともよいが、認定基準の考え方さえ統一的に法制化できれば現在の所轄庁がそれぞれ行ってもよいとしている。山岡の例は、あくまで一つの考え方ではあるが、今後の公益認定等委員会のあり方・機能も含め、今後の非営利法人制度見直しの際のたたき台として、活用出来うるものと考えられる。

おわりに

　以上、非営利法人の最近の状況と問題点について記してきた。他にも非営利法人全体に関する話題は頻繁にニュースになっており、関係者の注目を集めている。

　2018年2月に、大阪府・市により「第1回民都・大阪フィランソロピー会議」が開かれた。従前より都市発展の歴史において民の力が大きな役割を果たしてきた大阪は、「民」主役の社会づくりを発信する「民都」として、フィランソロピーの促進により、税による分配ではない第2の動脈（フィランソロピー・キャピタル）として資金や人材を集め、非営利セクターの活性化を通じて、「フィランソロピーにおける国際的な拠点都市」を目指すとし、多様な担い手が、法人格の縦割りや営利・非営利の区分を越えて一堂に集い、それぞれが公益活動を担う主体だということを再認識し、大阪の民の連携・協力によりその存在感を国内外に示す「核となる場」として、この会議を設けたとしている。

　また近年、公益法人やNPO法人といった団体への遺贈寄付が注目を集めている。遺贈（レガシー）は遺言によって財産の一部を特定の人に与える行為のことであるが、妻や子供など法定相続人以外の第三者や団体にも遺言によって渡すことができる。こうした流れが大きくなっていけば、非営利法人の寄附金不足に大きな助けになるかもしれない。

　さらに最近、公益信託法改正の中間試案が発表され、もともと団体が担ってきた公益活動が個人でも容易にアプローチできるようになる可能性がでてきた。もともと信託銀行が一手に引き受け、一般的でなかった公益信託をもっと使いやすくしようとするのが今回の改正主旨である。

このように非営利法人関係者の努力もあって、少しずつ環境が整備されつつある状況の一方で、なかなかに非営利法人制度の抜本的な改革機運が高まらない現状もある。もちろん上記のような盛り上がりは喜ばしいが、本質的な問題点を脇に置いたままでは、実際の制度が生きないように感じるのは筆者だけであろうか。さらなる議論の深まりと行政も含めた関係者の努力を期待してやまない。

（渡辺勝也）

参考文献（引用については本文に記載）

今田忠『既説市民社会論』関西学院大学出版社、2014年。
NHKクローズアップ現代取材班『公益法人改革の深い闇』宝島社、2014年。
太田達男『非営利法人設立・運営ガイドブック―社会貢献を志す人たちへ―』公益財団法人公益法人協会、2012年。
岡本仁宏編著『市民社会セクターの可能性』関西学院大学出版局、2015年。
北沢栄『公益法人』岩波新書、2001年。
公益研究センター編『東日本大震災後の公益学・公益法人・NPO』文眞堂、2013年。
公益法人協会「特例民法法人の概況調査」2010年。
公益法人制度改革に関する有識者会議「報告書」2004年。
小松隆二『公益とは何か』論創社、2003年。
坂本治也編『市民社会論』法律文化社、2017年。
辻中豊・坂本治也・山本英弘編著『現代日本のNPO政治』木鐸社、2012年。
内閣府「公益法人制度改革の進捗と成果について～旧制度からの移行期間を終えて～」2014年。
内閣府「公益法人に関する概況」2015年。
内閣府公益認定等委員会事務局「民による公益の増進を目指して」2008年。
間瀬啓允編『公益学を学ぶ人のために』世界思想社、2008年。
山岸秀雄編著『アメリカのNPO』第一書林、2000年。
レスター・M・サラモン『台頭する非営利セクター』ダイヤモンド社、1996年。

第3章

市民社会組織の学習支援と公益

はじめに――公益としての学習支援と生活の質

　現在、多くの自治体で生活困窮家庭の子どもたちなどに対する学習支援が実施されている。厚生労働省によると、2014（平成26）年度には学習支援の実施自治体数は184に過ぎなかったが、2016（平成28）年度には全自治体数の47％、423自治体に及んだ（「平成28年度 生活困窮者自立支援制度の実施状況調査」）。学習支援活動の自治体による急速な取り組みは「子どもの貧困対策の推進に関する法律」［2014（平成26）年施行、以下、「子どもの貧困対策推進法」と称す］と「生活困窮者自立支援法」［2015（平成27）年、施行］において任意であるとはいえ、自治体が学習支援の実施主体として位置づけられたからである。

　学習支援の観点からはこれらの法律の目的は「子どもの将来がその生まれ育った環境によって左右されることのないよう」（子どもの貧困対策推進法）に、「生活困窮者の自立を図り」（生活困窮者自立支援法）、「貧困の状況にある子供の育成環境を整備し」、「教育の機会均等を図る」（子どもの貧困対策推進法）ことにある。これらの法律による学習支援の目的は貧困の世代間継承を切断するために、親の自立を図るなど子どもの育つ環境を整備し、教育の機会均等の実質化を図ることにあった。

　ところで、自治体による学習支援の多くは委託により実施されている。委託による実施は2016（平成28）年度には取組み自治体のうちの74.2％にのぼっていた。最大の委託先はNPO法人（35.7％）であり、次いで社団・財団法人（19.7％）、社会福祉協議会（17.8％）であった（同調査）。いずれも、非営利組

織であり、これらは学習支援を通じて子どもたちの生活の質（QOL：Quality of Life）を高める。「非営利組織はコミュニティ、民主主義、ガバナンス、経済、言い換えれば、世界の多くの社会において生活の質を改善する重要な構成要素」（J. Steven Otto and Lisa A. Dick 2012, p.53）なのである。

本稿では、非営利組織を組織論的、社会学的に位置づけ、市民社会組織とするとともに、公益を社会に必要な財とサービスの提供としてとらえる。このうえで、原理的に公益の分業構造と市民社会組織の役割を明らかにする。この原理的考察に基づき市民社会組織による地域における学習支援の意義が人々の生活の質の観点から検討されるのである。

1. 公益の分業と市民社会組織

P. フランキンによると、非営利組織には三つの特徴がある。この最も基本的な特徴は非強制性である。寄付も、ボランティアも、スタッフとしての雇用も、顧客になることも個人の自由選択に任される。非営利組織への諸資源の流入はミッションの質と社会的妥当性そして価値を伝える能力に依存する。非強制性という点では明らかに行政と異なり、競争市場における企業経営と同様な特徴を有する。第二の特徴は非分配的制約すなわち利益を分配しないことである。この点で非営利組織は明らかに企業経営と異なり、行政などの公的セクターと同様な特徴を有する。この場合、剰余金は組織のミッションのために使用される。非分配的な制約は非営利組織の正当性と公的信頼を構築する。第三の特徴は、非営利組織が所有と説明責任の明白な境界なく存在しているということであり、この点において政府とも企業経営とも相違する。企業は原則的には株主の期待に応えなければならず、政府は有権者に縛られる。これらに対して、非営利組織は寄付者や顧客、労働者、地方コミュニティなど多くの当事者のために尽くすが、これらのなかに非営利組織に完全な統制を及ぼすものはない（P. Frumkin 2012, pp.18-9）。非営利組織は非強制性、非分配性そして完全に統御する者の不在という組織構造上の特徴を有する[1]。言い換えれば、非営利組織は自発的に（非強制性）、私益ではなく公益のために組織され（非分配性）、これを担う市民（完全な統御者の不在）により組織された執行部を

有した経営団体である[2]。本稿ではこれを市民社会組織とする。

　これらの特徴から企業、行政、市民社会組織による公益の分業構造が明らかになる。第一に、公益は企業により担われる。持続的発展の考え方に示されるように[3]、現代企業は経済と社会と環境に配慮し、企業にはこれに関するステークホルダーとのコミュニケーションが求められる。巨大資本を有する大企業は長期的な利潤を獲得するために組織を持続させる必要があり、このため企業は社会との良好な関係を維持する必要があるからだ。したがって、現代企業は経済と社会と環境に配慮しつつ、営利を追求しなければならない。企業は営利のために社会に必要な財とサービスを商品として市場に供給するが、財とサービスの社会的な必要性は売れて初めて事後的に判明する。この提供は貨幣的裏付けのある有効需要に応えた、事後的公益である（安田 2005/2016、9-12頁）。

　第二に、公益は行政により担われる。行政は環境問題や労働問題、貧困問題などのような市場の失敗に対応し、生活に必要な財やサービスを法令により強制力をもって提供する。行政は貨幣的裏付けのない生活需要に応えるために、市場を通さずに法令により必要な人に必要な財とサービスを提供する事前的公益を提供する。しかし、D. R. ヤングによると、市場の失敗を正すための民間経済への政府の介入が新たな非効率とこれをもたらす条件を生み出すという政府の失敗を招いた。D. R. ヤングは、C. ウオルフ Jr.を引用しながら、政府の対策があるにもかかわらず、民間の非営利組織が自発性を基礎に公的な財とサービスを提供する理由を政府の失敗から説明する（Dennis R. Young 2012, p.151）。

　第三に、公益は市民社会組織により担われる。前述したように、市民社会組織はミッションの質と社会的妥当性そして価値を伝える能力によりひきつけられた経営資源によりミッション実現のために社会に必要な財とサービスを提供する。財とサービスは利用者の自由選択により選ばれる。つまり、市民社会組織により提供される財とサービスの社会的必要性は選ばれて初めて判明する事後的公益である。ただし、この事後的公益は企業と異なり、基本的には貨幣的裏付けのない生活需要に応えるため、市場を通さない、非市場的なものである。しかし、介護サービスのように NPO が市場的にサービスを提供する場合

もある[4]。市民社会組織による事後的公益は市場的なものとボランティアを中心とする非市場的なものからなる。

事前、事後の違いはあれ、行政も市民社会組織も基本的には非市場的に、非分配的に公益を提供するが、ここでの問題は、この提供が強制的な行政と非強制的な市民社会組織に分かれる事情である。E. S. クレメンスは民主主義の市場モデルに基づき、「多数の有権者から支持を獲得した公的サービスや財は公的エイジェンシーによって提供されるが、議論の余地のある、または少数の有権者からのみ選好される公的サービスや財は公的基金により助成されるものの、非営利組織によって提供される」（E. S. Clemens 2012, p.166）とした。つまり、市民社会組織も、行政も、貨幣的裏付けのない生活需要に応える。しかし、有権者に縛られる行政は多数の有権者から支持を得た公益を法令に基づき提供するが、組織に決定的に影響を与えるものがいない市民社会組織は議論の余地のある、または少数の有権者からしか支持を得ていない公益を自発的に提供するのである。

そこで、公益の分業の観点から学習支援を位置づけるならば、まず、生活困窮家庭の子どもたちの学習支援に対する需要は貨幣的裏付けのある有効需要としては現われない。このため、企業が社会的責任活動として公益である学習支援を行うとしても、これは事業として本格的には提供されず、行政か市民社会組織により非市場的に供給されざるを得ない。自治体は「生活困窮者自立支援法」など法的強制力をもって学習支援の対象者を限定し、市民社会組織への委託を含めて学習支援サービスを提供する。しかし、有権者の動向などを背景とした自治体が学習支援を終了すると判断するならば、委託された市民社会組織もこの判断に従う。しかし、ミッションの質と社会的妥当性そして価値を伝える能力により経営資源をひきつけ、生活困窮家庭に選ばれるほどの実力があるならば、委託されなくなったとしても、市民社会組織はミッションに基づき学習支援を自主的、自発的に展開できるのである。

2. 市民社会組織の役割と生活の質

当然、学習支援は生活困窮者家庭の子どもたちの潜在能力を高め、生活の質

を向上させる。A. センによれば、生活の質は「ひとがそこ（潜在能力集合）から選択する機会をもった可能性の問題」(Amartya Sen 1985、邦訳、91頁、カッコ内は筆者) である。潜在能力とは「人の行うことができる様々な機能の組み合わせを表し」、「『潜在能力集合』は、どのような生活を選択できるかという個人の『自由』を表している」(Amartya Sen 1992、邦訳、59-60頁)。しかも、「様々な価値ある機能を実現する潜在能力は公共活動や公共政策により高められる」(Amartya Sen 1990, p.31)。市民社会組織による学習支援は子どもの潜在能力を高めるための公益活動であり、これにより子どもたちの生活選択の自由は広がり、生活の質は高まる。これは子どもたちに限定されるわけではなく、ここに結集する講師や職員たちの生活の質も高める。

　P. フランキンは、道具的説明原理／表現的説明原理と需要サイド志向／供給サイド志向によるマトリックスから市民社会組織の四つの役割を説明する。まず、道具的説明原理とは、市民社会組織の非営利的・自発的活動を「コミュニティが重要であると判断する仕事を達成するための道具」とみなすものであり、表現的説明原理とは「非営利・自発的セクターが仕事、ボランティア、寄付を通じた価値と関与を個人に自己表現させる」ことをいう。また、需要サイド志向とは、この非営利・自発的セクターの「活動が公共または構成員の必要に応じているため、非営利組織は重要な社会的ニーズを満たすことができる」ことをいい、供給サイド志向とは、このセクターが「ここに流れ込む社会的企業家、寄付そしてボランティアなどの諸資源と創意工夫により推進される」(P. Frumkin 2012, pp.25-6) ことをいう。

　そこで、市民社会組織の役割は、第一に、社会にとって重要なニーズを満たす（需要サイド志向）ために必要な仕事を行い（道具的説明原理）、「サービスを届ける」ことである。このことにより市民社会組織は「必要とされるサービスを提供し、政府と市場の失敗に応える」。第二の役割は、社会的ニーズを満たす仕事が（道具的説明原理）、社会的企業家や寄付、ボランティアなどにより推進され（供給サイド志向）、「社会的企業家精神」を機能させることである。これは「企業家精神の駆動力を提供し、商業的目的と慈善的な目的を結ぶ社会的企業を創造する」。第三の役割は、社会的ニーズを満たし（需要サイド志向）、これに関与し、価値を認め、このことを自己表現させること（表現的

説明原理）により「市民と政治との結びつき」を機能させることである。これは「政治のために市民を結集し、目標のために主張し、コミュニティの中に社会的資本を構築する」。第四の役割はここに参加する社会的企業家や寄付、ボランティアなどに（供給サイド志向）自己表現させる（表現的説明原理）「価値と信念」を機能させることである（ibid, p.27）。これにしたがうと、市民社会組織は学習支援により子どもたちの生活の質を向上させるために社会的企業家精神に基づく社会的資本を形成し、ここに結集した市民に自己表現する機会を提供するのである。

　ところで、ロバート N. ベラーは個人主義を功利的、表現的、倫理的なものとして特徴づける。功利的個人主義とは人間生活を個人による「所与の目的に関する自己利益の最大化努力と捉える」（R. N. Bellah 1985、邦訳、394 頁）ものであり、表現的個人主義とは「すべての個人は感情と直観の独特な核を持っており、個性実現のためにはこうした核が展開あるいは表現されなければならない」（同上、392 頁）とするものである。これらに対して倫理的あるいは市民的個人主義とは「個人と共同体が相互に支え合い強化するようなあり方」（同上、iv 頁）をいう。これらの点から市民社会組織の役割を見るならば、表現的説明原理は表現的個人主義に他ならず、市民社会組織はこの参加者に自己表現の機会を与える。市民社会組織が共同体と個人が相互に強化する機会となれば、表現的個人主義が倫理的個人主義に転化する。市民社会組織はこの機会となりうる。それは市民社会組織が「シティズンシップの学び舎」（E. S. Clemens 2012, p.168）であるからだ。

　たとえば、学習支援は、私人である市民がこれに関する多様な構想を持ちより、学習支援サービスを地域社会で提供する公益的活動である。換言すれば、学習支援は地域で形成された「公衆として集合した私人たちの生活圏」である「市民的公共性」（J. Harbermas 1990、邦訳、46 頁）の一つである[5]。この形成の過程で彼らは多様な構想の民主的なすり合わせ、民主的な運営そして学習支援のためのスキルを学ぶ。このことにより彼らの潜在能力は高まるとともに、生き方の自由に基づく選択可能性が広がる。彼らの生活の質は向上する。クレメンスの指摘によれば、市民社会組織は「民主主義にとっての基礎」であり、ここに結集する市民の「民主主義的価値とスキルの育成のための場所であ

る限り」、市民社会組織は「シティズンシップの学び舎」なのである（E. S. Clemens 2012, p.168）。市民社会組織は個人と市民社会が相互に強化される機会を提供し、このなかで学習支援を行う人々の潜在能力を高め、生活の質を向上させるのである。

3. シティズンシップと学習支援

　T. H. マーシャルによれば、シティズンシップとは「共同社会の完全な成員資格」ということである。T. H. マーシャルは経済的格差を認めながらも、すべての人が文明市民としての生活条件を享受すべきだとしたアルフレッド・マーシャルの主張をシティズンシップと関連付けて、以下のように整理した。すなわち、この主張は「すべての人が社会的な財産の分け前にあずかれるようになるべきだという要求にほかならず、それはさらに、すべての人が社会の完全な成員として、つまりは市民として受け入れられるべきだという要求を意味している」（T. H. Marshall/Tom Bottomore 1992、邦訳、11 頁）とした。
　T. H. マーシャルは、シティズンシップが市民的、政治的、社会的な要素から構成されるとする。市民的要素とは、人身の自由や言論、思想・信条の自由、財産を所有し、正当な契約を結ぶ権利などの市民的権利を指す。政治的要素とは、政治権力の行使に参加する権利のことをいう。そして社会的要素とは、経済的福祉や安全を請求する権利から文明市民としての生活を実現する権利に至るまでの広範囲な諸権利のことである（同上、15 頁）。つまり、シティズンシップとはすべての人が市民的権利と政治権力の行使に参加する権利そして文明市民として暮らす権利を共同社会の成員資格として有し、市民として受け入れられることを意味している。これにしたがうと、低所得あるいは貧困や失業の状況にある生活困窮家庭は文明市民として生活する権利を奪われ、共同社会の一員から排除されるリスクにさらされる。
　ところで、第二次世界大戦後、周知のように、大量生産による低価格、高賃金による消費の拡大のもと、貨幣所得が増大しながらも、累進課税と再分配政策が機能し、格差が縮小した。しかし、T. H. マーシャルは 20 世紀の後半から「職業構造と関連する教育を通じてシティズンシップが社会的階層化の道具

として作用」（T. H. Marshall 1992、邦訳、85-6 頁）するようになったとした。T. ピケティもまた 20 世紀を通じて平均的教育水準が上がったにもかかわらず、所得格差は縮小しなかったとし、それは「職場で求められる学歴水準も上昇したからである」（T. Piketty 2013, p.503）とした。

特に、1990 年代以降工業化からポスト工業化へ展開し、知識・技術が高度化するのに応じて教育と職業の関連性が強まった。G. エスピン - アンデルセンはポスト工業化の仕事が管理職、専門職など高度な人的投資に支えられた「格付けの高い仕事」と従属的で定型的な仕事である「格付けの低い仕事」の混合である（G. Esping-Andersen 1990, pp.220-1）と指摘した。これは労働市場を二極化し、所得格差をもたらした。P. テーラー - グービーによると、失業と貧困のリスクにさらされるのは仕事と家庭の調和に最大の困難性を見出す平均より低い熟練しか身に着けていない女性、ひとり親家庭そして十分な教育を受けていない人々である（P. Taylor-Gooby 2004, pp.2-4）。

日本においてこの認識が多くの人たちに支持されたからこそ「子どもの貧困対策推進法」などが制定され、自治体による学習支援が広く行われるようになった。しかし、自治体が学習支援の主体として位置づけられたとはいえ、この事業は任意である。もし市民社会組織が広く存在しなかったら、自治体の委託先はなく、当然、市民社会組織による学習支援は可能ではなかった。実際、このような地域も少なからず見受けられるが、行政による直接の支援あるいは企業の CSR としての学習支援であるならば、これらは有権者に縛られ、株主の期待に応えなければならないため、貧困リスクの高い家庭の子どもたちが将来、「社会の完全な成員としてつまりは市民として受け入れられる」（T. H. マーシャル）可能性は低下するのである。

4. ポスト工業化の初職構造と格差

ポスト工業社会の展開のなかで進学率が上昇し、教育から就労への移行期が長くなっている現在、比較的短い教育期間で充分な教育を受けられず、スキルも低い人々は相対的貧困に陥る可能性が高い。日本においては中卒や高卒そして教育機関にも、訓練機関にも在籍せず、就職もしていない若年者あるいは女

性にこの可能性がある。この可能性について高校卒業者を中心とした初職構造を検討することによって明らかにしておこう。

　まず、2017（平成29）年3月における高校生の進路先を確認する（「平成29年度学校基本統計調査」による）。卒業生数は1,069,568人であり、そのうち高校生の短期大学を含めた大学進学率は54.7%（585,184人）、専修学校への進学率は16.2%（173,676人）であり、この二つを合わせた進学率はほぼ70%、進学者数は758,860人であった。また、正規職員としての就職者数と就職率は専修学校への進学者数、進学率とほぼ同数の188,259人、17.6%であり、そのほか、公共職業能力開発施設等に入学した高校生が6,360人、大学への進学準備が56,410人であった。この一方で、一時的な仕事にしかつかなかったものは7,794人であり、就職も進学もしなかったものが50,315人であった。この二つに非正規職員としての就職者数1,360人を加えると、59,469人にのぼり、全卒業生の5.6%を占めるのであった。

図表 I-3-1　高校卒業者産業別就職状況（全日制、定時制）

	総数		男		産業毎男性比	女		産業毎女性比	月間給与総額
	190,259	100%	115,518	100%	60.70%	74,741	100%	39.30%	316,966
農業・林業	1,539	0.9%	1,058	0.9%	68.7%	481	0.7%	31.3%	―
漁業	426	0.2%	404	0.3%	94.8%	22	0.0%	5.2%	―
鉱業、採石業、砂利採取業	208	0.1%	186	0.2%	89.4%	22	0.0%	10.6%	333,277
建設業	15,952	7.8%	14,372	12.4%	90.1%	1,580	1.6%	9.9%	389,037
製造業	73,593	40.0%	52,579	45.5%	71.4%	21,014	27.5%	28.6%	383,658
電気・ガス・熱供給・水道業	2,318	1.6%	2,029	1.8%	87.5%	289	0.5%	12.5%	555,821
情報通信業	1,794	0.9%	937	0.8%	52.2%	857	1.2%	47.8%	486,425
運輸業・郵便業	10,544	4.4%	7,618	6.6%	72.2%	2,926	1.7%	27.8%	344,573
卸売業、小売業	22,298	10.5%	8,083	7.0%	36.2%	14,215	16.6%	63.8%	274,008
金融業・保険業	1,936	0.7%	219	0.2%	11.3%	1,717	1.6%	88.7%	477,827
不動産業、物品賃貸業	1,106	0.4%	533	0.5%	48.2%	573	0.5%	51.8%	361,082
学術研究、専門・技術サービス業	2,786	1.1%	1,791	1.6%	64.3%	995	1.1%	35.7%	460,787
宿泊業、飲食サービス業	11,331	6.5%	4,163	3.6%	36.7%	7,168	10.2%	63.3%	124,059
生活関連サービス業、娯楽業	7,773	4.8%	2,256	2.0%	29.0%	5,517	8.4%	71.0%	207,107
教育、学習支援業	654	0.3%	207	0.2%	31.7%	447	0.5%	68.3%	381,157
医療、福祉	11,457	9.0%	2,314	2.0%	20.2%	9,143	18.0%	79.8%	299,728
複合サービス業	3,239	1.3%	1,330	1.2%	41.1%	1,909	0.2%	58.9%	381,817
サービス業	7,131	3.6%	4,603	4.0%	64.5%	2,528	3.5%	35.5%	256,366
公務	12,706	6.9%	9,972	8.6%	78.5%	2,734	2.6%	21.5%	―

出典：文部科学省「平成29年度学校基本統計調査」。
　　　現金給与総額については厚生労働省「毎月勤労統計調査」平成29年分結果確報（事業所規模5人以上）による。

一般的に、高校新卒生の就職状況は大学新卒者と比較すると、選択肢が狭く、ポスト工業化におけるジェンダー的雇用構造を反映している。2017（平成29）年、全就職者数の4割が「製造業」に就職し、ついで「卸売業・小売業」への就職が 10.5％、「医療・福祉」への就職が 9.0％であった。これを男子高校新卒者に限れば、「製造業」（男子高校新卒者の内の当該就職構成比 45.5％、当該産業の男子高校新卒者比は 71.4％、以下、順番は同じ）、ついで「建設業」（12.0％、91.9％）である。この二つの分野で男子高校新卒者の6割を占め、「公務」（8.6％、78.56％）、「運輸業、郵便業」（6.6％、72.2％）、「電気・ガス・熱供給、水道業」（1.8％、87.5％）を合わせると、8割近い男子高校新卒者が男性中心の高賃金産業分野に就職している。これらの産業の月間給与総額はいずれも、全産業平均の 316,966 円を超えているのである（図表Ⅰ-3-1）。

 男子高校新卒者と同様に、女子高校新卒者の就職先産業の第一位は「製造業」（女子高校新卒者の内の当該就職構成比が 27.5％、当該産業の女子高校新卒者比は 28.6％、以下、順番は同じ）であり、ついで、「医療・福祉」（18.0％、79.8％）、「卸売業・小売業」（16.6％、63.8％）、「宿泊業、飲食サービス業」（10.2％、63.3％）、「生活関連サービス業、娯楽業」（8.4％、71.0％）である。「製造業」以外の四つの産業への女子高校新卒者の就職は6割を占めるが、これらの産業は女子中心の低賃金産業分野である。これらの産業の月間給与総額はいずれも全産業の平均を下回るのであった。これらの産業は男子の就職先の上位に入らず、しかも入職率、離職率も高い産業である。たとえば、「宿泊業、飲食サービス業」は入職率が 32.0％、離職率が 30.0％であり、「生活関連サービス業」はそれぞれ 24.1％、20.3％であり、いずれも入職率（15.0％）、離職率（15.8％）の平均を上回り、高い労働移動率を示している。また、「医療、福祉」では入職率が 15.8％、離職率が 14.8％であり、「卸売業、小売業」がそれぞれ 15.5％、14.0％であり、ほぼ平均の労働移動率に近い状況である（厚生労働省「平成 28 年雇用動向調査」）。しかも、「製造業」では、日本では女子は熟練工になる機会が極めて少ないことを考えると、女子高校新卒者は初職の段階から労働移動率が高く、熟練やスキルを高める機会が少なく、低所得を余儀なくされる産業分野に就職している。この性による産業別就職先の偏りは、全国的な産業別の雇用構造と同様であり、高卒生の就職状況はジェンダー的な偏

りのある雇用構造を反映するものであった。

　これに対して大卒者は産業と職業の選択肢が広がり、初職のジェンダー的傾向は緩やかになっている。この点については別稿に譲るとして、ここで確認すべきは、就職状況が良好にもかかわらず、就職後、進学もせず、就職もせずあるいは非正規従業員になったものが1割を超えるという点である。2017（平成29）年における大卒者567,763人のうち、正規職員として就職した学生は、413,915人（全体の72.9％）であり、非正規職員は18,348人（3.2％）、正規職員と非正規職員を合わせた就職者は合計432,263人（76.1％）であった。また、大学院への進学は62,331人（10.9％）であり、専修学校、外国の学校への進学、5,403人（2.0％）を加えると、進学者数は67,734人（11.9％）を数える。そのほか、「一時的な仕事に就いた者」が9,183人、就職も進学もしなかったものが44,182人であり、これらの学生は53,365人（9.3％）にのぼり、非正規職員18,348人を含めると、71,713人（12.6％）であり、高卒生より深刻な状況にある（文部科学省「平成29年度学校基本統計調査」）。少なくともこれらの学生は初職で正規従業員としての地位を逸し、企業での能力形成を阻害され、今後の雇用に不利な状況に陥る可能性が高い。

　このように、高校新卒の女子や進学も就職もせず、正規職員として就職しなかった高卒生ばかりでなく、同様な大卒生もスキルが形成されず、貧困リスクを高める。彼らは家庭を形成しづらく、家庭を形成したとしても、貧困リスクが子供にまで継承される可能性が高まる。これこそ「教育格差が貧困誘因となって次世代に継承される連鎖の構図」（道中 2015/16、35頁）なのである。これは単なる経済格差が生み出す教育格差ではなく、平均的教育水準は上がったが、職場で求められる学歴水準も上昇したことによる。ポスト工業社会の進展のなかで仕事が高度な人的投資に支えられた仕事と従属的で定型的な仕事に二極化し、前者に対応しうる教育水準が達成されなければ、人々は後者を選択せざるを得ない。しかも、これらがジェンダー的に偏り、この偏りは高校生の就職段階から始まる。だとするならば、高校進学あるいは高校卒業までに基礎学力と学習意欲を形成し、社会人になっても学習する姿勢を培わなくてはならない。市民社会組織による学習支援はこの三つをめざしているのである。

5. 貧困による潜在能力の欠如と支援

　生活の質の観点からいうならば、貧困とは「経済手段が不十分なために生じる潜在能力の欠如」（A. Sen 1992、邦訳、172-4頁）である。これにより栄養状態、健康状態が悪化し、幸福、自尊心が醸成されず、社会生活への参加が不可能となる（同上、59頁）。仕事が二極化するとともに、これに応じて非正規労働者が多くなり、しかもこれが女性労働者に偏る以上、ひとり親家庭の女性や十分な教育を受けられなかった子どもたちが貧困リスクにさらされ、潜在能力の欠如により貧困が世代間で継承される可能性は否定しがたい[5]。したがって、貧困問題は、個人や家庭だけで解決できるほど単純ではなく、公共政策や公共活動により潜在能力の欠如を子どもたちが生活する地域で補う必要がある。

　当然、学校は子どもたちの主要な学びの場であり、一日の大半を過ごす重要な生活の場である。しかし、生活の質の向上による貧困の世代間継承を断つことは学校だけに任せることはできない。潜在能力の欠如が主に不十分な経済手段によるものであるならば、これは生活保護などの経済的な社会保障にかかわる問題であり、潜在能力の欠如による健康と栄養の悪化、病気などは社会福祉サービスにかかわる問題であるからだ。

　したがって、具体的には、教育機関と福祉機関とを結ぶ機能を担う仕事が求められる。これがスクールソーシャルワーカーである。「スクールカウンセラーが人の『心』を扱う」のに対して、子どもたちを支援する専門家であるスクールソーシャルワーカーは社会福祉の専門的知識・技術により家庭、学校、地域の諸機関をつなぎ、「子供を取り巻く『環境』を分析して調整を行い、変化をもたらそうとする」（横井 2017、8頁）。「子どもの貧困対策推進法」においては「学校をプラットフォームとした子どもの貧困対策の推進」として学校を窓口とした福祉関連機関等との連携が挙げられ、「子どもの貧困に対する指標」としてスクールソーシャルワーカーの配置人数やスクールカウンセラーの配置率などが列挙されているのはそのためである。

　さらに、行政による公共政策だけでなく、私人である市民による自発的な市

民的公共性の形成も求められる。これを担う市民社会組織は地域に学習支援のための社会資本を構築する。つまり、学習環境の改善のためには、スクールカウンセラーやスクールソーシャルワーカーと学校などとの連携だけでなく、実質的に学習支援を行う市民社会組織との連携も求められる。「子どもの貧困対策推進法」のなかで作成が義務付けられた「子どもの貧困対策大綱」において生活困窮世帯や児童養護施設の子どもに対して「学習意欲の喚起や教科指導を行」うために、NPO等と各自治体との連携を促進することがうたわれているのはこの証左である。換言すれば、事前的公益を非市場的に担う教育機関、福祉機関などの行政と非市場的な事後的公益あるいは自治体からの委託などによる事前的公益を担う市民社会組織との対等な連携が子供たちの学習環境を改善し、子どもたちの潜在能力を向上させる。

　当然、子どもたちの直接の学習環境は家庭でもある。したがって、生活困窮者自立支援法」にみられるように、親を支援していくことも必要である。これと同時に、教育機関、福祉機関、市民社会組織の連携により学習環境を改善する。このことにより生活困窮家庭の子どもたちの「生存・発達する権利」（子どもの権利条約）や教育の機会均等（「子どもの貧困対策推進法」）とこれにより子どもたちが社会人になってから市民として受け入れられるシティズンシップが実質的に保障される。市民社会組織は学習支援を通じて経済的手段が不十分なことにより欠如した子どもたちの潜在能力を補充し、自分の生き方に基づいた選択可能性を拡大し、地域で生活する子どもたちの生活の質を向上させるのである。

おわりに―学習支援の実質化と地域の市民化

　現在、学習支援に取り組んでいる多くの自治体が市民社会組織への委託によりこれを実施している。この場合、市民社会組織は法的に限定された対象者に対して学習支援サービスを非市場的な事前的公益として提供する。確かに自治体は学習支援の実施主体として「生活困窮者自立支援法」などにより位置づけられているが、これはあくまでも法的には自治体の任意の事業である。学習支援に関して自己責任論や弱者に偏りのある施策であるとの議論があり、これは

多くの有権者から支持されているわけではなく、議論の余地のある公共政策であるからだ。

したがって、市民社会組織が学習支援を実質的に担わざるを得ない。ここでは、ミッションの質と社会的妥当性と価値により経営資源を調達し、これにより提供する学習支援が選択されるように経営される市民社会組織の実力が問題となる。換言すれば、市民社会組織が非市場的で、事後的に学習支援サービスを継続的に提供することができるためには、市民社会組織の魅力と実力そしてこれを支援する地域社会の質が問われているのである。

ところで、現代の日本では、貧困リスクにさらされているのは、高校卒業女子や学校卒業後に正規雇用されなかった若年者や就職も進学もしなかった若年者である。彼らにシティズンシップを保障し、彼らの生活の質を向上するには、小学校や中学校からポスト工業社会に対応しうる基礎的学習と学習意欲そして学習姿勢を培う必要がある。市民社会組織は教育機関や福祉機関とともに子どもたちの学習環境を形成する。

重要なことは、学習環境を形式的に整えることではなく、学習環境が実質的に子どもたちの生活の質の向上に貢献するように機能することである。このためには、活動の質が高い市民社会組織が量的に増大し、教育機関と福祉機関とともに、これらの三者が対等な関係で実質的に協力し、公共を形成し、これを担わなければならない。この点でも、市民社会組織は「シティズンシップの学び舎」である。私人としての市民が形成し、担う市民的公共性が地域社会に構築される。この意味で地域社会が市民化することが問われているのである。

（安田尚道）

注
1） この定義にしたがえば、当然、日本における市民社会組織はNPO法に基づく特定非営利活動法人だけではなく、公益性をめざした財団法人や公益性をめざした社団法人および社会福祉法人や学校法人、医療法人なども含まれる。
2） M. ウエーバーは「『経営』とは或る種の永続的な目的行為を指し、『経営団体』とは、永続的な目的行為を営む行政スタッフを有する利益社会関係を指す」（M. Weber 1922）としている。市民社会組織も行政スタッフを有し、永続的な目的行為を行うという点で経営なのである。
3） たとえば、GRI（Global Reporting Initiative）の「サスティナビリティ・レポーティング・ガイドライン」によると、「長期的な収益性を社会正義や環境保護と両立させるべきだという考え方も広が」っているが、「サスティナビリティ報告」は環境、社会、経済へ組織が与える影響の開

示情報をステークホルダーに伝達するものである(GRI ガイドライン第4版日本語正式版)。
4) J. S. オットは非営利組織を自発的と商業的に類型化し、多くの市民社会組織は両方の要素を兼ね備えているとする。自発的な非営利組織は時間、努力、金銭の自発的寄付から意味のある重要な支持を受け、その組織文化は信条、価値そして自発的参加と結びつく基本的な想定を含む。これに対して商業的非営利組織はサービスの販売から所得を引き出し、ひんぱんに営利企業と競争する(J. Steven Ott 2012, p.250)としている。
5) J. ハーバーマスは、18世紀には、原則的に私有化され、公共的な重要性をもつ商品交易と社会的労働の圏内で公権力と折衝するために、公衆として集合した「これらの私人たち(民間人)は当局によって規制されてきた公共性を、まもなく公権力そのものに対抗して自己のものとして主張する」(Harbermas 1990、邦訳、46頁)市民的公共性を形成したとしている。本稿では市民社会組織は現代の市民的公共性として位置づけている。

参考文献

Bellah, R. N., *Habits of the Heart: Individualism and Commitment in American Life*, University of California Press, 1985. 邦訳『心の習慣』(島薗進・中村圭志訳)みすず書房、1991年。
Clemens, Elisabeth S., "The Constitution of Citizens: Political Theories of Nonprofit Organization," *The Nature of the Nonprofit Sector*, Westview Press, 2012.
Esping-Andersen, Gosta, *The Three Worlds of Welfare Capitalism*, Princeton University Press, 1990. 邦訳『福祉資本主義の三つの世界:比較福祉国家の理論と動態』(岡沢憲芙・宮本太郎監訳)ミネルヴァ書房、2001年。
Frumkin, Peter, "The Idea of a Nonprofit and Voluntary Sector," *The Nature of the Nonprofit Sector*, Westview Press, 2012.
Harbermas, J., *Strukturwandel der Offentlichikeit*, Suhr Verlag, 1990. 邦訳『公共性の構造転換』(細谷貞雄・山田正行訳)、未来社、1973/1994/2015年。
Marshall, T. H./Bottomore, Tom, *Citizenship and Social Class*, Pluto Press, 1992. 邦訳『シティズンシップと社会的階級―近現代を総括するマニフェスト』(岩崎信彦・中村健吾訳)法律文化社、1993/2005年。
Otto, J. Steven, "Perspectives on Organizational Governance: Some Effects on Government-Nonprofit Relations," *The Nature of the Nonprofit Sector*, Westview Press, 2012.
Otto, J. Steven/Dick, Lisa A., *The Nature of the Nonprofit Sector*, Westview Press, 2012.
Piketty, Thomas, *Le Capital au XXIe Siècle*, Éditions du Seuil, 2013. 邦訳『21世紀の資本』(山形浩生・守岡桜・森本正史約)みすず書房、2014年。
Sen, Amartya, *Inequality Reexamined*, Oxford University Press, 1992. 邦訳『府暴動の再検討―潜在能力と自由』(池本幸生・野上裕生・佐藤仁訳)岩波書店、1995/2005年。
Taylor-Gooby, Peter, *New Risks, New Welfare*, Oxford University Press, 2004.
Young, Dennis R., "Government Failure Theory," *The Nature of the Nonprofit Sector*, Westview Press, 2012.
Weber, Max, *Soziologische Grundebegriffe*, Tübingen, J.C.B.Mohr, 1922. 邦訳『社会学の根本概念』(清水幾太郎訳)岩波書店、1972/1985年。
道中隆『貧困の世代間継承』晃洋書房、2015/2016年。
安田尚道『持続的発展の経営学』唯学書房、2005/2016年。
横井葉子「スクールソーシャルワーカーを活かした組織的・計画的な支援」末冨芳編『子どもの貧困対策と教育支援』明石書房、2017年。

第Ⅱ部
地域・自治体における共生と公益

第 4 章
地域包括ケアの課題と地域共生社会への展望

はじめに

　2025 年度に向け、住まいを前提として保健・医療・福祉の三本柱により「住み慣れた地域で、在宅で 24 時間安心して暮らせる仕組みづくり」を目指す地域包括ケアシステムづくりは各市町村で進められつつあるが、その足取りは決して平坦ではない。様々な課題が噴出する中で、2017 年 5 月「地域包括ケアシステムの強化のための介護保険法の一部を改正する法律」(地域包括ケア強化法)が成立、2016 年 6 月に閣議決定された「1 億総活躍プラン」の中の柱の一つに掲げられた「『我が事・丸ごと』地域共生社会の実現」への取り組みが市町村でも始まった。

　地域包括ケアはその成り立ち、これまでの取り組みを見ても、主として要介護、要支援の高齢者を対象としていたのが「高齢、障害、児童への総合的な支援の提供」[1]を地域全体で取り組む「地域共生社会」に広げ、地域共生社会の包括的支援体制の対象分野として、厚生労働省は高齢者だけではなく、障害者、生活困窮者、子ども・子育て家庭としたのである[2]。

　地域包括ケアシステムは、高齢化の加速に伴い要介護や要支援の高齢者が増え続けた結果、医療制度や介護保険制度などの既存の社会保障制度の枠組みだけでは支えきれなくなってきたことから地域住民の参画による地域の支えあいというインフォーマルサポートを組み込んだ。財政的にも、人材でも、内容的にもこれまでの行政のやり方では対応できない。避けられない方策、方向だったのはまぎれもない。

　同時に少子高齢化の加速で世帯構成が大きく変わり、一人暮らしの高齢者だけでなく、親と同居を続ける未婚者が増え、生涯未婚率が高まり世代を問わ

ず、単身世帯も増え続けている。また非正規雇用の増加に伴い格差社会の下でワーキングプアといわれる人々の生活不安も増大し、高齢者だけでなく、障害者、子育て家庭、生活困窮者ら自立困難な人々が、様々な生活課題を抱える。社会的孤立も深刻化し、自殺やその一歩手前まで追い込まれる人々が地域に少なからずいる。

　高齢者だけでなく、自立が難しいすべての人々を対象とする地域づくりとしての地域共生社会への広がりは当然ではあるが、従来の高齢者を対象とする地域包括ケアづくりの検証抜きには進められない。地域共生社会の実現に向けた取り組みとして国が示している「困りごとの相談窓口の設置」や「障害や介護におけるサービス資源の共有」といった取り組みは、地域包括ケアシステムの柱として作り上げつつあるものであり、地域共生社会は地域包括ケアが作り上げてきた成果と方向性を共有し、さらにそれを発展させるものでなければ実現できないであろう。

　本稿は、既存の制度で支えられない状況を乗り切るために、地域包括ケアシステムという形での要介護、要支援の高齢者を支える地域の支えあいづくりが、これまでどう進められてきたのか。今、どういう段階を迎えているのか。どういう課題を抱えているのか。兵庫県豊岡市、神奈川県横須賀市、川崎市などの取り組みを通じて明らかにしたい。

　その上で地域包括ケアをさらに進化させ、高齢者だけではなく障害者、子育て、生活困窮者などの地域で自立困難な人々を地域全体で支えるための「地域共生社会」への展望をどう見出して行けばいいのか、を考えたい。

1. 地域包括ケアの取り組みの経緯

　地域包括ケアという言葉は広島県御調町（現在は尾道市）の公立みつぎ総合病院の山口昇院長（当時）が 1975 年頃、初めて使ったとされる。病院から退院後、在宅生活を支援する医療・介護・福祉の連携モデルとして提起された。

　具体的には、脳卒中などで入院してくる患者を急性期の同病院で治療し、回復後、いったん自宅に帰ってもまた寝たきりや身体機能が回復しないまま病院に戻ってくる。それをみて、山口院長は患者の生活の質（QOL）を高めるに

は、病院、医師による治療だけでなく予防やリハビリテーションを地域住民ぐるみで取り組む必要がある、と考え、全国に先駆けて住民ぐるみの取り組みの総称として地域包括ケアという言葉を用いた。

高齢者だけではなく、いわゆる心臓疾患や脳血管障害などの生活習慣病を抱える住民の健康状態を改善しようという取り組みは尾道市や旧・御調町だけではなく、長野県で1950年代後半から始まった「PPK（ピン・ピン・コロリ）の里」づくりと呼ばれる保健師、住民ぐるみの健康づくりもそうである。

1950年代後半当時、長野県は脳卒中の死亡率が全国一高かった。漬物などの塩分摂取量が多い。真冬の時期に発作を起こしやすい。その改善に、当時佐久市立国保浅間総合病院院長をしていた吉沢国男医師（故人）で、保健婦をアシストする「保健指導員」の女性たちが取り組み、脳卒中などの生活習慣病が改善、全国でもトップクラスの長寿県（P・P・K）の里」と呼ばれるようになった[3]。

自分たちの健康は自分たちで守る。

そうした住民ぐるみの取り組みがこうした全国のいくつかの地域で展開されてきたのである。

2. 医療・介護保険制度改革から地域包括ケアへ

高齢化の加速により、国も様々な制度改革に取り組んでは来た。自宅で最後を迎える、戦前から戦後の一時期まで、日本人の終末期はそれが当たり前だったが、老人医療費が無料化された1973年前後から、町の開業医による往診がめっきりと減り始めた。在宅での死もその頃から減り始めた。老人医療費の無料化は高齢者やその家族を喜ばせたが、往診を激減させ、在宅ケアを遠ざける結果をもたらした。（図表II-4-1）

1983年2月に、老人医療無料化を廃止し、高齢者にも自己負担を導入、現役世代から老人医療に仕送りをする、老人保健法をスタートさせたのは、医療保険財政の危機打開のためでもあったが、入院に偏った治療中心から予防、健康づくりを柱とした医療への転換を目指すものだった。

2000年4月から公的介護保険が導入されたのは、家族にしわ寄せされて来

図表 II-4-1　医療機関における死亡割合の年次推移

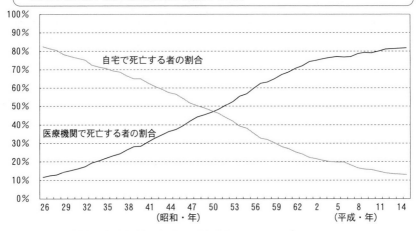

○医療機関において死亡する者の割合は年々増加しており、昭和51年に自宅で死亡する者の割合を上回り、更に近年では8割を超える水準となっている。

出典：厚生労働省大臣官房統計情報部「人口動態統計」

た高齢者介護が寝たきりや認知症など要介護高齢者の増加で、もはや持ちこたえられなくなってきたためである。もう一つの大きな理由は、受け皿がないために入院せざるを得ない。そうした「社会的入院」をできるだけ減らし、在宅での受け皿を作る。しかし、介護保険制度はその状況を改善させる制度となるはずだったが、必ずしもそうはならなかった。「自立支援」につながらなかったからである。

　大幅改正となった06年の介護保険改正は、とくに軽度者を対象に「介護予防」を中心としたサービスに切り替えた。要介護にならないようにする、もしくは要介護になってもできるだけ悪化させないようにする。そのために地域包括支援センターをすべての市町村に設け、介護予防のケアプラン作りにあたる。主治医とケアマネとの連携、病院から退院してくる場合の在宅との連携が確実に実施できるケアマネイジメントの役割も課された。同時に在宅や施設での看取りを支援、そのために在宅での看取り支援を新設した。

　介護保険だけでは、在宅での介護や看取りを100％カバーできない。安心して在宅での療養、介護生活、さらに看取りまで迎えるためには、介護保険と医

療保険制度というタテ割りの制度の枠を超え、コ・メディカルの職種間の連携はもとより、介護と医療との一体的に利用できるようなケアマネイジメントへの方向が打ち出された。地域包括ケア構築の道筋がようやく開かれたのである。

一方、地域包括ケアづくりのため 06 年度からの医療制度改革関連法の成立を受けての医療制度改革も進められた。老人病院と呼ばれた療養病床の削減により、社会的入院をなくす。その受け皿として、在宅医療の強化、在宅での看取りをできる仕組みを作る。おそまきながら、この時点でようやく「予防」と「在宅化」への軌道が敷かれたのである。「病院で死ぬ」時代に終止符を打ち、在宅（住み慣れた地域での在宅に近い施設も含む）で死ぬ時代に転換する、ということである。そのためには在宅医療の充実、在宅医療を担う医師の養成も大きな課題として残された。

(1) ようやく地域包括ケアへ

こうした積み重ねを受け、2008 年の「地域包括ケア研究会」（座長・田中滋慶大教授）報告は地域包括ケアについて「『地域包括ケアシステム』は、ニーズに応じた住宅が提供されることを基本とした上で、生活上の安全・安心・健康を確保するために、医療や介護、予防のみならず、福祉サービスを含めた様々な生活支援サービスが日常生活の場（日常生活圏域）で適切に提供できるような地域での体制と定義する。その際、地域包括ケア圏域については『概ね 30 分以内に駆けつけられる圏域』を理想的な圏域として定義し、具体的には中学校区を基本とする」と定義した。

社会保障制度改革国民会議は 2013 年 8 月にまとめた報告書によると「地域包括ケアシステムの構築は、団塊の世代のすべてが 75 歳以上となる 2025（平成 37）年に向けて速やかに取り組むべき課題」とし、「地域の特性に応じて実現可能な体制を見出す努力を促すための取組を早急に開始すべき。介護予防給付について、市町村が地域の実情に応じ、住民主体の取組等を積極的に活用しながら柔軟かつ効率的にサービスを提供できるよう、受け皿を確保しながら新たな地域包括推進事業（仮称）に段階的に移行させていくべき」と地域包括ケアの推進を盛り込んだ。日本の医療機関の機能分化の立ち遅れを改めて指摘

し、病院の機能分化と連携を進める。具体的には都道府県ごとに医療機関の機能分化（高度急性期、急性期、回復期、慢性期の四区分）を進め、病院間の、そして病院と診療所との連携を進める地域医療構想を地域の実情に即して作り、実効性をはかることとした。

　2014年8月医療介護総合確保推進法が成立、医療と介護の供給体制をはかることにより、地域包括ケアの推進を進めることとなった。

　要介護状態に陥った高齢者は医療・介護、さらに生活支援も含めた多様なニーズがある。とくに医療では地域の医療の中で、そうしたニーズに対応できるためには医療機関の機能分化だけでなく、在宅医療、プライマリケアの地域での確立が求められる。

　国は2015年度から市町村が独自に取り組める地域支援事業を柱とした地域包括ケア構築の具体化を柱とする介護保険改正に踏み切り、全国の市町村は2015年度から段階的に進めていくこととした。

3. 財政抑制策としての「予防」と「在宅」を柱とした医療・介護保険制度改革

　以上が2025年度に向けて進められている地域包括ケア取り組みの経緯である。この経緯から明らかなように、高齢化の加速と共に1990年代から医療と介護の改革を本格化させた。その改革の狙いは「施設（病院）から在宅」の流れを確かなものにすることにあった。

　改めてその流れを振り返ってみよう。

　まず介護分野では、1990年からゴールドプラン（高齢者保健福祉推進十か年戦略）をスタートさせ、高齢者が要介護になっても住み慣れた地域で、安心して暮らせる介護の基盤整備に乗り出し、2000年に介護保険制度を発足させた。

　一方、当時の医療制度改革の狙いは、入院の必要もないのに在宅ケアが整備されていないために事実上介護の受け皿として高齢者が入院を続けるという社会的入院をできるだけ減らすことと、高齢化で膨れ続ける保険財政の改革だった。

医療保険財政は1990年代後半から危機的な状況に陥った。バブルが終焉して以降長引いた不況で医療保険での保険料収入は頭打ちになる一方で、90年代の医療費の伸びは年平均で4％、とりわけ高齢者医療費は8％も伸び続けたためである。

　誰でも、いつでも、どこの病院・診療所にも行ける、世界に冠たるはずの日本の医療保険制度がこのままでは維持できない。その危機感を持った当時の政府与党（自民・社会・さきがけ）が「21世紀の国民医療」と題した4本柱の改革（診療報酬、薬価、医療提供体制、高齢者医療）の改革案を示し、医療制度改革もようやく動き出した。

　介護保険のスタートに合わせ、2000年度から医療保険制度改革を進める予定だったが、日本医師会、その支援を受けた自民党族議員が抵抗したために大幅に遅れた。2003年度の医療制度改革大綱、2006年度の医療制度改革関連法を成立させたことで、医療改革は進み始めた。その柱は「予防」と「在宅」だった。

　なぜ、その二本柱となったのか。

　日本はこれまでに人類が経験したことがない高齢社会に突入し、2050年から2060年にかけて40％を超える、正に異次元の高齢社会を迎える。75歳以上の後期高齢者も増え、要介護者の率も、医療依存度も飛躍的に高まる。

　その高齢者の大群を地域で支えていくためには、治療（キュア）ではなく、介護を中心とした在宅ケアとならざるを得ない。要介護状態にできるだけ陥らないための予防もますます重要となる。

　高齢化の加速に伴う膨大な財政負担を出来るだけ抑制せざるを得ない。「在宅と予防」を柱とした医療制度改革はその意味でも避けて通れないものであった。

　同時に2000年に公的介護保険制度を創設したのは、高齢者医療費の抑制、とりわけ、行き場がないために療養型病床群等への社会的入院の抑制にあった。

　公的介護保険制度の創設により、高齢者医療費の抑制も図られた。医療から介護へのシフトがある程度実現したのである。

　2000年に始まり、まもなく満18年を迎えようとしている介護保険制度の歩

図表 Ⅱ-4-2　介護保険創設時から現在までの対象者・利用者の増加

〇介護保険制度は、制度創設以来16年を経過し、65歳以上被保険者数が約1.6倍に増加するなかで、サービス利用者数は約3.3倍に増加。高齢者の介護に無くてはならないものとして定着・発展している。

①65歳以上被保険者の増加

	2000年4月末		2016年4月末	
第1号被保険者数	2,165万人	⇒	3,387万人	1.6倍

②要介護（要支援）認定者の増加

	2000年4月末		2016年4月末	
認定者数	218万人	⇒	622万人	2.9倍

③サービス利用者の増加

	2000年4月		2016年4月	
計	149万人	⇒	496万人 ※	3.3倍

注：※居宅介護支援、介護予防支援、小規模多機能型サービス、複合型サービスを足し合わせたもの、並びに、介護保険施設、地域密着型介護老人福祉施設、特定入所者生活介護（地域密着型含む）、及び認知症対応型共同生活介護の合計。
出典：厚生労働省「介護保険事業状況報告」

みを振り返ると、過去7回の介護報酬の改定がなされた間、介護保険は様々な変遷をたどってきた。

「介護保険創設時から現在までの対象者・利用者の増加」（図表Ⅱ-4-2）を見ると、介護保険がスタートした2000年から2016年の間に、65歳以上の第一号被保険者は1.6倍に増えたが、同時期の要介護認定者は2.9倍、介護保険サービスの利用者は3.3倍にも増えた。高齢者の増加をはるかに上回る勢いで、要介護認定者や介護保険のサービス利用者は増えているのである。

その結果、介護保険給付費はスタート時、3.6兆円、第一号被保険者の介護保険料2,911円だったのが、2017年度には介護保険給付費は10.8兆円、第6期の第一号被保険者介護保険料は5,514円に上がった。

団塊の世代が後期高齢者となる2025年には8,165円となる見通しである。（図表Ⅱ-4-3）

介護保険制度がなければ、医療で抱え込んでいた高齢者ケアの費用が介護保険に移行された。介護保険スタート時と2016年の間の医療費に比べ、介護費

図表 II-4-3　介護保険の総費用額と保険料の推移

○市町村は3年を1期（2005年度までは5年を1期）とする介護保険事業計画を策定し、3年ごとに見直しを行う。
　保険料は、3年ごとに、事業計画に定めるサービス費用見込額等に基づき、3年間を通じて財政の均衡を保つよう設定。
○高齢化の進展により、保険料が2020年には6,771円、2025年には8,165円に上昇することが見込まれており、地域包括ケアシステムの構築を図る一方、介護保険制度の持続可能性の確保のための重点化・効率化も必要となっている。

事業運営期間		事業計画		給付（総費用額）	保険料	介護報酬の改定率
2000年度	第一期	第一期		3.6兆円	} 2,911円（全国平均）	H15年度改定 ▲2.3%
2001年度				4.6兆円		
2002年度				5.2兆円		
2003年度	第二期			5.7兆円	} 3,293円（全国平均）	H17年度改定 ▲1.9%
2004年度				6.2兆円		
2005年度				6.4兆円		H18年度改定 ▲0.5%
2006年度	第三期	第三期		6.4兆円	} 4,090円（全国平均）	
2007年度				6.7兆円		
2008年度				6.9兆円		H21改定 +3.0%
2009年度	第四期	第四期		7.4兆円	} 4,160円（全国平均）	
2010年度				7.8兆円		
2011年度				8.2兆円		H24年度改定 +1.2%
2012年度	第五期	第五期		8.9兆円	} 4,972円（全国平均）	
2013年度				9.2兆円		消費税引上げに伴う
2014年度				9.6兆円		H26年度改定 +0.63%
2015年度	第六期	第六期		10.1兆円	} 5,514円（全国平均）	H27年度改定 ▲2.27%
2016年度				10.4兆円		
2017年度				10.8兆円		H29年度改定 +1.14%
2020年度					6,771円（全国平均）	
2025年度					8,165円（全国平均）	

注：2014年度までは実績であり、2015〜2017年度は当初予算である。
　　2020年度及び2025年度の保険料は全国の保険者が作成した第6期介護保険事業計画における推計値。
出典：厚生労働省「介護保険制度の最近の動向について」

は1.5倍の速度で増えたのである[4]。

　これだけ高齢化のテンポを上回る勢いで公的介護保険制度に基づく介護給付費が増えてきた一つは、65歳〜74歳の前期高齢者に比べ要介護率が跳ね上がる（平均4〜5倍）といわれる後期高齢者の増加が増え続けている。高齢者の中での高齢化が、高齢化のピークとなる2050年頃まで続く。

　もう一つの理由は、介護保険制度スタート以来のサービス提供のあり方の問題である。自立支援のためのケアマネイジメントが、十分になされたかどうか。家事援助サービスに偏重してきた問題は当初から現在に至るまで様々な形で批判されてきた現実がある。

　後期高齢者の増加に伴う重度の要介護者の増加は避けられない中で、介護保険にとっての最大の課題は財政的に維持できるかどうかである[5]。

　保険制度として運営されている介護保険は、膨れ上がる給付をまかなうには

保険料引き上げに頼らざるを得ないが、保険料引き上げにも限度がある。公的年金制度がマクロ経済スライドの発動で今後とも抑制されていく一方で、介護保険、医療保険等の社会保険制度の保険料や長期的には消費税の引き上げを始めとする税金の負担増は避けられない。65歳以上の第一号被保険者の保険料の抑制をいかに図るかが最大の課題であろう。

そのためには、介護保険制度改革を本人の自立支援のためのケアマネイジメントの充実強化と同時に、本人を支える家族への支援も今後の課題となろう。

とりわけ2025年には高齢者の5分の1、700万人を超える高齢者が認知症、もしくは予備軍といわれる認知症の本人、家族への支援はきわめて大きな課題である。

2007年末に愛知県大府市JR東海道線で、91歳の認知症男性が電車にはねられ死亡した事故をめぐる損害賠償訴訟で、家族がどこまで認知症高齢者ケアの責任を負うのかが問われた。2016年3月、最高裁は当該の件については「家族に責任はない」と結論付けたが、事故が起きた場合の損害賠償責任の免責の有無として6条件を示した[6]。「特段の事情」がある場合に限り、介護している家族は損害賠償から免責されるとしたものであり、家族の介護責任は免れるわけではない。今回の最高裁判決が問うもう一つの課題は、社会で、地域で取り組まねばならないケアの責任である。在宅で認知症高齢者を抱える家族による介護は限界がある。公的介護保険はそれを露呈した。認知症になっても本人も家族も安心して暮らせるまちづくりを進めていくことが問われた裁判でもあったといえよう。

そのために地域で進められているのが、介護だけではなく医療、福祉、住まいの問題も含めた行政と住民による支えあいのネットワークづくりである。それをどこまで、どういう形で広げていくのか。

介護保険の枠を超えた地域づくりが改めて問われているのである。

4. 地域の看取り体制をどう作り上げるのか

認知症支援と同じく、地域包括ケアシステムの今後の最大の柱は地域での看取り体制づくりと考えられる[7]。

2016年版「高齢社会白書」(内閣府)によると、2014年に127万人だった日本の年間死亡者は2025年には153万人に増える。慢性期の病院の入院抑制や施設の抑制が進められる中で、団塊の世代が後期高齢者を迎え、がんや脳梗塞、心臓疾患で死を迎える人々が地域で、在宅で増え続ける。多死時代の到来である。医療、介護、そして地域包括ケアにとって看取り体制づくりは最大の課題となりつつある。

(1) 看取りに関する医療・介護制度の改革を振り返る

医療の分野では、2006年の医療保険制度改正で、24時間365日体制で往診や訪問看護をする在宅療養支援診療所を新設、看取りをした場合には10万円の看取り加算を設けた。

さらに2007年に厚生労働省は医療計画の作成にあたる都道府県職員向けに出した「医療政策の経緯、現状及び今後の課題について」で ① 一次的な医療の窓口として機能し、時間外診療や往診の実施 ② 開業医が交代で在宅当番医制度のネットワークをつくる ③ 自宅で死に至る患者を看取る24時間体制を推進する——と今後の開業医の位置づけを明確にし、在宅での看取りもその役割の柱とした。

これらの一連の改革の狙いは、昼間だけの外来診療中心のあり方からの転換を促すものであり、その後の2年に1回の診療報酬改定も在宅加算の流れを加速させている。

(2) 地域での看取り体制づくりの条件

厚生労働省が03年に実施した意識調査によると、痛みを伴う末期状態の患者になった場合、「自宅で療養したい」と答えたのは6割に上った。この内訳をみると、「自宅で療養した後、必要になった場合には、緩和ケア病棟や病院に入院する」46%、「最後まで自宅」11%。「最後まで自宅」と答えた理由として「介護してくれる家族に負担がかかる」を挙げた。できれば自宅で最期までいたいが、家族の負担を考えると病院に行かざるを得ないことをこの調査は示している。

安心して自宅で看取りができる条件整備が遅れているのである。

2025年に向けて地域包括ケアの構築の道筋はつけられたが、地域での看取り体制づくりが立ち遅れている。というより、その危機意識さえもたない市町村もまだまだ多い。

高齢化は加速する。既述したように120万人を超えた年間の死亡者は2025年には約160万人に達する。(図表Ⅱ-4-4「死亡数の年次推移」参照)。

「多死社会」の到来である。病床数も削減される中で否応なく在宅での受け皿の強化を進めていかざるを得ない。2015年度から市町村で始まった地域包括ケア体制づくりは在宅医療の一層の充実強化がなければ進まない。

最後まで在宅で安心して看取りまでできる体制づくりは以下のような条件が必要である。

① 在宅医療を担う医師がいること。
② 看取りを支えられる医療保険制度と介護保険制度の充実
③ 医師以外の在宅ケアを支えるコ・メディカル(訪問看護師、介護職、OT、

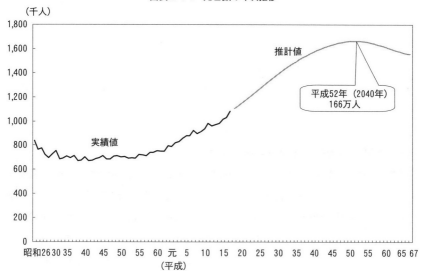

図表Ⅱ-4-4 死亡数の年次推移

出典:平成17年までは厚生労働省大臣官房統計情報部「人口動態統計」
　　　平成18年以降は社会保障・人口問題研究所「日本の将来推計人口(平成18年12月推計)」
　　(出生中位・死亡中位)

PT、栄養士）の体制と仕組み
④　地域包括ケアの中で、家族以外の地域住民、NPO、ボランティアなどのインフォーマル・セクターによる地域の絆
⑤　医療と介護、病院と診療所との連携
⑥　医師以外でもプライマリーな医療行為を担えること

　この中でもさしあたって、地域に不足しているのが、在宅医療を担える医師である。在宅医療を担える医師とは、専門医ではなく生活全体を診て、病状、障害の程度を全人的に理解する、認知症の理解、栄養や脳血管障害の管理、内科、外科、皮膚科的なオールラウンドの分野をカバーし、症状によっては専門医、専門病院に回す振り分ける役割も果たす。ヨーロッパの主要国は、その養成システムを見ると、内科や外科と共に総合医という専門分野があり、彼らが総合的にプライマリーな医療を担当する家庭医という役割を果たすことで、在宅ケアを支えている。北欧やイギリス、オランダなど家庭医制度が定着している国々では、家庭医が医療の9割を担う。その養成システムが日本にはなく、在宅医療を担える医師がなかなか育たない。

5. 本当の「かかりつけ医」をどう増やすか

　日本の場合「かかりつけ医」は介護保険創設時に、介護認定所見を書く医師として制度化はされたが、生活習慣病の予防や様々な相談、在宅医療にも積極的にかかわる本当の意味の「かかりつけ医」として機能すれば、要介護の状態になっても在宅で安心して暮らせる。在宅での看取りもできる。
　本当の「かかりつけ医」とは「なんでも相談できるうえ、最新の医療情報を熟知して、必要なときには専門医、専門医療機関を紹介でき、身近で頼りになる地域医療、保健、福祉を担う総合的な能力を有する医師」（「医療提供体制のあり方」日本医師会・四病院団体協議会合同提言、2013年8月）と定義されている。
　その実態はどうだろうか。
　「かかりつけ医の有無」と「かかりつけ医はどのような医師か」（いずれも日本医師会総合研究機構「第5回日本の医療に関する意識調査」、2014年12月）

の調査によると、「かかりつけ医がいる」「かかりつけ医はいないが、いるとよい」で70%を占める。ところが実際の「かかりつけ医」は「病気の主治医」が半数を占め、「病気になるといつも相談できる医師がいる」というのは24%しかいない。日本医師会などの定義した本来の「かかりつけ医」とは、ほど遠い実態にある。

　本来の「かかりつけ医」を増やすためには大学医学部での養成システムを整備すること、さらに在宅医療、看取りを担えるインセンティブ（動機付け）が働く診療報酬に思い切って改革し、仕組みとして「かかりつけ医」を位置づけることが求められる。

　地域包括ケア、地域での看取り体制を進める上でのもう一つの障害は、住まいに加え医療・介護・保健福祉という総合的なケアを進めるにあたって、誰が責任をもってコーディネートしていくのかというキーマンの位置づけもあいまいである。在宅医療が進む地域では、医師が多職種の連携、コーディネート役を担う。医療・介護の分野では日本の場合、医師を頂点とするパターナリズム（父権主義）が根強いからであろう。

　地域の現実を見ると、そうした意識で在宅医療に取り組む医師が徐々に広がってはいるが、まだまだ少ない。地区医師会の動きは鈍い。

　看取り体制づくりから見ると、さらに地域の取り組みは遅れている。

　厚生労働省中央社会保険医療協議会に2016年末、出された2013年の意識調査を見ると、看取りについて家族と話し合ったりしている人たちは少数派で、意思表示の書面を作っている人に至っては、わずか3.2%である。最終段階の決定プロセスガイドラインの認知度も低い。在宅看取りに対応している医療機関は全体の5%にとどまる。看取りを支える地域の訪問看護ステーションや病院で24時間対応しているところがまだ多いとは言えない。

　ドイツの状況をみると、終末期の緩和ケア（Palliative Care）の担い手として、SAPV（専門在宅緩和ケア）を1980年代後半からいち早く導入、2000年以降、多くの疾病金庫（保険者）により医療保険の診療報酬に明確に位置付けられた。これにより、SAPVは、在宅などで最後を迎える人々へのケアに大きな役割を果たしつつある[7]。

　ドイツのような専門性の高い緩和ケアを担う医師と看護師を中心とした24

時間対応できる緩和ケアチームの取り組みは、日本ではまだこれからである。

日本でも地域、在宅での緩和ケアの取り組みは、拠点病院や診療所で展開されてきている。

1990年代から始まった一連の医療と介護の改革は「施設（病院）から在宅へ」「病院から在宅へ」の流れを加速させ、2015年度からは市町村で地域包括ケアの計画づくりと具体化が始まろうとしている。

看取りを進める上で、ガンの最終段階の在宅患者を対象とした緩和ケアについてもやや進展した。

病院のホスピス医を務めた後、2005年から東京都小平市で末期がんを中心とした在宅緩和ケアに取り組んで来た山崎章郎医師によると、山崎医師が関わってきた在宅緩和ケアの患者の4分の1は通院治療が難しくなり訪問診療開始から2週間以内に、半数は4週間以内という短期間に亡くなった。その間の心身の様々な苦しみに対応するためには専門性の高い医師、看護師が夜間も含めて24時間対応できるチームが求められる、と強調する。

今、進められようとしている地域包括ケアの対象は主に慢性疾患を抱える要介護要支援の高齢者であり、山崎医師が取り組んで来たきめ細かい専門性が求められる在宅緩和ケアの実現はほど遠い現実にある。

それを可能にするためには、医療保険制度に裏打ちされたドイツのSAPVのような専門性の高い在宅緩和ケアの制度化であろう。それは「多死時代」を迎える日本にとって避けられない。在宅医療を担える「かかりつけ医」を少しでも増やすこと、看取り体制の構築を促す診療報酬、介護報酬の新設、もしくは改革をなんとか軌道に乗せなければならない。

厚生労働大臣の諮問を受けて、2018年度からの診療報酬の改定をめぐる厚生労働省中央社会保険医療協議会での2017年からの議論をみると、改定の一つの柱は「かかりつけ医」機能の充実と「看取り」の構築である。

厚生労働省が今回の改定で目指したのは、在宅医療、在宅での看取りを推進するために、現行の「開業医」をこれまでのような外来中心のあり方、出来高払いを柱とした診療報酬体系をできるだけ改め、在宅医療、在宅での看取りをできるだけ手厚く加算した。

一方で、かつて老人病院といわれた療養型病床群は介護保険対応と医療保険

対応の療養病床があるが、そのうち介護保険対応の療養型は2017年度末で基本的に廃止され、老人保健施設やケアハウス、特別養護老人ホームなどに転換される。医療保険対応も削減の方向にあり、その受け皿として、地域で在宅で安心して住み続けられる「見守りと住まい」在宅医療の整備、在宅で最期まで暮らせる看取り体制の強化が不可欠となる。

6. 自治体での看取り体制をどう作るか
―兵庫県豊岡市と神奈川県横須賀市の事例から

　自宅で死を迎える人が死亡者のうち、どのくらいの割合を占めるのか。厚生労働省が2016年7月7日、2014年の人口動態調査をもとに初めての市町村調査別統計をまとめたところ、人口5万人以上の自治体で在宅死の割合が5.5%～25.6%と最大4.65倍の差があった。(2017年7月7日毎日新聞)

　人口5万人以上20万人未満の自治体で在宅死率が最も高いのは兵庫県豊岡市の25.6%、次いで東京都中央区21.5%、神奈川県横須賀市22.9%、東京都葛飾区21.7%。政令指定都市で最も高かったのは神戸市の18.1%だった。

　5万人以上の自治体で高かった10自治体では1市を除いて「在宅療養支援診療所」が15カ所以上あり、診療訪問や訪問看護が充実しているのがうかがえる。

　まず人口5万人～20万人の自治体の中で自宅看取り率が最も高い兵庫県豊岡市の実情から、その理由、背景をみてみよう。

　前述した厚生労働省による全国での看取り率調査によると、全国平均は12.8%、豊岡市のある兵庫県平均は16.2%に上る。兵庫県の3分の2の市町村は全国平均より自宅看取り率が高い。豊岡市の場合、2014年に病院で亡くなったのは54.8%、老人ホームでの死は13.7%、在宅死は25.6%だった。

　最近の2009年～2014年を見てもほぼ同じ水準で自宅看取り率が推移している。在宅死が他の自治体より多いのはこの年に限ったことではなく、豊岡市の場合、その高さが定着している。この理由について、福井部長は「地域のつながり」の強さを上げる。神戸新聞の幸福度調査（2016年2月）によると「何に幸せを感じるか」を聞いたところ、豊岡市を含む但馬地域では「地域のつな

がり」「地域の自慢がある」「物価の安さ」が上位を占めたという。

豊岡市の医療体制の状況をみると、公立病院が三病院あり、いずれも急性期病院である。回復期病床はなく、慢性期の療養病床は36床と県平均を大きく下回る。豊岡市は急性期で治療を終えた後は在宅に戻る。そうした形が同じ兵庫県内の他自治体よりも強い。

それを支えているのは在宅医療であろう。同市内の56の病院、診療所のうち、在宅療養支援診療所として登録されているのは20カ所もあり、この在宅療養支援診療所も含め実際に訪問診療している医療機関は46に上る。皮膚科、眼科、耳鼻科などを除けばほとんどの医師が訪問診療をしている。

2014年に在宅看取りした医療機関は36カ所、年間で10人以上看取りをした医療機関は13カ所に上った。

5万人〜20万人の428自治体の中で、人口当たりでみた場合の看取りを実施する診療所の数で比較すると三番目に高いことがわかった。

在宅看取りを支える要因の一つが在宅医療を担う医師であることがうかがえる。

豊岡市は700平方キロと兵庫県内で最大の面積を持つ。東京23区よりもややひろい地域に8万5,000人が居住する。コウノトリが生息する自然に恵まれた田園地帯が広がる。

持ち家率は約8割。公共交通機関に乏しく、とりわけ雪の降る冬に通院は容易ではない。そうした中での在宅生活を支える在宅医療の中で、患者と最も接する頻度が高いのは訪問看護師である。全国平均と比べ訪問看護職の数は多くはないが、在宅医療での役割は大きい。診療所医師の高齢化への対応、生活習慣病対策や介護予防のさらなる強化といった課題はあるが、全国看取り率第一位の要因は、持ち家比率が高く、家族、地域が見守り、それを地元の診療所医師、訪問看護師がしっかり支えていることであろう。

もう一つ、神奈川県横須賀市の事例を紹介したい。

2017年7月にまとめた厚生労働省の看取り調査で、人口20万人以上の自治体で在宅看取り率がトップ（22.9%）となった市である。

横須賀市は100平方キロの面積に41万人が住む神奈川県の中核都市である。高齢化率は30%と全国平均よりやや高く、市の年間死亡者は2015年で4,544

人に上る。

　看取りをめぐる同市の状況をみると、同市の2014年での死亡場所別の割合は病院60.4％、老人ホーム10％、自宅が22.9％だった。

　人生の最期を過ごしたい場所として「最期まで自宅で過ごしたい」14.7％、「自宅で療養して、必要になれば医療機関に入院したい」43.3％で、この二つを合わせれば、できれば60％の市民が自宅で最期まで過ごしたいと考えていることが分かった（2013年横須賀市調査）。

　こうしたニーズに応えるためにも同市は、2011年から「在宅療養推進のための他職種連携」をスタートさせた。市民が安心して在宅療養を送れるための医療、福祉関係者のネットワークづくりを目的としたものだった。当初のメンバーは医療、福祉、行政関係者11人で、横須賀市医師会もこのメンバーに加わった。

　その取り組みから①在宅療養、在宅看取りについての市民の理解が必要②在宅療養を支える職種の連携ができていない③近々、在宅医が不足する④連携のためのスキルアップが必要⑤自宅の準備ができないうちに退院してしまう——との課題が出てきた。

　翌年からはメンバーを拡充、ワーキングチーム（専門部会）も発足させ、多職種連携の取り組みが徐々に軌道に乗った。

　「まちづくり出前トーク」と名付けた、職員が地域に出かけ、看取り医療についての意識啓発、「在宅療養ガイドブック」も作成、連携のための取り組みも充実してきた。在宅医を増やす取り組みやヘルパー、ケアマネ研修、退院調整のためのツールも作成した。「よこすかエチケット集」と題した多職種連携のルール作りや、様々なレベルの委員会、研修会も広げた。現在では31にもわたる「在宅連携推進事業」に取り組む。

　こうした2011年以降の横須賀市の取り組みを振り返ると、在宅療養、在宅看取りの成果を挙げるには一挙にはできない、息の長い取り組みが求められる。それは行政だけではなく、医師会をはじめとした専門職との多職種連携の深化が不可欠なことがよくわかる。

　多職種連携を軌道に乗せ、地域包括ケアの構築を進めている市町村にとっての今後の大きな課題は、専門職だけでなく、住民を巻き込んで、住民も加わっ

た地域の支え合いであろう。

横須賀市のような「地域づくり」こそ在宅での看取りを支える必要条件である。

7. 地域包括ケアから地域共生社会への展望と課題

(1) 地域共生社会の背景と課題

「地域包括ケアから地域共生社会へ」の流れが本格化しつつある。

本稿の冒頭で述べたように2016年7月、国は「我が事・丸ごと」実現本部を立ち上げ、2017年から様々な法改正をし、同年市町村の包括的支援体制の制度化、共生型サービスの創設、さらに2018年度からの介護・障害報酬改定時に共生型サービスの評価を盛り込んだ。2019年度以降さらなる制度改正をし、2020年代初頭に地域共生社会の全面展開を図るとしている。

2017年5月「地域包括ケアシステムの強化のための介護保険法の一部を改正する法律」（地域包括ケア強化法）が成立を受けて、同年9月、厚生労働省地域力強化検討委員会がまとめた最終報告書によると①市町村における包括的な支援体制の構築②他人事を「我が事」に変えていくような働きかけをする機能③「複合課題丸ごと」「世帯丸ごと」「とりあえず丸ごと」受け止める場④地域福祉（支援）の計画化⑤自治体、国の役割――とされた。

地域にある多様な分野での機関、組織、専門職、住民がつながり、課題を解決する力を強め、包括的支援体制をつくる地域共生社会の図が提示されている。（図表Ⅱ-4-5参照）

日本の社会保障給付費は年々増え続け、2015年に114.9兆円に達した。国の年間予算一般会計を上回る膨大な額が投入されている。（2017年版厚生労働白書）

同制度は社会保険方式プラス税により、医療保険や介護保険などで個別のリスクにより個別に対応する制度体系となっている[9]。

病気や負傷の時は医療保険、要介護となれば介護保険、失業すれば雇用保険というようにいわば縦割りの制度により、その制度ごとにサービスを提供する仕組みである。

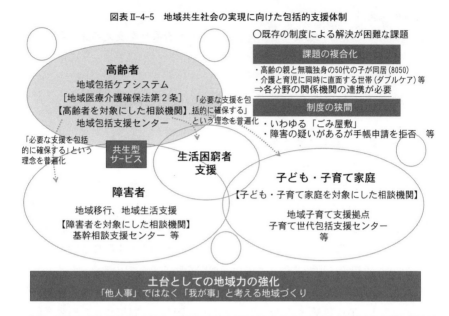

図表Ⅱ-4-5　地域共生社会の実現に向けた包括的支援体制

出典：厚生労働省「地域共生社会の実現に向けた市町村における包括的な支援体制の整備に関する全国担当者会議　資料」

　ところが個別のリスクへの対応だけではカバーしきれない、複合的な、制度の谷間にある問題を抱える個人、家庭が増え続けている。

　格差社会が進み、地域、家族の機能も弱まる。非正規雇用で働く人々が増え、これまでの高度成長期の正社員モデルだけでは救いきれないワーキングプアの層も増え続ける。メンタルな問題も抱え、地域の中で孤立する若者も増えている。こうした層の社会的孤立の問題は新たなリスクとして顕在化してきた。

　この20年余の地域包括ケアシステムづくりの議論、それに基づく法改正を振り返ると、高齢化の加速による高齢者人口、及び要介護高齢者の増加にどう対応するのかが中心的なテーマだった。介護保険制度の創設、「在宅と予防」を柱とした医療制度改革の主たる目的は「施設、病院から在宅へ」という流れの中で、在宅でも高齢者が最期まで安心して住み続けられる地域社会をつくるのか、という点にあった。

しかし、地域包括ケアシステムは高齢者だけを対象としたものではない、との共通認識も強まった。構築の柱として「多職種連携」や「システムの統合」さらに従来の医療や介護保険制度などによる「公助」や「互助」だけでなく、住民自身、あるいは住民相互のインフォーマルサポートによる地域の支えあいを築くことによる共生支援社会の構築の必要性が出てきた。

それが「地域包括ケアから地域共生社会へ」の流れをつくろうという背景にある。

それを具体化するための様々な方向、方策が国からも「困りごとの相談窓口の設置」「専門人材のキャリアパスの複線化」「障害や介護におけるサービス資源の共有化」という形で提案されている。

地域共生社会を進めるには、地域包括ケアと同じく、地域の様々な資源、機関、専門職、住民による協働により進められることになるが、行政の役割、責任はいうまでもなく重く、行政が中心的な推進役にならざるを得ない。

これまで行政はそれぞれの法律、制度に基づいて進められてきた。縦割りを超えた横断的な取り組みを進める体制を作り上げないことには地域包括ケア、地域共生社会の推進はできない。行政内部の仕組み、意識の改革である。すでに一部の自治体では、地域共生社会実現のための思い切った改革に踏み切ったところも出つつある。

例えば神奈川県川崎市はすべての人々を対象にした「地域見守りサポートセンター」を役所内に2016年4月に設置、多職種の専門職と住民組織とが一体となって「個別支援の強化」と「地域力の向上」を目指す。サポートセンターの中心となる専門職はソーシャルワーカーである。

地域共生社会の最大の柱は社会的孤立の支援である。すでに述べたように、従来の社会保障や社会福祉の諸制度、法律だけでは解決しきれない制度の谷間にある個別的なケースへの対応が求められている。その支援の中心となるのが、ソーシャルワーカーによる個別支援であろう。そうした体制づくりが自治体の一部で進められつつあり、それをさらに広げていきたい。

その中で、様々な個別的なケース、相談に応じられる「総合相談窓口」の設置は重要である。市町村は2008年に主に要介護、要支援らの高齢者を対象とする地域包括支援センターを設置し、高齢者をめぐる様々な相談に対応してき

たが、今後、高齢者だけではなく障害者、子ども、生活困窮者も含めた「総合相談窓口」を持つ地域包括支援センターを改組すべきである。

　地域共生社会を作り上げるにあたって、最も重要なのは地域住民による支えあいのネットワークの構築である。私の住む国立市でも地域の居場所づくりに様々な人々が関わり、その輪が徐々に広がってきた。さらには生活支援サービスの整備に向けても自治会、町内会、民生委員、社会福祉協議会なども加わり、その仕組みづくりが進んでは来た。地域共生社会を本格的に展開していくためには、一層の住民の支えあい、ネットワークづくりが求められる。

　そのためには、いち早く公益学を提唱した小松隆二が言う「思いやりを持って手を差し伸べる公益の思想」10)の共有こそが改めて求められる。

　人類が初めて経験する日本の高齢社会は、行政だけでは財源的にも人的にも支えきれない。住民と専門職とが行政と一体になって支えあいのまちづくりを進めないと乗り切れない。それを進めていくための意識、価値観は「地域での支えあい」意識であり、それを持つためには、この時代にも「明日は我が身」という切実な現実を見据えて、「我が事・丸ごと」「支えあう」という連帯の思想を持たざるを得ない時代を迎えた。

　住民による支えあいの輪の広がりこそ、地域共生社会のカギを握る。

（山路憲夫）

注
1) 厚生労働省「新たな時代に対応した福祉ビジョン」報告、2015年。
2) 厚生労働省「地域共生社会の実現にむけた市町村における包括的な支援体制の整備に関する全国担当者会議資料」、2017年9月25日。
3) 毎日新聞社説、1999年8月21日朝刊。
4) 池上直己『日本の医療と介護〜歴史と構造、そして改革の方向』日本経済新聞社、2017年4月。
5) 同上。
6) 高井隆一『認知症鉄道事故裁判──閉じ込めなければ罪ですか』ブックマン社、2018年4月。
7) 山崎章郎『『在宅ホスピス』という仕組み』新潮社、2018年3月。
8) 山路憲夫「ドイツで見た緩和ケアの進化」『社会保険旬報』No. 2616、社会保険研究所、2015年9月。
9) 山崎史郎『人口減少と社会保障』中央公論新社、2017年9月。
10) 小松隆二『公益とはなにか』論創社、2004年。

第 5 章

エイジレス社会における人材の循環的活用
―高年齢者雇用安定法の現状と課題―

はじめに

　政府は基本的かつ総合的な高齢社会対策の指針である高齢社会対策大綱を約5年ぶりに見直し、2018年2月に閣議決定した。大綱が示す基本的な考え方の第1には「年齢による画一化を見直し、全ての年代の人々が希望に応じて意欲・能力をいかして活躍できるエイジレス社会を目指す」と謳われている。また、分野別施策の第1にも「エイジレスに働ける社会の実現に向けた環境の整備」と定められた。つまり、年齢を問わず働きたい人が働ける社会を目指していくことが、わが国の高齢社会対策のいわば「一丁目一番地」とされたわけである。

　ところで、現在、高年齢者[1]の雇用就業について総合的に規定する法律としては、1971年に制定された「高年齢者雇用安定法」（以下「高年法」という。）がある[2]。高年法が果たしてきた役割やその課題については、これまでも多くの研究が行われてきた。例えば、清家は、定年の引き上げに向けた過程を捉え、雇用の場における年齢制限の緩和に向けて、高年法が具体的な規制を行う主要な政策道具となってきた、と評した[3]。一方、小嶌は、2012年の第7次改正の主要テーマであった継続雇用制度の対象者を限定できる仕組みの廃止に関する検討過程を引き合いに「意欲と能力を前提とした総論、意欲と能力を前提としない各論」と評し、高年法のあり方を批判した[4]。いずれにしても、制定から47年、1986年の全面改正からも32年を経過した高年法が、人生100年時代とも言われる今日の社会経済情勢に適ったものであるかについては、改めて検証する必要があるといえる。

本論は、現在の高年法について、その特徴や課題を改めて整理し、エイジレスに働ける社会の実現を目指すにふさわしい内容を備えているかについて検証することを目的とする。

本論の構成及び要旨は次のとおりである。第1節は高年法の概要説明である。第2節では、雇用者（企業）側と労働者（高年齢者）側の双方に関する統計資料を用いて、高年齢者雇用の現状を捉える。その結果、高年齢者に対する労働需要と高年齢者の就業意欲との間にミスマッチが生じていることを明らかにする。第3節では、まず「高年齢者雇用におけるミスマッチが生じる要因は、高年法に残された課題が解消されていないためである」という仮説を提示する。仮説を検証するために、「循環型社会形成推進基本法」（以下「循環基本法」という。）との比較分析を行うことから、同法の内容や枠組について説明する。第4節は、仮説の検証と検証結果に対する考察である。考察の結果、退職者の知識や経験等の活用、高年齢者人材の活用に関する優先順位の設定、循環基本法の「拡大生産者責任」に相当する規定の不存在が、今日の高年法の課題であることを明らかにする。最後に、全体のまとめと今後の研究課題として、高年齢者雇用における企業の社会的責任について言及する。

1. 高年法の概要

高年法とは、高年齢者の雇用就業に関する総合的な法律として、1971年に制定されたものである（1986年の全面改正により、現行の法律名に改称）。

高年法第3条は2つの基本理念を定めている。第1は、高年齢者の職業生活の全期間を通じた、意欲及び能力に応じた雇用、就業機会の確保である。第2は、高年齢者自らが進んで職業生活の設計を行い、また、そのための能力開発及び健康の保持、増進に努めることである。

また、同法は、基本理念の実現を図るための施策として、高年齢者の安定した雇用の確保の促進、高年齢者等の再就職の促進、定年退職者等に対する就業の機会の確保の3点を定めている。1点目については、企業における定年の引上げ、継続雇用制度の導入等の「高年齢者雇用確保措置」により進めるべきものとしている。65歳未満の定年を定める企業は、高年齢者雇用確保措置をと

ることが義務づけられている。この義務化の内容が、企業の人事管理に影響を与えているということができる。2点目については、労働市場の現状からみて、退職を余儀なくされた高年齢者の再就職が容易でないことから、特別な措置を講じる必要がある旨を定めている。3点目は、高年齢者に臨時的かつ短期的な仕事の紹介をするシルバー人材センターの設置について定めている。

2. 高年齢者雇用の現状

(1) 一律定年制の導入状況

わが国の企業の約90%は一律定年制を採用し、その約80%が60歳を定年としている。この傾向は20年間で大きな変化はない（図表Ⅱ-5-1）。つまり、60歳定年は雇用慣行として定着しているといえる。

60歳定年制が採用される理由は、高年法第8条により、定年は60歳を下回ることができないとされているためである。1986年に現在の高年法に全面改正された際に、60歳定年制が努力義務化され、それまで55歳以下が中心であった定年を60歳に引き上げる動きが進んだ。その後、1994年の法改正（1998年施行）により60歳以上での定年が完全義務化され、現在に至っている。

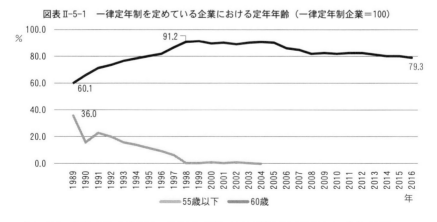

図表Ⅱ-5-1　一律定年制を定めている企業における定年年齢（一律定年制企業＝100）

出典：厚生労働省「雇用管理調査」（2003年以前）、同「就労条件総合調査」（2005年以降）

一方、60歳超の定年を定める動きは進んでいない。2004年の法改正（2006年施行）により、65歳までの安定雇用を確保するための「高年齢者雇用確保措置」が義務化された。当該措置は、定年の引上げ、継続雇用制度の導入、定年制の廃止からなる。このうち、定年の引き上げや定年制の廃止を採用する企業は増加傾向にあるものの、相対的には少ない。

(2) 高年齢者雇用確保措置の状況

高年齢者雇用確保措置の実施状況を見ると、継続雇用制度を採用する企業が圧倒的に多い。2017年の調査では、一律定年制を導入する企業のうち、継続雇用制度を採用する企業は92.9%である（図表Ⅱ-5-2）。また、時系列でみても、継続雇用制度の採用割合は高い。特に2006年の高年齢者雇用確保措置の義務化以降は、継続雇用制度を有する企業の割合は、一貫して一律定年制企業の90%以上に達している（図表Ⅱ-5-2）。

継続雇用制度が選ばれる理由は、定年制の見直しに比べ、雇用管理上の柔軟性が高く、使い勝手がよいからと言われている[5]。継続雇用制度は、勤務延長制度と再雇用制度に細分化される。勤務延長制度とは、定年到達者を退職させることなく、引き続き雇用する制度である。一方、再雇用制度とは、定年到達者をいったん退職させ、退職金も支給した上で、再び雇用する制度である[6]。いずれの制度も定年到達後の役職や給与体系等の変更は可能としてい

図表Ⅱ-5-2　一律定年制企業における継続雇用制度の導入状況（隔年）

（単位：%）

年	継続雇用制度あり	勤務延長制度のみ	再雇用制度のみ	両制度併用
2001	69.9	15.1	37.7	12.1
2003	67.4	14.3	42.7	10.7
2005	77.0	14.1	42.5	12.4
2007	90.2	12.6	50.5	10.9
2009	90.1	11.3	64.6	14.2
2011	93.2	9.3	73.2	10.7
2013	92.9	9.0	73.9	10.0
2015	92.9	11.0	71.9	10.0
2017	92.9	9.0	72.2	11.8

注：継続雇用制度ありの数値は、一律定年制導入企業の割合を100.0とした割合。
出典：図表Ⅱ-5-1と同じ。

る。ただし、前者がより個別的な定年延長制度に近いといえるのに対し、後者は改めて雇用契約を締結し直すため、従前の勤務条件をリセットしやすいという特徴がある。そのため、継続雇用制度を採用する企業の72.2%が再雇用制度のみを採用している[7]。また、継続雇用者の賃金水準を定年前に比べて引き下げた企業は、調査対象の82.2%にのぼる[8]。このことから、継続雇用制度の導入は、賃金水準の引き下げとセットで行われていることが多いことがうかがえる。

(3) 最高雇用年齢

65歳超の最高雇用年齢を定める企業は多くない（定年制の廃止により、最高雇用年齢を定めていない企業を含む）。定年到達後に働くことを希望する者が65歳以上まで働ける企業は、2017年現在、全体の75.6%である[9]。しかし、希望者全員が66歳以上まで働ける仕組みのある企業は9.7%にとどまる。つまり、65歳以上まで働ける企業の大半は、「65歳までしか働けない」企業といえる。

65〜69歳の雇用確保について、47.3%の企業が「予定なし」としている[10]。主な理由として、「特に雇用が困難な理由はないが、従業員の世代交代をしたいため」とする企業が47.7%（複数回答）と最も多い。また、「特に雇用が困難な理由はないが、一般的に仕事の引退時期と考えられているため」とする企業も32.8%（同）にのぼる。60代後半の雇用確保について「困難な理由はない」と認識しているにもかかわらず、世代交代や社会通念上の理由を挙げるところに、企業の受け身の姿勢がみてとれる。

以上のことから、多くの企業は、高年齢者雇用を最低限の法的義務の履行としか捉えていないことが推察される。言い換えれば、60歳一律定年制の採用、コストを抑えた65歳までの再雇用制度の採用、65歳より先の雇用確保への消極的対応は、高年齢者の安定的な雇用確保を目指し改正を重ねてきた高年法の逆機能として生じたものといえる。

(4) 高年齢者の就業意欲

高齢者の就労意欲と実際の就業率には乖離が生じている。図表II-5-3は、

高年齢者の就業意欲と年齢階層別の就業率を表したものである。高年齢者の55.3%が65歳を超えても働くことを希望している。これに対し、実際の就業率（男女計）は46.1%である。このため、高年齢者の約10%は「働きたくても働けない」状況にあると考えられる。また、高年法による雇用確保義務のない70歳以上に至っては、就業意欲と就業率の差はより拡大している。就労意欲のある人の約2/3は、実際に就労できていない状況である。65歳以上で就労意欲がありながら、実際に就業できていない人の41.4%は「適当な仕事が見つからなかった」ことを理由に挙げる。その詳細をみると、最も希望する働き方として、短時間勤務で会社などに雇われたいとする人がほぼ半数を占めている。ただし、男性の24.8%は普通勤務（フルタイム勤務）での会社による雇用を希望し、女性の26.4%は近所の人や会社などに頼まれたりして任意に行う仕事を希望している。一口に65歳以上と言っても、希望する働き方は多種多様である。また、65歳以上の男女共約30%が、就業できなかった理由に健康上の理由を挙げている。この点については、そもそも就労できる健康状態にないことのほかに、健康上の理由により雇用主が求める条件では就労できなかったということも含まれると考えられる。このように、65歳以上の高年齢者は、様々な就労ニーズを有していると言える。

企業と高年齢者の双方の状況を考察すると、高年齢者労働市場においては、

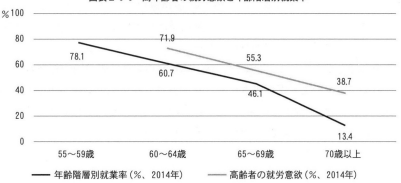

図表Ⅱ-5-3　高年齢者の就労意欲と年齢階層別就業率

出典：年齢階層別就業率：総務省「労働力調査」（2014年）、高齢者の就労意欲：内閣府「高齢者の日常生活に関する意識調査」（2014年）。

需給のミスマッチが生じているといえる。供給者側の高年齢者は多様な就労ニーズを有していることに対し、需要側である企業は、単一的な高年齢者雇用確保措置を採っている企業が多い。そのため、就業意欲に比べ、就業率が低くなっているものと考えられる。

3. 循環型社会形成推進法との比較

(1) 分析手法

前節までの考察により、高年齢者の安定的な雇用確保に向け、高年法は改正を重ねてきたにも関わらず、実際には、働きたい人が働けない状況が続いていることが明らかになった。

そこで、本論では、「高年齢者雇用におけるミスマッチが生じる要因は、高年法に残された課題が解消されていないためである」との仮説を提示し、高年法の課題を明らかにすることにより、その検証を試みる。

高年法の課題を明らかにする方法として、循環型社会形成推進基本法（以下「循環基本法」という。）との比較分析を行う。その理由は、第1に定年退職者の置かれている状況が、循環基本法が定める循環資源（廃棄物等）と近似しているといえるからである。第2に「モノ（循環資源）」と「ヒト（高年齢者）」という違いはあるものの、いずれも企業の経営資源[11]のライフサイクルを取り扱う法律といえるからである。

第1の理由に関しては、前節で明らかにした高年齢者雇用の実情について、「企業が定年を境にできるだけ企業外に排出しようとしていると言わざるをえない。」[12]とする見解や、「退職した高齢者はリサイクルすべき産業廃棄物だ。」と表明する日本人高年齢者の意見を取り上げる[13]（傍点筆者）。これらは、定年退職した高年齢者に対する比喩的表現に過ぎない。しかし、これらの比喩を契機に異分野の法律との比較分析をすることで、先行研究に見られない高年法の課題を明らかにすることが可能と考える。

第2の理由について、循環基本法は、循環型社会の実現を図るために資源のライフサイクルをできるだけ長く保つことを要請する。循環基本法の枠組みを、高年法に当てはめることにより、高年法がヒト（高年齢者）のライフサイ

(2) 循環基本法の概要

循環基本法は、循環型社会の形成を推進する基本的な枠組を示す法律として、2000年6月に公布、施行された。

循環基本法が定める循環型社会とは、天然資源の消費が抑制され、環境への負荷ができる限り低減される社会を指す。具体的には、第1に廃棄物等[14]の発生を抑制し、第2に排出された廃棄物等についてはできるだけ資源として循環的な利用を行い、最後にどうしても循環的な利用が行われないものは適正に処分することが徹底されることにより実現されるとしている。また、廃棄物等の循環的な利用については、再使用、再生利用及び熱回収の3つであることを明確に定義している。

循環基本法には2つの特徴がある[15]。第1は原材料、製品及びそれらの使用後に生じる廃棄物等について、利用及び処分の基本原則を定めていることである。第2は、廃棄物等を排出する主な原因者である事業者の責任について、「排出者責任」と「拡大生産者責任」の2つを定めている点である。

第1の特徴である資源の利用及び処分の基本原則とは、1) 発生抑制、2) 再使用、3) 再生利用、4) 熱回収、5) 適正処分の順に優先順位を定めていることである。これは、廃棄物等を発生させないことを基本に、当初の使用目的を果たすことができず循環資源になったときには、環境負荷が少ない順に処理を行うことを求めているものである。

第2の特徴である事業者の責任のうち、1つ目の排出者責任とは、事業活動を行うに当たり、廃棄物等の抑制、循環資源の適正な利用及び循環的な利用が行われない循環資源についての適正な処分、すなわち、資源の利用及び処分の基本原則を自らの責任において行うことと定めている。

2つ目の拡大生産者責任とは、生産者が、自ら生産する製品等について、生産・使用段階だけでなく、使用後廃棄物になった後まで一定の責任を負うという考え方である。循環基本法は、拡大生産者責任の遂行について、次の3点に

整理している[16]。第1は製品等の耐久性の向上や循環的な利用の容器化等のための製品等の設計・材質の工夫、第2は使用済み製品等の回収ルートの整備及び循環的な利用の実施、第3は製品等に関する情報提供である。そして、重要な点はこれらの費用を生産者が負担するということである[17]。生産者が費用を負担することで、生産者は設計・製造の段階から、回収、循環的利用、処分が容易で安価な製品を生産しようとする。その結果、当該製品の販売価格は下がり、市場競争力を持つことになる。また、廃棄物の最終処分量の抑制にもつながるとされる。つまり、拡大生産者責任とは、使用済製品の回収、循環的利用及び処分の経済的な費用負担を生産者が負うことで、廃棄物の最終処分を抑制し、循環型社会の実現を図ろうとする考え方といえる。

4. 高年齢者雇用安定法の分析

(1) 分析枠組

本節では、循環基本法における廃棄物対策の優先順位、排出者責任、拡大生産者責任という3つの特徴を、高年法の規定と比較することで明らかにする。

分析に当たっては、循環基本法の対象が物的資源（廃棄物等）であることに対し、高年法の対象が人的資源（高年齢者）であることから、3つの特徴についても、人的資源に即した概念に整理しておく必要がある。図表Ⅱ-5-4はその内容をまとめたものである。

第1の枠組である、廃棄物対策の優先順位については、項目毎に高年齢者雇用に対応した考え方及び表現に整理する。ただし、「熱回収」及び「適正処分」については補足が必要である。熱回収の趣旨は、排出した廃棄物等であっても、燃焼という手段を通じ、熱エネルギーを回収することである。この考え方を高年齢者に当てはめると、退職した高年齢者の持つ知識、経験、ノウハウ等を社内に還元することとして整理できる。適正処分については、退職後に就労しない場合にあっても、地域社会等において、適切に生活できる状態にすることと定義できる。

第2の特徴である排出者責任については、高年法に置き換えると、当該高年齢者との雇用契約を終了し、退職させる雇用主の責任を指すことになる。

図表 II-5-4　高年法の比較分析に当たっての概念整理

検討項目		循環基本法 考え方	検討項目の 言い換え	高年法 考え方
基本原則	①排出抑制	・廃棄物等の発生を極力抑制	①退職抑制	・定年退職の抑制 （例）定年制の廃止、定年の引上げ
	②再使用	・循環資源を製品としてそのまま使用 ・循環資源の全部又は一部を部品その他の製品の一部として使用	②再雇用	・雇用条件を維持したまま又は一部変更した上で、同一企業（関連会社含む）での雇用 （例）継続雇用制度の導入
	③再生利用	・循環資源の全部又は一部を原材料として利用	③再就職	・定年退職者の新たな就労先の確保 （例）再就職のあっせん
	④熱回収	・循環資源を燃焼させて熱エネルギーを得ることに利用	④還元	・定年退職者が有する知識、経験、ノウハウ、人脈等を社内外に還元 （例）研修講師としての活用、回顧録の作成
	⑤適正処分	・環境負荷を極力抑制した処分	⑤退職支援	・退職後における地域社会等での安定的な生活を送るための支援 （例）退職者教育、地域との連携
排出者責任		・事業者自らによる、基本原則に則った廃棄物の抑制、循環資源の循環的な利用及び適正処分	雇用者責任	・雇用主による上記の取組の実施
拡大生産者責任		・製品等の耐久性の向上や循環的な利用の容器化等のための製品等の設計・材質の工夫 ・使用済み製品等の回収ルートの整備及び循環的な利用の実施 ・製品等に関する情報提供 ・上記の取組に関する費用を生産者が負担	拡大雇用者責任	・企業の事業活動プロセス全体が、高年齢者が働きやすい状態であること及びその事業で培ったスキルや能力を退職後も活用できるようになっていること ・退職済みの高年齢者等についても、自社も含めた新たな就労先の確保策を整えていること ・退職者の在籍時のキャリアが整理され、必要に応じて再就職予定先等に提供できるようになっていること ・上記の取組に関する費用を雇用主が負担

出典：循環型社会法制研究会編『循環型社会形成推進基本法の解説』（ぎょうせい、2000年）を参考に筆者作成。

第3の特徴である拡大生産者責任については、まず、責任の対象を明確化する必要がある。拡大生産者責任とは、資源の循環的な利用及び処分に当たり、生産者が生産物に対して負う責任を指す。つまり、生産者から商品市場に出された物品に対しても、生産者が一定の責任を持つことである。この考え方を、高年齢者雇用に類推適用すれば、企業を退職し、既に当該企業との雇用関係がない者であっても、その循環的利用、すなわち、再就職や地域活動等の参加等に関して、元の雇用主が一定の責任を負うことと考えられる。

その上で、拡大生産者責任に関する4つの考え方を高年齢者雇用に当てはめる。第1は、企業の事業プロセス全体が、高年齢者が働きやすいものであることに加え、その事業で培ったスキルや能力を退職後も活用できることである。第2は、退職済みの高年齢者等について自社も含めた新たな就労先の確保策を整えていることである。第3に、退職者の在籍時のキャリアが整理され、必要に応じて再就職予定先等に提供できるようになっていることである。最後に、それらの取組に関する費用を企業が負担するというものである。

(2) 比較結果

図表Ⅱ-5-4の整理に基づき、高年法の各規定を検討する。

① 退職抑制については、60歳未満での定年の定めの禁止（第8条）、高年齢者雇用確保措置の項目として、定年の引上げ又は定年制の廃止を定めている（第9条）。

② 再雇用についても、① 退職抑制と同様に、高年齢者雇用安定措置の1つとして、継続雇用制度の導入を定めている（第9条）。ただし、①の内容も含め、優先順位を定めているものではない。

③ 再就職については、再就職援助措置に関する規定がある（第15条）。この内容は、離職する高年齢者等に対する再就職援助について努力義務を定めるものである。具体的には、高年齢者等が解雇等によりやむを得ず離職し、他企業での再就職を希望する場合には、当該労働者を長年雇用してその技能、経験等を十分に把握している事業主が、その再就職の援助に努めなければならないとするものである。再就職援助措置の対象者は、主に45歳以上65歳未満で事業主都合により解雇された者に限定されている。解雇されない者については、

図表 II-5-5　定年退職等の場合の退職準備援助の措置の内容例

・生涯生活設計の立て方、心身の健康管理、退職金や年金等退職後の経済生活等に関する知識の付与等を内容とする退職準備プログラムの実施
・退職後の生活のために必要な知識、教養を習得するための費用の援助
・将来の生活設計、資格取得試験の受験準備、趣味等による生きがいづくり、さらには求職活動等を行うための長期の特別有給休暇の付与

出典：労務行政編『八訂版　高年齢者雇用安定法の実務解説』（労務行政、2013年）。

高年齢者雇用確保措置により、65歳までの雇用が確保される。このことから、高年齢者雇用確保措置と再就職援助措置を合わせて、再雇用が再就職に優先する流れが、概ね確立されているものと考えられる。

　④還元については、高年法に特段の定めはない。これは、高年法の目的が、第1条に定めるように、高年齢者等の職業の安定その他福祉の増進を図ることにあるためと考える。

　これに対し、還元の考え方は、企業にとっては退職者の経験、知識、ノウハウ等を雇用や再就職以外の何らかの形で吸収し、事業活動に役立てようとするものである[18]。このため、雇用の安定を目的とする法律に規定する理由は乏しいといえる。

　⑤退職支援については、定年退職等の場合の退職準備援助の措置に関する規定がある（第21条）。これは、定年退職予定者が退職準備を適切に行えるようにするため、引退後の生活に関する必要な知識の取得に便宜を与えるなどの援助の措置を企業が講じるよう、努力義務を課したものである。図表II-5-6は援助措置の内容を例示したものである。

　次に、循環基本法が位置付ける2つの事業者の責任について検討する。

　第1に、循環基本法の排出者責任に相当する「雇用者責任」については、事業者の責務を明確にしている（第4条第1項及び第2項）。責務の内容は、勤務上の諸条件の整備、安定的な雇用の確保、再就職の援助、職業生活設計の援助、職業生活からの円滑な引退など多岐にわたる。その具体的方策も法律の各条項で規定している。一方、責務の対象は、事業者が雇用する高年齢者に限定している。これは、現に雇用している労働者の雇用の安定、すなわち定年の引上げや継続雇用制度の導入等を進めることを重視しているためである[19]。

　第2に、循環基本法の拡大生産者責任に相当する「拡大退職者責任」について

図表II-5-6　循環基本法と高年法の比較結果

種類	循環基本法（基準）	高年法	比較結果	説明
基本原則	①排出抑制	①退職抑制	規定あり	65歳までの再雇用から再就職を除き、5つの区分における優先順位は存在しない。高年齢者雇用確保措置についても、優先順位の定めはない。
	②再使用	②再雇用	規定あり	
	③再生利用	③再就職	規定あり	
	④熱回収	④還元	規定なし	
	⑤適正処分	⑤退職支援	規定あり	
責任	排出者責任	雇用者責任	規定あり	高年法では、退職後の高年齢者等まで雇用者の責任は及ばず、現に雇用している者のみを責任の対象としている。
	拡大生産者責任	拡大退職者責任	規定なし	

出典：筆者作成。

ては、高年法の中に該当する規定は見られない。むしろ、上記で示したとおり、責任の対象を現に事業主が雇用する高年齢者等に限定している。つまり、在籍元の企業は、一度退職した高年齢者等に対して、特段の責任を負う必要がないということである。

　以上の比較の結果、まず、基本原則に関する項目については、廃棄物対策における熱回収に相当する内容を除き、高年法には対応する規定があることが明らかになった。ただし、高年法では循環基本法のような優先順位を定めていない。

　次に、排出者責任に相当する雇用者責任については、高年法にも具体的に規定されていることがわかった。

　一方、拡大生産者責任については、高年法に相当する規定は見られなかっただけでなく、事業者の責任は上記の雇用者責任に限定されることが明らかになった。図表II-5-6は比較結果の要約である。

(3)　**考察**

　比較分析の結果、循環基本法と高年法には3つの相違点があることを明らかにした。第1は、廃棄物対策の優先順位に関する項目のうち熱回収に相当する内容が高年法には規定されていない点である。第2は、高年齢者人材の循環的な活用に際し、明確な優先順位が定めていない点である。第3に、循環基本法における拡大生産者責任に相当する事業者の責任（拡大退職者責任）について、高年法は規定しておらず、事業主が現に雇用する高年齢者等に責任の範囲

を限定している点である。これらの相違点が、第3節第1項で示した高年法の課題であるかについて、以下で確認する。

　第1の点については、図表Ⅱ-5-4で示したとおり、企業による雇用は行わないものの、高年齢者がこれまで社内で培ってきた経験やノウハウを企業に還元すること等に近似しているものと考える。その方法としては、退職者を社内研修の講師として活用することや、回顧録を作成することなどが想定される。企業にとっては、これまで社員に投じてきた人的コストを、無形資産として回収できるメリットがある。一方、退職した高年齢者にとっても、これまでの自身の功績や反省を後世に伝えることができるという点で、退職後の生きがいにつながる可能性がある。このように、直接的な雇用関係ではないが、企業と退職者の意向をマッチングさせることは可能といえる。

　第2の点については、現在の高年法が65歳までの雇用確保を最優先課題としており、広い意味では優先順位を定めているともいえる。しかし、総人口の減少と高年齢者の大幅な増加により、労働力人口の絶対数が減少する一方で、非労働力人口は増加する。2014年から2040年にかけて労働力人口は全体で1,353万人減少し、非労働人口は137万人増加するという推計もある[20]。このような状況下では、60歳一律定年制や継続雇用制度が今後も持続するとは考えにくい。定年制の廃止や定年の引上げも重要な検討課題になると考える。その際に、雇用と年金の接続という観点だけでなく、人材の循環という観点からも循環基本法で定めるような優先順位も考慮に入れて、高年齢者の活用を検討していくことが必要と考える。

　第3の点については、今回明らかになった循環基本法と高年法の相違点の中でも、明確な課題に位置付けられる。なぜなら、退職後の生活問題とその準備については、立法担当者自身が、労働者が自ら解決すべき問題としていささか放置されてきた感があり、労働者個人の力だけでは解決しにくいことを認めているからである[21]。今後、65歳超の退職者が増加することが見込まれる中で、セカンドキャリアをうまく踏み出せなかった高年齢者が、心身状態の悪化や社会的孤立などにより、社会問題を引き起こすことも懸念される。

　法が要請する最低限の高年齢者雇用確保措置に取り組むだけでは、65歳超の退職者の増加という新たな社会課題に対応することは難しい。定年退職準備

援助の措置は努力義務化されている（第21条）。しかし、今後は「拡大退職者責任」の考え方も取り入れ、退職後の社員が社会問題の原因者とならないような取組も進めていく必要があるといえる。具体的には、高年齢者が円滑にセカンドキャリアに移行できるような人事・労務制度の開発、企業や地域との連携による高年齢者労働市場の活性化、従業員のセカンドキャリアも見据えたビジネスモデルの検討などが考えられる。

おわりに

本論では、まず、高年齢者の雇用就業に関する総合的な法律である高年法の概要を整理し、同法が規定する高年齢者雇用確保措置が企業の人事管理に影響を与える要因であることを確認した。次に、統計資料を用いて、高年齢者雇用確保措置の実施状況及び高年齢者の就業意向を確認した。その結果、多くの企業において、高年齢者の雇用確保が最低限の対応に留まっており、高年法の逆機能が生じていることがわかった。また、そのために高年齢者の就業意欲とのミスマッチが生じていることを確認した。

そこで、「高年齢者雇用におけるミスマッチが生じる要因は、高年法に残された課題が解消されていないためである」という仮説を提示し、その検証を行うために、循環型社会形成基本法との比較分析を行った。

その結果、退職者の知識や経験等の活用、高年齢者人材の循環的活用に関する優先順位の未設定、循環基本法の「拡大生産者責任」に相当する規定の不存在の3点が、高年法の残された課題であることを明らかにした。

これらの課題は65歳超の退職者がエイジレスに働いていくことに対して大きな影響を与えるものといえる。65歳超の退職者は、今後さらに増加することが見込まれることから、課題の早急な解決が必要である。以上が本論で得た成果である。

最後に、今回明らかにした3つの課題の解決のあり方について述べる。

高年法の改正によってこれらの課題に対処することは、現段階では慎重であるべきと考える。その理由は2点ある。第1に、法制化による逆機能を生じさせる恐れがあるからである。第3節で見てきたように、高年齢者雇用確保措置

の逆機能により、60歳一律定年制の既成事実化や65歳超の高年齢者労働市場におけるミスマッチが生じている。法制化は、高年齢者雇用対策を確実に実施させるメリットもある。しかし、結果的に多くの企業の取組が、法が要求する最低限の水準に留まる可能性が高くなるデメリットもある。第2に、高年法の要求水準が高くなるほど、中高年の社員を雇用し続けることが企業にとってのリスク要因となり、早期の雇用整理（解雇）が進むおそれがあるためである。一般に、若年層に比べ中高年の有効求人倍率は低く、雇用の流動性が低い。これまで見てきたように、65歳超の就業対策が喫緊の課題となる中で、高年法の見直しが、逆に新たな雇用問題を発生させかねない。

　法改正に代わって、今回明らかにした高年法の課題については、企業の社会的責任（CSR）によって解決を図るべきと考える。なぜなら、これらの課題に対応する方策は多種多様であり、高年齢者雇用対策の領域に留まらないためである。例えば、拡大退職者責任のところで述べた、企業や地域との連携による高年齢者労働市場の活性化については、地域の課題をビジネス化することにより、仕事を創出し、それに携わった企業の担当者が退職後に、新しく創出したビジネス側のスタッフとして働くといったことも想定できる。このような動きは、従来の延長線上にある高年齢者雇用対策のみでは対応できず、CSRの視点が必要である。

　高年齢者人材を循環的に活用し、エイジレスに働ける社会を目指すには、高年法の規定に対応したミクロの施策だけではなく、退職者をはじめとした高年齢者全般に対し、企業の社会的責任を意識したマクロの施策を展開することが重要といえるだろう。ただし、その具体的なあり方については、今後の研究課題である。

（村上正史）

注
1）「高年齢者」は、高年法第2条に定める55歳以上の者を指す。これに対し、「高齢者」は世界保健機関（WHO）の定義では65歳以上の者を指す。本論の考察対象が高年法であることを鑑み、以下、本論においては文献、統計等の引用を除き、高年齢者と表記する。
2）制定当時は「中高年齢者等の雇用の促進に関する特別措置法（中高法）」と称した。1986年の全面改正により、法律の題名が現在の正式名称である「高年齢者等の雇用の安定等に関する法律」に改められた。

3) 清家篤「本格的高齢社会における年齢差別禁止の可能性にかんする考察」『三田商学研究』第50巻第6号、2008年2月、109-125頁。
4) 小嶌典明「高年齢者雇用安定法の改正とその問題点：希望者全員ルールへの疑問」『阪大法学末永敏和教授退職記念号』第61巻第3・4号、2011年11月、685-706頁。
5) 谷田部光一「日本企業における定年制度の実態と問題点」『政経研究』第53巻4号、2017年3月、29-69頁。
6) 八代充史「定年延長と継続雇用制度—60歳以降の雇用延長と人的資源管理」『日本労働研究雑誌』第589号、2009年8月、20-29頁。
7) 厚生労働省「就労条件総合調査」2017年。
8) 東京都産業労働局「高年齢者の継続雇用に関する実態調査」2004年。
9) 希望者全員が65歳以上の継続雇用対象＋65歳以上定年＋定年制の廃止の合計。
10) 独立行政法人労働政策研究・研修機構「高年齢者の雇用に関する調査（企業調査）」2016年。
11) 伊丹敬之・加護野忠男『ゼミナール経営学入門（第3版）』日本経済新聞社、2003年。
12) 清家篤『労働経済』東洋経済新報社、2002年。
13) 『BBCニュース』2016年3月29日付（原題：Japan's retirees: industrial waste or a silver lining?）、http://www.bbc.com/japanese/features-and-analysis-35909804（最新参照、2018年3月1日）
14) 循環基本法第2条第3項において、廃棄物等のうち有用なものを「循環資源」と定義している。ただし、逐条解説によると、新規技術の開発の状況や市況などにより経済的な制約は生ずるものの、可能性という点ではすべての「廃棄物等」は循環的な利用が可能であり、したがって、実態的に見れば、「廃棄物等」と「循環資源」は同じものを指すとしている。このため、本論においては、引用等については文献記載のとおりとし、それ以外は文脈等を踏まえた使い分けを行うが、実質的には同義と理解されたい。
15) 環境省ホームページ、https://www.env.go.jp/recycle/circul/kihonho/gaiyo.html（最新参照、2018年2月18日）
16) 循環型社会法制研究会編『循環型社会形成推進基本法の解説』ぎょうせい、2000年。
17) 坂口洋一『環境法案内』上智大学出版、2015年。
18) 循環基本法で定める熱回収については、燃焼可能な循環資源について最終的に取り得る手段としている。いったん熱回収を行うと、その循環資源は再び繰り返して利用することができないからである。一方、再使用や再生利用を繰り返した後でも熱回収は可能である。この考え方を高年齢者雇用に当てはめると、当該高年齢者について、本人の意欲や健康状態を踏まえ、可能な限り再雇用や再就職の支援を行ったにもかかわらず、それが難しくなったときにとる手段が「還元」とするものである。
19) 労務行政編『八訂版 高年齢者雇用安定法の実務解説』労務行政、2013年。
20) 秋山弘子・前田展弘「高齢者の活躍の仕方〜就労・社会参加・生涯学習など」東京大学高齢社会総合研究機構編著『東大がつくった高齢社会の教科書—長寿時代の人生設計と社会創造』東京大学出版会、2017年、75頁。
21) 前掲注19)。

参考文献

さいたま市『CSRチェックリスト〜中小企業のためのCSR読本〜（第3版）』、2016年4月。
中島豊「ミドル人材の活躍推進のために何をすべきか—サービス・ラーニングによる企業の人材育成の可能性」『日本労働研究雑誌』第58巻6号、2016年6月、27-37頁。

第6章

わが国自治体における CSR の政策化の意義と課題

はじめに

　2003年にわが国は「CSR (Corporate Social Responsibility：企業の社会的責任) 元年」を迎え[1]、この年から上場企業を中心として CSR 部門や担当者の設置、CSR レポートの発行が進むようになった。2000年代以降、上場企業の内部統制報告を義務付ける金融商品取引法 (2007年)、ISO (国際標準化機構) による社会的責任に関するガイダンス規格の「ISO26000」(2010年)、そして今後の CSR 経営に大きな影響を与える国連 SDGs (Sustainable Development Goals) (2015年)、持続可能なサプライチェーンのためのガイダンス規格である ISO20400 (2017年) などが登場したことで、CSR の普及・推進のためのツールと環境が整いつつある。

　これらのツールと環境は、主として上場企業のように社会的インパクトが大きい企業を対象としており、対象となる企業にとっては自社の CSR を推進し、総合的な事業リスクの抑制や、新たな成長可能性を模索するための機会を提供している。しかし、CSR は経済のグローバル化に伴い深刻化している環境問題 (Environment)、社会問題 (Social)、企業統治 (Governance) 問題のいわゆる「ESG 問題」を克服し、持続可能な社会を実現するための、企業に対する「社会的要請」である。それ故、CSR の推進は少数の大企業だけでなく、わが国の圧倒的多数を占める中小企業にも求められる。

　また、CSR の推進は、コンプライアンスや内部統制、環境経営、人権対応、倫理的な労務管理、社会貢献、ESG 問題に有効なサービスや製品 (いわゆるソーシャルプロダクツ) の提供など、多岐にわたる経営課題を含む。中小企業の場合、これらにパラレルに取り組むための経営資源に乏しいため、CSR を

独力で推進することが難しい。大企業へのCSRが普及する一方で、中小企業へのCSRが普及しなければ、大企業と中小企業のCSR推進が跛行状態となり、持続可能な社会の実現にとっては大きなリスクとなる。

中小企業へのCSR普及は、経営資源が乏しい中小企業の自主的な努力を期待するのみでは困難であり、普及のためには、中小企業政策としてのCSR政策が求められる。そのような状況で、近年は市、町のような基礎自治体レベルで域内企業のCSRの普及・推進を目的とした政策が登場している。一方で、日本のCSR元年を考えれば、政策テーマとしてのCSRは歴史が浅く、これをめぐる研究や議論は、活発だとは言い難い状況にある[2]。そして、CSRが多くの経営課題に関わるが故に、その政策化の意義を検討することは、持続可能な社会を実現するための方法論を充実させるための、重要な示唆が得られることが期待できる。本章では、未だ発展途上にあるわが国CSRの政策化について―CSRの歴史を交えて―その意義と課題について検討する。

1. CSR政策の視座と政策化の歴史

(1) CSR政策化の視座

政府や自治体などの公的部門による企業への伝統的な働きかけは、規制、指導、補助金支給などの経済政策の形で行われてきた。これらの政策は特定産業の競争力強化や取引・競争一般の秩序の維持、その他の環境問題や社会問題の抑制などが目的であり、企業の社会性や倫理的行動を引き出すことが主目的ではなかった。

企業が住民同様に地域社会の一員である以上は、事業環境の安定化のために地域社会と良好な関係を築こうとするのは合理的な行動であり、そのため、公的部門が企業と地域社会の媒介・促進機能を果たすことがある。このような機能は、結果的に企業の社会性や倫理的行動を引き出すことにつながっている。公共工事の総合評価落札方式における、建設業者の地域美化活動などの社会貢献活動はその典型例である。

CSRという概念が広がりだしたのは、2000年代に入ってからであるが、上記のように企業の社会性や倫理的行動を引き出す効果が持つ政策は、それ以前

からも存在し、また、2000年代以降もCSRを標榜せずとも、上記のような行動や、CSR活動を促す政策は、名称の如何を問わず存在している。一方で、CSRとは谷本（2004）が「企業活動のプロセスに社会的公正性や環境への配慮などを組み込み、ステイクホルダー（株主、従業員、顧客、環境、コミュニティなど）に対してアカウンタビリティを果たしていくこと。その結果、経済的・社会的・環境的パフォーマンスの向上を目指すこと[3]」と指摘するように、経営の広範な領域をカバーする概念であり、単なる社会貢献活動に留まらない。そのため、本章では公的部門の企業に対する、次のいずれかの要素を持つ働きかけを、「CSR政策」として位置づける。

① 企業による何らかの倫理的行動、社会貢献活動を促す取り組み
② 企業のCSR活動を促す取り組み
③ その他企業の社会性の向上を促す取り組み

(2) CSR政策化の前史

　CSRの政策化の意義を検討するには、まず経済界におけるCSRの流れを整理する必要がある。ESG問題の深刻化は、資本主義経済の成長、グローバル化に伴い世界レベルで進んできた。わが国でも明治維新以後、本格的に諸外国の文物を取り入れ、富国強兵、殖産興業政策によって社会経済の工業化を推し進めた。その過程で足尾銅山鉱毒事件や各種労働争議などのESG問題が生じたが、当時のESG問題の顕在化は、治安警察法に基づく労働運動の取り締まりや、企業による請願巡査制度の利用など、政府と企業のさまざまな強圧的手法によって抑制されてきた。

　第2次世界大戦後、わが国が戦災から復興し、国際社会への本格的な復帰と軌を一にして、わが国経済は高度経済成長期に入り、経済大国への途を歩むこととなった。この過程の中から、企業の社会に対するアプローチを関することは、わが国のCSRの発展過程を知ることに通じる。ここでは、自治体によるCSRの政策化の前史として、戦後のわが国企業によるCSRに関する主な取り組みを概観しておく（図表II-6-1）。当然全ての企業の社会性に関する取り組みを網羅することは不可能ではあるため、ここでは、企業による社会性の向上に関する取り組みで、一定程度の影響力を有すると考えられる事象を中心に取

図表 Ⅱ-6-1　わが国民間部門による CSR に関する主な取り組み

1956 年	経済同友会「経営者の社会的責任の自覚と実践」発表
1960 年代	経済成長に伴い公害・環境問題が深刻化
1972 年	経済同友会「社会と企業の相互信頼の確立を求めて」発表
1973 年	経団連「福祉社会を支える経済とわれわれの責任」決議
1974 年	経団連「企業の社会性部会」設置
1976 年	経団連「企業の社会性部会報告書」発行
1980 年代	企業による財団設立が進む
1980 年	千葉県倫理法人会（現 都道府県倫理法人会）発足
1989 年	経団連「企業倫理に関する懇談会」設置
	海外事業活動関連協議会（現 企業市民協議会）発足
1990 年代	社会貢献が普及する一方、バブル崩壊後に企業不祥事がフォーカスされる
1990 年	企業メセナ協議会発足
	経団連「1%クラブ」設立
	経団連「社会貢献推進委員会」設置
1991 年	経団連「企業行動憲章」策定
	経団連「第1回社会貢献フォーラム」開催
1994 年	経団連『企業の社会貢献ハンドブック』発行
1999 年	日興アセットマネジメント「日興エコファンド」発売開始
2000 年代	引き続き企業不祥事が続発
2003 年	リコー、日本初の CSR 部門を設置
	経済同友会、第15回企業白書で「市場の進化と社会的責任経営」提唱
	ニッセイ基礎研レポート、この年を「日本の CSR 元年」と規定
	サステナブル経営研究会発足
	グローバル・コンパクト・ネットワーク・ジャパン発足
2004 年	経団連「企業の社会的責任（CSR）推進にあたっての基本的考え方」発表
2005 年	経団連「CSR インフォメーション（第1号）」発行
	経団連「CSR 推進ツール」発表
	東洋経済新報社『CSR 企業総覧』発行
2006 年	ポーター、クラマー、CSV について構想
2006 年	滋賀経済同友会「滋賀 CSR 経営大賞」創設（2015年終了）
2008 年	サステナビリティ CSR 検定（現 新 CSR 検定）開始
	経団連『CSR 時代の社会貢献活動 —企業の現場から—』発行
	ブレインズネットワーク「CSR 図書館.net」開設
2009 年	松山商工会議所「わが社の CSR 顕彰」創設
	東京商工会議所「中小企業経営者のための社会的責任（CSR）対応のためのチェックシート」発行
2010 年代	国際的な CSR 推進、CSR による価値創造が本格化
2010 年	ISO「ISO26000」発行
2011 年	東日本大震災復興支援を契機に寄付つき商品（ソーシャルプロダクツ）が多数登場
2011 年	京都 CSR 推進協議会発足
2013 年	キリン、日本初の CSV 部門を設置
2014 年	ささつな CSR 協議会発足
	CSR 協会発足

2015年	東京証券取引所「コーポレートガバナンス・コード」採用
	全国防犯CSR推進会議発足
	企業市民協議会「CSR国際シンポジウム2015」開催
	札幌商工会議所「CSR経営表彰」創設
2015年	国連「持続可能な開発目標（SDGs）」発表
2017年	ISO「ISO20400」発行

出典：筆者作成。

り上げている。

　川村が指摘した2003年の「CSR元年」[4]以後は、CSRの語を用いた（意識した）取り組みが増えているが、戦後から2010年代に至るまでのわが国企業のCSR（あるいは企業の社会性）には、ある種の傾向が見て取れる。この傾向については森本[5]や松野ら[6]なども論じているが、彼らの所論を参考にしつつ図表Ⅱ-6-1の取り組みを整理すると、わが国企業のCSRの取り組みの傾向には、6つのステージを見出すことができる。

　第1ステージは、「経営者における社会性の認識」である。1956年の経済同友会の「経営者の社会的責任の自覚と実践」の発表は、経済界で社会的責任の語を用いた最初期のケースであるが、このステージでは経済界が私的存在である経営者に対して社会的責任という考え方を喚起し、社会性を念頭に置いた経営理念の確立や、戦前から採用していた経営理念の見直しを促すことが行われた。

　第2ステージは1960～1970年代の「企業が生み出すESG問題への対応」である。わが国高度経済成長期は長期的な経済成長を遂げた一方、その過程で企業による公害や薬害などの多くのESG問題が発生し、企業と社会の緊張関係をもたらした。経済同友会が1973年に発表した提言「社会と企業の相互信頼の確立を求めて」は、この問題に対する経済界の方針を示したものである。公害対策基本法（1967年）などの企業によるESG問題、特に「Eの問題」を抑制する環境法の整備が始まったのもこの年代である。

　第3ステージは1980年代の「企業倫理の萌芽」である。第2ステージでは主にESG問題を抑制する法規制に、自らを適合させる「事後的」な対応がとられたが、このステージでは、単に法的要求を充たすだけでなく、倫理観に基づいた経営を模索する動きが現れた。この頃の企業倫理とはビジネスの結果で

ある利益を、寄付などによって社会に還元することが主流であり、企業による財団の設立と、その財団による文化事業やメセナなどの社会貢献活動は、この頃の特徴的な動き[7]である。また、今日全国各地で活動している、中小企業経営者の修養団体である倫理法人会が発足したのもこの年代である。

第4ステージは1990年代の「企業倫理の深化」である。このステージではプラザ合意（1985年）以後の好況を背景に、各企業のメセナや1%クラブ活動などの社会貢献活動が浸透する一方で、バブル経済崩壊（1991年）後の証券不祥事やゼネコン汚職などのESG問題、なかんずく「Gの問題」が続発したことで、企業倫理を強化する必要性が認識され、企業倫理として、従来型の社会貢献活動だけでなく、コンプライアンスやガバナンス強化なども求められるようになった。また、1999年には、日興アセットマネジメントがわが国で初めて環境経営を評価する投信信託、「日興エコファンド」を売り出しはじめ、ビジネスのプロセスにおける経済性と社会性を一体化させようとする動きも現れた。

第5ステージは2000年代の「CSRの普及開始」である。このステージでは、これまでの社会的要請を総合し、企業がこれをCSRとして明確に位置づけて取り組みはじめた。CSRの語も経済界で本格的に用いられ、企業ではCSR部門が設置されるようになり、CSRを推進するためのツールや情報サービスが提供されるようになった。また、大企業を中心に、深刻化するESG問題により積極的に対応すべく、グローバルなCSR上の課題と関わる機会が増加した。また、2006年にはマイケル・ポーターとマーク・クラマーが、普及しつつあるCSRの派生形概念として、多様なステークホルダーとのCSV (Creating Shared Value：共通価値の創造) を構想[8]し、2010年代のCSRのあり方を示唆している。

第6ステージは2010年代の「CSRによる価値創造」である。これまでのCSRあるいはCSRの文脈で読み取ることが可能な取り組みは、企業が自らの社会性を自覚し、倫理的な（社会から期待される）行動をとることを意味したが、これらは寄付やボランティアのような、企業の組織スラック資源を用いる、一方的な社会貢献活動やリスクマネジメントとしてのコンプライアンス活動、環境負荷の抑制のようなESG問題への対策などが主であり、いわば「コ

ストセンターのCSR」であった。

　しかし、2010年前後から、CSRに上述のような機能を期待するだけでなく、これを価値創造のキー概念に据えることで、自社と社会の持続可能性を追求しようとする動きが増えた。ソーシャルプロダクツのような、ESG問題解決志向の製品・サービスの提供やビジネスモデルの構築、性別や障害、国籍などに拘泥せずに個性と人権を尊重し、さまざまなビジネスチャンスを獲得しようとするダイバーシティ経営、CSRを基準としたサプライチェーンマネジメント、いわゆる「CSR調達」などは、このような文脈に位置づけられる。

　2011年にはポーターとクラマーが自ら提唱したCSV概念を深耕する[9]ことで、CSRを価値創造につなげようとする企業に対して、理論的バックボーンを提供している。そしてISO（国際標準化機構）が社会的責任に関するガイダンス規格のISO26000（2010年）と、持続可能な調達（CSR調達）に関するガイダンス規格20400（2017年）を発行したことも、この流れを後押ししている。また、国連が2000年のミレニアム開発目標の後進として、2015年に発表した「持続可能な開発目標（Sustainable Development Goals：SDGs）」は、ESG問題に対する企業への積極的関与を求めており、わが国でも今後のCSRの大きな方向性を示すものとして期待されている。そして大企業だけでなく、中小企業などにもCSRの有効性・可能性が認識され始め、商工会議所によるCSRの振興・推奨や、企業間による会議体の結成、特定分野におけるCSRの推進の動きが現れているなど、2010年代に入ってCSR推進の動きは多様化している。

　このように、わが国のCSRは経営者の社会性の自覚に始まり、社会経済情勢の変化に応じてその性質を発展させてきた。ESG問題の抑制、倫理的行動、そして、それらを総合して社会的要請に応えるとともに、CSR自体を新たな価値創造につなげる、つまり企業の利益と社会の持続可能性、経済性と社会性の両立を目指す形で発展してきたと言えよう。

(3) CSRの政策化の歴史

　翻って政府や自治体などの公的部門の関わりはどのようになっているか。企業に対して、積極的に何らかの倫理的行動やCSRを促すタイプの政策が登場

したのは、企業のCSR活動（顧みて今日CSRと評価できる取り組みを含む）と比べて遅いと考えられる。以下、図表Ⅱ-6-2を参考にしつつ、本章の目的

図表Ⅱ-6-2 公的部門におけるCSRに関する主な取り組み

1995年	川崎区「川崎区企業市民交流事業」開始
1999年	建設省（現 国交省）、公共工事に「総合評価落札方式」導入 以後建設業で営業活動に伴う社会貢献活動が広がる
2002年	中小企業庁「人権啓発支援事業」開始
2004年	経産省「CSRに関する懇談会」設置
2005年	経産省「大規模小売店舗を設置する者が配慮すべき事項に関する指針」に地域志向のCSR条項を設置以後自治体で対象事業者に対して社会貢献活動を求める政策（地域貢献計画書等の作成）が登場
2006年	大阪府「大阪府政・地域貢献企業登録制度（地域貢献企業バンク）」開始 川崎市「かわさきコンパクト」発表
2007年	横浜企業経営支援財団「横浜型地域貢献企業支援事業」開始
2008年	宇都宮CSR推進協議会「宇都宮まちづくり貢献企業認証制度」開始 岩手県「いわて公共サービス・マッチングシステム」開始 北上市「北上市地域貢献活動企業褒賞」開始
2009年	中標津町「中標津町社会貢献活動原材料支給要綱」施行
2010年	小倉北区「小倉北区地域貢献企業・団体表彰」開始 釧路町「釧路町協働のまちづくり貢献事業登録及び認証制度」開始
2011年	最上町「協働のまちづくり貢献事業所登録制度」開始
2012年	埼玉県「多様な働き方実践企業認定制度」開始 以後自治体で労務管理の改善を促す認定、認証制度が登場
2012年	経産省「ダイバーシティ経営企業100選（現 新・ダイバーシティ経営企業100選）」発表 さいたま市「さいたまCSRチャレンジ企業認証制度」開始 東大阪市「東大阪CSR経営表彰」開始
2013年	「日光CSR推進連絡会」発足 川口市「川口市地域貢献事業者認定事業」開始
2014年	2014年版中小企業白書に「CRSV」の記述が登場 京都府「認証地域貢献企業からの物品調達実施要領」に基づき、地域貢献企業調達開始 一宮市「一宮市地域貢献企業認定制度（一宮市サポートカンパニー）」開始
2015年	静岡市「静岡市CSRパートナー企業表彰制度」開始
2015年	国連「持続可能な開発目標（SDGs）」発表
2017年	太子町「太子町企業市民制度」開始 仙台市「仙台「四方よし」企業大賞」開始 和光市「和光市企業市民認定制度」開始 浜松市「浜松市企業のCSR活動（社会貢献活動）表彰」開始 神奈川県「がんばる中小企業発信事業」開始 内閣府「自治体SDGs推進のための有識者検討会」設置
2018年	内閣府「地方創生に向けた自治体SDGs推進事業」（予定）

注：本表では建設業のみを想定した地域貢献誘導策、環境保全、女性活躍推進、働き方改革などの特定テーマのみを扱う施策は除いている。
出典：筆者作成。

である自治体の CSR の政策化の意義を検討するために、わが国の CSR 政策の歴史を概観する。

① 国の CSR 政策の動向

　公的部門が明確に CSR を志向した取り組みを行うのは、2000 年代に入ってからではあるが、それ以前にも企業に対して倫理的行動を促す取り組みは存在した。例えば 1995 年には政令市である川崎市の川崎区では、住民と連携した企業の社会貢献活動を促す交流事業を開始している。また、当時の建設省が公共工事の入札において総合評価落札方式を導入したことが、広く建設業の社会貢献活動を促すことになった。21 世紀に入ると、大規模小売店舗法の対象事業者に社会貢献への配慮を求めたり、労務管理の積極的改善を勧奨する自治体の認証など、個別的かつ特定テーマで企業に対する倫理的行動を促す取り組みが登場している。

　CSR を意識した政府レベルでの取り組みとしては、2002 年に始まる中小企業庁の人権啓発支援事業が最初期のものと考えられる。同事業では、企業内の人権問題への取り組みが CSR であると位置づけているが、一方で、同庁は人権啓発事業以外の CSR 政策を行ってはいない。ただし、2014 年版の『中小企業白書』で、CSR と CSV の双方を取り入れたと考えられる概念として "CRSV (Creating and Realizing Shared Value)"[10] という同庁の造語を用いて、企業による社会的価値の創造と企業価値の創造の関連性について言及しているが、それ以後同庁でこの語の定着は確認できておらず、中小企業政策における CSR の発展については大きく見るべきものがない。また、今後の CSR に大きな影響与えるとされる SDGs についても、2018 年第 1 四半期時点では特別の対応をとってない。

　経済産業省でも 2004 年から「CSR に関する懇談会」を設置し、さらに企業活力研究所内に CSR 研究会を設置しているが、そこでは主として大企業の CSR 関係者と共に CSR に関する研究、討議を行っており、2017 年には SDGs を念頭に上記研究所で「社会課題（SDGs 等）解決に向けた取り組みと国際機関・政府・産業界の連携のあり方に関する調査研究報告書」を作成している。そのため、今後は何らかの形で SDGs の要素を取り込んだ CSR 政策を行う可能性は否定できない。

しかし、現状では国レベルのCSRに関する政策は、人権啓発や調査研究といったものに留まり、具体的・継続的な政策にはなっておらず、自社の利益と社会の持続可能性を追求しようとする、2010年代以降の企業サイドのCSR活動に比すると、これらの取り組みから目立った成果を見出すことは難しいと言えよう。一方、後述するが、自治体のCSR政策は現時点で具体的に行われているものが複数登場しており、本章の考察対象が自治体を中心としたCSR政策になるのは、この理由に基づいている。

② 自治体のCSR政策の動向

自治体によって企業の倫理的行動を引き出す取り組みでは、前述の川崎区の取り組みや、企業のボランティア活動を仲介する大阪府の地域貢献企業バンクなどがあるが、それらは企業の自主的な努力や、一方的な貢献が主であり、企業に求められる広範な社会的責任の領域をカバーするには至っていない。

わが国の最初の具体的かつ継続的、そして中小企業を対象に含めるCSR政策は、2007年に登場した横浜市の「横浜型地域貢献企業支援事業」であると考えられる。ただし、同事業の事業主体は横浜市の外郭団体である横浜市経営企業支援財団であるため、厳密な意味では自治体のCSR政策ではなく、その事業主体の性格から、同事業は自治体のCSR政策に準じるものと位置付けるべきであろう。

同事業は本業を通じて市民の雇用や環境保全、ボランティア活動などに取り組む企業の内、一定の水準を充たした企業を「横浜型地域貢献企業」として認定している。制度の創設・運営や認定基準等については、横浜市、横浜市商工会議所、NPO法人横浜市スタンダード推進協議会、横浜市立大学CSRセンター有限責任事業組合が協力している。このように多様なセクターがCSR政策に関わる例としては、宇都宮市と商工関係者で運営する、宇都宮CSR推進協議会の「宇都宮まちづくり貢献企業認証制度」がある。

同財団ではCSRを「横浜型CSR」という形で定義し、市内企業に提示している（図表II-6-3）。その内容はボランティア活動のような倫理的行動だけでなく、法令順守や品質重視なども含まれ、CSRが単なる善行ではなく、経営全般にわたる責任であることを示している。認定に際しては、自治体などが特定の社会的なテーマへの賛同を、企業に対して宣言の形で求める取り組みと異

なり、認定を受けようとしている企業が上記内容を一定水準で満たしているかを、外部評価員がチェックしている。また、認定を受けた企業に対しては、公共調達時の優遇や低利融資制度の認定資格、広報支援などの経済的・非経済的インセンティブが用意されており、具体的、体系的なCSR政策であると言えよう。

図表Ⅱ-6-3　横浜型CSRのイメージ

出典：横浜企業経営支援財団サイト。

上記の経緯から、自治体による初めてかつ、中小企業を対象としたCSR政策は、2012年のさいたま市の「さいたま市CSRチャレンジ企業認証制度」となる。さいたま市は横浜市の認定のように、認証制度によるCSR政策を行っているが、同市では経営学者のキャロルのCSRのピラミッド[11]を参考にしつつ、CSRを機能別に整理し、コンプライアンスや労務管理のような企業価値を守る行動を「守るCSR」、社会貢献やソーシャルプロダクツの提供など、企業価値の創造に資する行動を「伸ばすCSR」として市内企業に提示している（図表Ⅱ-6-4）。

実際の認証については、企業外部の存在である市および、市が委嘱した調査者が現地調査などを行うため、CSRの実践内容の真正性を担保するための仕組みは、横浜市と似ている。

インセンティブについては、さいたま市でも提供しているが、横浜市のような公共調達の優遇や低利融資資格の認定などの経済的インセンティブを現時点では有しておらず、広報支援や人材育成支援、各種コンサルティングサービスなど、非経済的なインセンティブが主となっている。

また、さいたま市では先行事例の横浜市や宇都宮とは異なり、市外の企業もCSRに触れる機会を作るため、認証制度に用いるチェックリストを、同市サイトにおいて無償公開している（図表Ⅱ-6-5）。ESG問題の影響が人工的に分画された行政区画に留まらず、より多くの企業によるCSRの実践が必要なこ

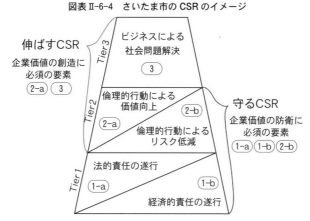

図表Ⅱ-6-4　さいたま市のCSRのイメージ

原典：A. B. Carroll, A. K. Buchholtz, "Pyramid of Corporate Social Responsibility (CSR)", *Business & Society Ethics and Stakeholder Management* (6th) を参考に作成。
出典：さいたま市『CSRチェックリスト』

とを考えれば、チェックリストの無償公開は、CSRの普及に資する可能性がある。

　横浜市、さいたま市などの制度登場後にも、各自治体で中小企業を対象に含めるCSR政策が登場しているが、2018年の新会計年度より、内閣府が自治体によるSDGsの取り組みを後押しする「地方創生に向けた自治体SDGs推進事業」を立ち上げることが予定されており、今後、自治体のCSR政策に対して、何らかの影響を与えることが考えられる。しかし、2018年第1四半期の時点では、国レベルでも、自治体レベルでもいずれかにおいて、CSR政策のヘゲモニーを確立しているとは言い難い。また、2030年までの国際的で持続可能な開発目標であり、企業に対しても積極的関与を求めるSDGsを政策に組み込むことは、両者にとってもこれからの政策課題であり、わが国CSR政策の歴史はいまだ揺籃期にあると言えよう。

図表II-6-5　さいたま市のCSRチェックリスト

No.	チェック項目	期待される行動例	関連するISO26000の中核課題
3	株主総会や取締役会など法令で定める組織の意思決定機関を適法に開催し、議事を記録している	3か月に1回以上の取締役会の開催、適法な招集通知に基づく株主総会の開催、議事録の作成	組織統治
4	関連企業を含め、全社的な法令違反を予防・発見するための具体的な措置をとっている	内部通報制度の構築、実質的な監査役監査、内部監査の実施、弁護士・税理士・社労士などの法的問題の専門家との連携、子会社に対する業務管理状況の報告徴求、コンプライアンス担当者の設置	組織統治 公正な事業慣行
5	公職者との適法な関係を保持するための具体的な措置をとっている	公職者との交際方針の策定、方針に基づく役員・従業員の監督、交際費支出のチェック強化、政治献金などの支出記録の保存	組織統治 公正な事業慣行
6	反社会的勢力との関係を謝絶するための具体的な措置をとっている	与信管理における反社会的勢力関連のチェック、取引先との覚書交換、調査会社・興信所の利用	組織統治 公正な事業慣行
7	事業の持続可能性に関わる重要なリスクを把握している	事業の存続に影響を及ぼす社内外の主要なリスクの探知・評価、探知・評価結果の組織的共有	組織統治 公正な事業慣行 人権 環境
8	取締役などの全ての役員は管掌する具体的な業務を有している	役員管掌業務の明示、取締役規程などの策定、組織図の作成	組織統治
9	株主（出資者）や取引金融機関に対して自社の財務情報や事業計画について正確に開示（説明）している	決算書・勘定科目明細・税務申告書・事業計画書などの開示	組織統治
10	決算・配当および税務に関する書類の作成を適法に行っている	税理士の利用、取締役会議事録の整備	組織統治

※チェック項目は次のページにもあります

出典：さいたま市サイト「さいたま市CSRチャレンジ企業」認証制度

2. CSR政策化の意義

(1) 公共政策の代行機能としてのCSR

　経済政策には産業の競争力を強化したり、取引・競争一般の秩序を維持するなどの機能があるが、そのような経済活動から生じる外部不経済については、その特性に応じて環境政策や社会政策などが縦割り的に対応してきた。しかし藤井（2005）は「関係者の利害を調整し法令によって権利を制限する政府の機能は今後も重要であるが、他方で政府の限界が近年強く認識されていることも事実である。ニートと呼ばれる若年失業者に関する問題、（中略）いずれも政府のみで根本的に解決することは難しい[12]」と指摘しており、現行の政策体系の限界を指摘し、企業によるCSR推進の必要性を論じている。

　現実のESG問題の数々は、その発生メカニズムや問題の態様、解決方法が

複雑であり、単に公的部門による規制や補助金による政策誘導をすればよいというものではない。また、そもそも上記の方法が馴染まない領域もあれば、政策効果が顕現するまでにタイムラグが生じるものもある。藤井・新谷（2008）はこのタイムラグを埋めるべく、「企業が自主的に公共政策を担う、「企業の公共政策」としてのCSR」の必要性を説いている[13]。多くのESG問題は企業のビジネスの「プロセス」から生じており、そして企業はビジネスの「結果」を、企業倫理実践の一環として社会に還元してきた。しかし【ESG問題＞結果】であれば、社会の持続可能性はマイナスであり、社会はわずかな利益還元を受けるために、過大なESG問題コストを負担せざるを得ない。

　それ故、企業は従来のように結果を社会に還元するだけでなく、「ビジネスのプロセス」でESG問題を抑制、解決することが求められる。例えばブラック企業問題は、わが国の典型的なESG問題であるが、そのような企業がたとえ何らかの社会貢献活動を行っても、社会に与える効果がESG問題を上回るとは言い難い。このような企業はESG問題抑制の立場に立てば、優先順位として社会貢献活動よりもビジネスのプロセスで、労働法の基準を上回る労働環境を整備することが先だと言える。

　企業がCSRとして上記の労働環境の整備を行うことができれば、ブラック企業問題というESG問題の発生は抑制され、政策コストの低減も期待できる。そしてそれは、「結果的に」企業が労働政策を代行したことを意味する。このようなケースは前述の藤井が論じた「企業の公共政策としてのCSR」に当たると言えよう。この企業のCSR活動による公共政策の代行機能を「活用」することこそ、公的部門がCSRを政策化する意義だと言えよう。

(2)　**自治体におけるCSR政策の意義**

　既に述べた通り、具体的なCSRを進めているのは国ではなく自治体である。このためCSRが持つ公共政策の代行機能の活用は、自治体のCSR政策と関係させて考える必要がある。CSRは多岐にわたる経営課題と関わる考え方だが、その経営課題は自治体の政策課題でもある。例えば、企業の経営課題たる環境経営は、自治体にとっては住民の生活環境や公衆衛生、自然環境の保全などの政策課題と重なり、労務管理であれば、住民の良質な雇用の確保など

の労働政策と重なる。つまり、CSR は自治体の多様な政策課題と重なっているのである。

　企業が自主的に CSR 活動に取り組むことが、多様な政策課題の遂行となり、それが自治体、ひいては地域社会の持続可能性を確保することにつながる。かねてより地域社会の持続可能性に対して警鐘を鳴らす、限界集落論や消滅可能性都市論などがあるが、地域社会の持続可能性には良好な環境を基礎として、持続可能な産業、良質の雇用が不可欠であり、その担い手である、CSR に積極的に取り組む企業の存在が不可欠である。それ故、自治体は CSR 政策を推進するだけの必然性が存在する。自治体の CSR 政策に対して積極的な意義を与えるとすれば、それは「地域の生存戦略」にあると規定できよう。

　住民側の視点に立てば、雇用がなければその地域に居住する積極的な理由は存在しないし、健全な労働環境がなければ継続的な就労は困難である。また、良好な生活環境がなければ、やはり継続的な居住もまた困難である。それ故、CSR の促進によって、多面的に住民の利益を実現しようとする自治体の CSR 政策は、「てこの原理」によって「地域の魅力」や「地域の競争力」を強化する政策となる可能性を有していると評価できよう。

3. CSR 政策化の課題

(1) CSR 政策の「必要条件」整備

　企業の CSR に公共政策の代行機能があるとしても、それは企業が実際に CSR 活動に取り組んだ場合にのみ発揮される。しかし、ビジネスに関するさまざまな活動に関して、多くの企業に法令順守だけでなく何らかの倫理的行動、あるいは自主的に法令を上回る水準の取り組みを期待することは難しい。そのような水準の活動を行うことは、企業にとって大きなコスト負担を意味し、そのような活動に取り組んだとしても、投入コストを回収できないか、回収までに長期間を要することが危惧される。つまり企業にメリットがない「コストセンターの CSR」を期待するのみでは、公共政策を代行するインセンティブが生じない。

　公的セクターが企業に CSR の実践を期待するのであれば、「投入コストの

回収を容易にするインセンティブ」の提供が不可欠である。CSR政策の登場人物は「CSRの実践を期待する側」と、「CSRを実践する側」に分かれる。そのため、実践側の企業に対する「CSR活動に取り組むためのインセンティブの提供、環境の整備」がCSR政策の「必要条件」になると言えよう。

(2) 現行のCSR政策の問題点

　CSR政策は成功すれば、てこの原理によって多様な政策課題を遂行し、政策コストの低減も期待できるが、一方でさまざまな問題が存在している。現行のCSR政策の多くが認証、認定、表彰などの形で継続的に行われているが、そこには少なくとも次のような問題が存在している。
① 企業を表彰するだけで終わり、CSR活動を支援するメニューが乏しい
② 自治体が企業に対して一方的に社会貢献活動を求めるだけになる
③ 自治体が企業の経営体質・レベルを評価するノウハウを持たず、表面的な社会貢献活動のみを評価している
④ 認証などのインセンティブが広報効果の低い自治体サイトや、市報への掲載、シンボルマークの使用許可など、企業側の具体的なメリットになっていない
⑤ 公共調達の優遇を目的に、認証などを取得する企業が官公需依存型企業に偏りがちになる

　①に関しては、政策の実質的な継続性が不足するため、CSRの普及を中途半端にしてしまう恐れがある。②に関しては、企業が一方的にコストを負担し、実際の企業価値の創造に寄与できなければ、CSRや社会貢献に対する忌避感を招来する恐れがある。③に関しては、当該企業のその他のESG問題を結果的に隠蔽することにつながりかねない。④に関してはインセンティブのミスマッチで、CSR活動の促進効果が見込めない可能性が大きい。そして⑤に関しては、松井（2014）が、横浜市のケースでこの問題を指摘している[14]。これらの問題は、前述のCSRの必要条件の整備が不十分なために生じていると考えられるが、CSR政策を地域の生存戦略と考えたとき、これらの問題自体が1つの政策課題であり、今後は企業側の立場に立って、問題の改善を図る

ことが求められる。

　このような問題を包蔵する自治体のCSR政策は、2010年代以降に発展した、企業の利益と社会の持続可能性の両立を追求する企業側のCSR観と比したときに、見劣りすると評価せざるを得ない。CSR活動は企業の有限の経営資源を投入して行われる以上、活動の経済性を無視できない。CSR政策として、企業に対して一方的な社会貢献活動を求めるだけでは、現実性に乏しい。CSR政策の成功には、CSR活動の経済性と社会性の両立を誘導し、あるいは支援することが不可欠である。

おわりに

　わが国のCSR政策は、国よりも自治体が具体的な取り組みで先行しているが、国の自治体SDGsの推進によって、今後この流れに何らかの変化が起こる可能性がある。しかし、CSR政策のヘゲモニーがどこにあろうとも、CSR政策という政策カテゴリーが消えることは考えにくく、企業のビジネスを通じてESG問題に取り組む―企業が公共政策を代行する―ことにも変わりがなく、SDGsの普及によってCSR活動に取り組む企業がいま以上に増えることが予想される。

　その時に、自治体は企業側のCSR観に親和し、地域の社会経済事情を踏まえたCSR政策を行うことが求められるが、そのためにも、自治体には「企業の論理」を理解し、適切なCSR政策の立案・執行ができる人材を育成するための、人的資源への投資が期待される。

（泉　貴嗣）

注
1) CSRという考え方自体は、当時の日本のビジネス界において、現在のように広く知られたものではなかったが、川村雅彦が「2003年は『日本のCSR経営元年』―CSR（企業の社会的責任）は認識から実践へ―」ニッセイ基礎研究所（2003）において、当時のCSR普及状況を分析し、2003年をCSR元年と定義したことにより、広くビジネス関係者に知られるに至った。
2) 例えば、国立情報学研究所の学術論文検索サービスであるCiNii（https://ci.nii.ac.jp/）において「CSR政策」の語句が含まれる論文を検索すると、わずかに6本しか発表されておらず（2018年4月1日閲覧時点）、かつわが国のCSR政策を研究対象としたものは1本である。
3) 谷本（2004）5頁。

第 6 章　わが国自治体における CSR の政策化の意義と課題

4）　川村（2003）1 頁。
5）　森本（1994）79 頁。
6）　松野弘ほか（2006）49 頁。
7）　この点については、伊吹英子、平本督太郎が「企業財団のリストラクチャリング」野村総研『知的創造資産』2005 年 2 月号で、企業財団設立のメリット共に言及している。
8）　Porter and Kramer（2006）.
9）　Porter and Kramer（2011）.
10）　中小企業庁（2014）536 頁。
11）　Carroll and Buchholtz（2006）p.39.
12）　藤井（2005）84 頁。
13）　藤井（2008）6 頁。
14）　松井（2014）19 頁。

参考文献

伊吹英子・平本督太郎「企業財団のリストラクチャリング」『知的創造資産』野村総研、2005 年 2 月。
川村雅彦「2003 年は「日本の CSR 経営元年」―CSR（企業の社会的責任）は認識から実践へ―」『ニッセイ基礎研 REPORT』ニッセイ基礎研究所、2003 年 7 月。
企業活力研究所『「社会課題（SDGs 等）解決に向けた取り組みと国際機関・政府・産業界の連携のあり方に関する調査研究報告書』企業活力研究所、2017 年 3 月。
Carroll, Archie B. and Ann K. Buchholtz, *Business & Society Ethics and Stakeholder Management* (6th), THOMSON SOUTH-WESTERN, 2006.
さいたま市・埼玉りそな産業経済振興財団・允治社『CSR チェックリスト―中小企業のための CSR 読本―（第 3 版）』さいたま市、2016 年。
谷本寛治『CSR 経営―企業の社会的責任とステイクホルダー―』中央経済社、2004 年。
中小企業庁『2014 年版中小企業白書』中小企業庁、2014 年。
内閣府地方創生推進事務局「地方創生に向けた自治体 SDGs 推進事業について」内閣府、2018 年 2 月。
藤井敏彦『ヨーロッパの CSR と日本の CSR 何が違い、何を学ぶのか』日科技連出版社、2005 年。
藤井敏彦・新谷大輔『アジアの CSR とヨーロッパの CSR 持続可能な成長のために何をすべきか』日科技連出版社、2008 年。
Porter, Michael E. and Mark R. Kramer, "Society and Strategy," *Harvard Business Review*, 2006.12.
Porter, Michael E. and Mark R. Kramer, "Creating Shared Value," *Harvard Business Review*, 2011.1.
松井滋樹「自治体による CSR 企業認証の現状と今後の方向性」『経営センサー』東レ経営研究所、2014 年 6 月。
松野弘・堀越芳昭・合力知工『「企業の社会的責任論」の形成と展開』ミネルヴァ書房、2006 年。
森本三男『企業社会責任の経営学的研究』白桃書房、1994 年。

第Ⅲ部
地域における被災・犯罪と公益の対応

第 7 章

被災地域事業者への復興支援コンサルティングから公益活動を考える

はじめに

　筆者は長年経営コンサルタントとして、コンサルティング会社に属して主に上場企業をクライアントとして経営課題解決支援を行ってきた。専門テーマ領域としては、事業再建支援、新商品開発・市場導入支援、営業・マーケティング競争力強化支援などである。
　クライアント企業の特性から、資本の論理・市場原理で動く営利企業がいかに競争に打ち勝つか、どのようにシェアアップを図るかを支援してきたともいえる。従って、意識しないまま公益とは対極にある活動をしてきたともいえる。
　そんな状況の中、2年前より東日本大震災被災地域での被災事業者に対する経営コンサルティング支援を行う機会を得て現在もその活動を行っている。この活動は復興庁による「専門家派遣集中支援事業」として位置づけられるものである。被災事業者に対する支援は、初期の段階では経営資源としてのヒト（復旧のための労力）・モノ（崩壊した設備）・カネ（東日本大震災事業者再生支援機構などによる無利子融資や債権買い取り）といったことが中心であったと思われるが、放射能で汚染されたり、津波で流されたり、崩壊した事業所・工場の再建が曲がりなりにもなされた後に残る大きな課題の一つは事業継続のための売上の回復、拡大である。設備面での復旧がまず優先されたため、混乱期間の中で失った顧客への販路や商品ブランド力低下をどのような形で回復し拡大を図っていくかがこうした事業者の次の段階での経営課題である。
　大企業での経営コンサルティングを中心に行ってきた筆者にとっては、売上

規模2・3億という中小零細企業に対する経営コンサルティング支援は初めての経験であった。復興庁の予算からある程度の費用はでるので全くのボランティアではないが、活動にかかわる労力の大きさから従来のコンサルティング活動をかなり控えざるを得ないことになる。また、所属するコンサルティング企業の組織業績貢献面では低稼働者扱いになるおそれがあり、個人報酬面でも大きな影響を受けることになる。

また、被災地という地域特性から東京の事務所からの移動も片道数時間を要する遠隔地になることが多い。例えば、後の事例で述べている岩手県宮古市の被災事業者に向かうには、盛岡までは新幹線で行けるにしても、そこからはレンタカーでの移動となる。冬場は積雪の峠道のため、不慣れな雪道での運転事故のリスクを避けてバスを使用、宮古駅からさらにタクシーを使用しての移動になる。自宅を出発して片道約7・8時間の移動時間になる。こうした時間面での負荷も大きい活動である。従って、稼働業績面や労力の大きさから通常のコンサルタントであれば対応が難しい活動である。

幸い筆者は所属していたコンサルティング会社を退職しており、業務委託の形で従来からのクライアント企業に対して仕事をしていたため、組織としての稼働業績の縛りもなく、時間的余裕も自らの意思で作りだせる立場なので被災事業者への支援活動にチャレンジが可能であった。また、会社としても本支援に伴う業務サポートをしていただけたことも心強いことであった。

おそらく退職前であれば、個人の利益を優先して受けなかった（あるいは、受けられなかった）活動かも知れない。また、退職後の個人コンサルタントではあったが、前職のコンサルティング会社の名前が業務委託の形で使える立場であったため、復興庁やその支援事務局に対してコンサルティング品質の保証となり支援コンサルタントとなれたのかも知れない。

以下、経営コンサルタントとして東日本大震災の被災地域での事業者に対するコンサルティング活動について述べたい。公益という言葉は意識してはいなかったが、自らの自由な意思で「世のため、人のため」（被災地域や被災事業者活性化のため）に自らの持つ経験・ノウハウ・スキルを発揮してお役に立ちたいという思いの活動である。

1. コンサルティング活動とは

(1) 仕事の進め方

　まず、コンサルティング活動とはどんなことかについて触れておきたい。筆者のコンサルティング活動のタイプとしては、マネジメント・コンサルタントといわれるもので、クライアント企業の経営上のお悩み（依頼ニーズ）に対して、診断を行い、課題を明らかにし、課題に対する対策（処方箋）を提案し、さらにその対策を継続的に実施フォローするためのお手伝いをするという完全サイクルの支援になる。簡単に言えば会社を動かし望ましい成果を上げるお手伝いをする活動である。従って、言い放しではなく実施支援も行うため支援成果が厳しく問われる活動でもある。そのため、支援期間としては3カ月から長いものでは数年の長期にわたるものもある。数年にわたるのは企業を取り巻く環境の変化を先取り、あるいは変化に対応した新たな課題の取り組みの必要性が生じるためでもある。

　経営コンサルタントは資格がないとできない仕事ではない。資格としてまず思い浮かぶのは中小企業診断士やコンサルティング団体が認定した資格、公認会計士などがあるが、誰でもコンサルタントとして名乗ることはできるがそれで仕事が来るわけでもないので、実績や属する組織の信頼感（ネームバリュー）も重要になる。もちろん経営分野ではなく特定分野でのコンサルタントも多い。被災地域での零細事業者支援では新商品で開発された水産加工品の調理メニュー開発などでフードコンサルタント（料理研究家）の応援を検討したケースもあるので経営コンサルタントが万能というわけではない。それぞれの専門分野のエキスパートをコーディネートして課題に対処するのも必要になる。

　一般的なコンサルティング支援の進め方としては、クライアント企業の推進メンバーチームと複数のコンサルタントの支援チームが共同でプロジェクトチームを組み、一緒に経営課題解決支援のプロジェクトを推進する形となる。クライアント企業の推進メンバーは、我々コンサルタントの支援が終わった後のフォローも担う位置づけとなる。

もちろんコンサルタントの仕事としては、こうしたプロジェクト推進（会社を動かす）を通じたコンサルティングだけではなく、教育・研修や講演、執筆などの仕事もあるが、筆者はプロジェクト推進の仕事が大半を占めてきた。後段の事例で述べるが、被災地域での事業者への支援でも上記同様にプロジェクト推進の形を取るが、多くが事業規模も小さく、従業員も10人程度の小さな会社なので人手がなく、経営者と担当コンサルタント1名とがプロジェクトを組んで推進することになる。実質マンツーマンの個別指導的な進め方になる。

(2) コンサルティング活動と公益性

　一般的なコンサルティング活動は、市場原理に基づくクライアント企業の経済活動を支援する仕事である。図表Ⅲ-7-1に示すように企業の経済活動の成果は、利益という形で示され、評価される。コンサルティング活動は、何らかの形でこの成果である利益を上げるための支援になる。

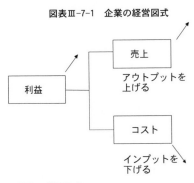

図表Ⅲ-7-1　企業の経営図式

出典：筆者作成。

　企業は利益を上げるために、売上を上げること、コストを下げることを目指すことになる。

　事業再建のテーマは、売上をある程度維持しつつ、大規模なコストダウンを図るアプローチである。コストダウンを図るためには、人件費の削減、製品原価低減などの施策が必要になる。新製品開発・市場導入や営業・マーケティング競争力強化テーマでは、売上を上げるための施策となる。

　こうしてみるとコンサルティング活動は、まさに公益活動とは異質な資本の論理、市場原理で動く経済活動を支援していることになる。もちろん、利益を上げて税金を払うのだから企業活動は公益であるというのは通らない主張である。企業が持続的に発展していくためには高い倫理・道徳観（お天道様がみてゐる）によって健全な経営を行い、社会から信頼を得ることが不可欠である。企業は多数のステークホルダー（利害関係者）によって成り立つ公器のような

ものであり、経営者は株主ばかりではなく他のステークホルダーの声を反映して経営自体を公正なものとして行動していく必要がある。従って、CSR（企業の社会的責任）への取り組みを行うことは重要なことである。

企業には「社会的有用責任」、「市民責任」、「社会規範責任」という三つの責任があると考えている。経営幹部層に対する研修などではこうした責任を伝えることをよく行っているが、コンサルティング活動としてもこの三つの責任に反するような企業に対しては仕事を行わない（仕事を受けない）ように心がけている。こうしたことはコンサルタントとしての倫理観でもある。

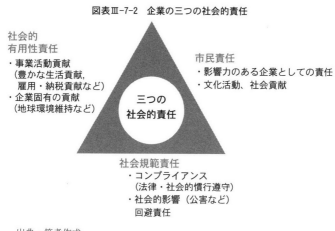

図表Ⅲ-7-2 企業の三つの社会的責任

出典：筆者作成。

2. 関わった復興支援コンサルティング活動のスキーム

(1) 専門家派遣集中支援事業とは

一般企業のコンサルティング活動では主に経済活動での成果向上支援であったが、東日本大震災被災地域での被災事業者への支援は目的が大きく異なる。すなわち、縮小してしまった元の事業を回復する、あるいは新たな事業展開を図るための支援になる。また、支援は国・県、再生支援機関、銀行、地元大学、研究機関、商工会議所、産業振興センター、NPO団体など官民あげての体制となる。被災事業者への支援は、事業継続を通じた雇用の確保を含め被災

地域の復興、活性化につながるものできわめて公益性の高いものといえる。

　筆者が関わった復興庁の「専門家派遣集中支援事業」は、被災地域で新たな事業を立ち上げる企業やまちづくり、会社設立を検討中の協議会等に対し、豊富な経験・ノウハウを持つ専門家・専門機関が、単なる助言にとどまらず実務を含めた集中支援を実施するというものである。平成27年度から始まったようで、筆者は平成28年度から専門家として関わってきている。

　集中支援の特徴は、次のとおりである。
① 各業界で豊富な経験を持つ専門家を派遣
　　・各専門家からのアドバイスだけではなく、成果の実現に向けてのサポートを行う。
② 専門家の集中支援に必要な専門機関による調査
　　・効果的な集中支援に向けて、必要に応じて専門機関も活用して、調査・研究も行う。
③ 新規事業立ち上げ時の費用負担（全額または一部）
　　・専門家への謝金や交通費、調査費、試作品製作費等を復興庁が負担する。

　筆者の支援は①のタイプの支援形態になる。被災事業者にとって最低限必要な経営資源は、ヒト・モノ・カネだが、もう一つの経営資源である専門的な経験やノウハウといった情報的経営資源を専門家派遣によって提供し、事業の回復、拡大のスピードを上げる活動であると考えている。

　被災事業者への主要な支援テーマとしては、「新商品・サービスの開発」、「既存商品の高付加価値化」、「生産性向上・効率化」、「商業施設開発」などであり、専門家による継続的な助言指導・実務支援や専門家の集中支援に必要な専門機関による調査・評価等を行う。いずれにせよ対象事業者の経営者に対して積極的に口を出すハンズオン型の支援であるが、コンサルタントの言うとおりにやらせるのではなく、あくまでも被災事業者と打ち合わせながらコンセンサスを得て共同で進めていく形である。

(2) コンサルティング支援（集中支援）までの流れ

支援の流れは次のとおりである。

図表Ⅲ-7-3 支援の流れ

出典：筆者作成。

　第一段階は、支援を希望する被災地域の事業者が事務局（復興庁より業務委託を受けた監査法人が復興支援室を設置）へ支援依頼の相談を受けることになっている。しかし、実際は直接相談するケースはまれで、債権買い取り機関の一つである東日本大震災事業者再生支援機構経由であったり、融資をしている金融機関であったり、県や市の産業振興部門などのような行政機関経由であったりすることが多いようだ。ある程度支援の価値がある事業者を予めスクリーニングしていると思われる。

　事務局の方では、事業者に対して訪問ないし電話で経営課題をヒヤリングし「支援開始時における状況把握調査票」を取り纏めて、事業者の課題解決にふさわしいと思われる専門家に打診が来ることになる。これが第二段階である。

　第三段階から専門家が実際に事業者を訪問するが、最初の訪問段階では事務局や復興庁、さらに加えて東日本大震災事業者再生支援機構や金融機関のメンバーなども同席して経営課題状況を再確認する。これが予備支援といわれるもので、3回までの訪問支援で次の段階に進むための本支援計画書を作成することになる。具体的には事業者の課題状況を診断し、課題に対して解決策としての支援項目と目指す成果を決め、そのための推進体制（事業者との）・推進スケジュールを作成する。この本支援計画書を受けて、事務局と復興庁および審議会メンバーが検討し、了承されれば本支援計画に進むことになる。これが第四段階の集中支援であり、本格的なコンサルティング支援活動である。

　上記のような支援の流れで課題と思っていることがいくつかある。一つ目は、単年度予算のためにSTEP2での専門家紹介のタイミングが7・8月くら

いになることである。二つ目は、支援開始の意思決定に時間がかかることである。7・8月に予備支援の訪問を開始し、3回の訪問の中で支援計画書を作成して提出するのが9・10月くらいになるが、本支援開始の決定が出るのが11月になってしまい、実質的な本支援期間は11月ないし12月～2月の3カ月程度になってしまうことになる。支援活動の締めが3月中旬のため支援活動報告書のまとめや予算実績報告などを考えると2月末か3月はじめには活動を終了せざるを得なくなる。三つめは、事業者の仕事の繁忙期にかかる点である。少ない人員で事業を行っている事業者であるため推進するメンバー（社長など）が12月には仕事の繁忙期で打ち合わせなどができにくい点である。

　従って、本支援期間は、多くて3カ月程度の短期間となり、支援項目も絞り込んで計画化しないといけないことになるし、単年度での支援のため次年度に繰り越すことは不可能になる。こうした制約条件はあるが、支援計画書に基づいていればコンサルティング活動の進め方は比較的自由度が高く思い切って支援ができる。

　筆者は、過去2年間で予備支援を6社、さらに本支援まで進んだ3社をお手伝いしたが、最初の予備支援の途中で筆者自身の以降の支援を取りやめたケースもある。その原因は事業者サイドの誤解にある。例えばある事業者は、人手がないので派遣専門家に営業要員的に動いてもらえるのではないかと誤解をしていたり、販路を紹介してもらってそこに売り込めばよいといった短絡的な考えを持っていたり、新商品のアイデアだけいただければそれでよいといった考えを持っていたりと、いわゆる専門家を経営者の思惑で都合よく使えるのではないかという意図が見えたケースである。

　概してこうした誤解を持った経営者の企業売上規模は10億位あり、地元では大企業に属し経営者のプライドが高いと思われる企業である。復興支援事務局の方でもこの規模クラスの支援は避けたいようだが、融資をしている銀行の方からの強いプッシュがあるため対応せざるを得ないのではないかと思われる。売上規模2・3億以下の企業ではこうした誤解はなく、当事者意識を持ちながら一緒に汗を流してプロジェクトを推進してくれたのでこの違いは興味深いことであった。

3. 事例に見る被災地事業者へのコンサルティング活動

(1) 事業者の概要

A 社は岩手県宮古市に位置する水産加工（冷蔵・冷凍の魚介類の製造販売）を営む企業である。宮古は世界三大漁場の一つといわれる三陸海岸に面し、ここは親潮（寒流）と黒潮（暖流）が交わる海域で、山が海の間近に迫るリアス式海岸のため魚の絶好のすみかとなり、エサとなるプランクトンも豊富で数百種類もの魚介類が集まる漁場である。近年は高齢化や人口減少、魚食文化の衰退、そして東日本大震災での被害により沿岸の漁業、水産業は厳しい経営状況にある。

この事業者の被災の状況だが、海につながる川の土手下に事務所・工場があったため震災で社屋の大半が水没し、工場設備が全く使い物にならなくなる被害を受けた企業である。また、魚汚染の風評被害も水産加工業者にとっては大きな痛手であった。工場設備を更新し事業を始めていたが、平成 28 年 8 月の台風 10 号によって再び事務所や工場が浸水の被害を受けてしまい二重の被害を受けたところでもある。台風通過による浸水は、震災後の護岸工事で川の支流が堰き止められていたこともその原因ではないかと地元ではいわれている。最初の予備支援の訪問は、台風被害の復旧がなされた後である。

この企業は 60 歳代の社長夫婦と 30 代の長男が経営に携わり、パートを約 10 名雇いながら水産加工業を営んでいる。経営状況は、支援当時約 1 億 1,500 万円で営業利益は約 2,000 万円のマイナス、税引後利益は 16 万円である。震災前は売上 1 億 6,000 万円だったので約 7 割レベルまで回復してきたともいえるが、冷凍・冷蔵の魚介類の出荷では放射線量値の基準をクリアするための検査を実施していたためコストが高くなり売上は回復しつつあるが、利益の伸びは低い状況であった。そのため、鮮魚のように市場に"流す"商品ではなく付加価値の高い商品の開発を試行してきていた。今回の支援は、直近で開発した新商品である魚介類の具が入った冷凍揚げパンを対象にしたマーケティング活動（展示会、商談会を通した営業活動）による販路拡大がテーマであった。

なお、東日本大震災事業者再生支援機構がこの企業の金融機関からの借入金

の債権を買い取り元金・利息の返済猶予を2020年まで行う形での支援もなされているのでそれまでには安定した事業基盤を築いておく必要がある企業である。

(2) 事業者の課題と支援内容と進め方

最初の3回の予備支援訪問で社長から経営状況や取り組んでいること、その中での課題をヒヤリングし1枚にまとめたのが次の図表Ⅲ-7-4である。

図表Ⅲ-7-4 「A商品」売上拡大に向けてのポイント

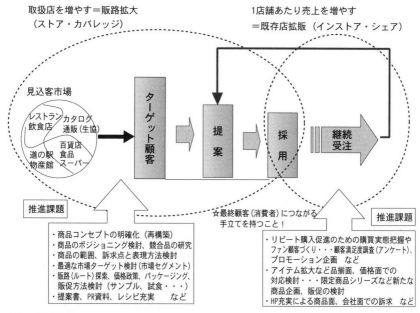

出典：筆者作成。

　予備支援で設定した課題の中で優先順位を付けて短期間（約2.5カ月）でできることを推進項目として設定し、コンサルティング支援活動を開始した。本支援プロジェクトの推進体制は、社長を中心に専務である奥さんと長男の方も加えたメンバーで推進した。社長からはこんな田舎の零細企業が大都会で活躍しているコンサルタントから経験・ノウハウを直に学べることは絶対にないこ

となのでしっかり学びたいという姿勢であった。

　短期間ではあったが月3回ペースで1回あたり1泊2日で訪問し、新商品の特性から見たSTP（市場セグメント、ターゲット、ポジショニング）や販売ルートの棚卸しと新たな商談チャンスでの作戦検討、商談時でのPRツールとしての初期提案書作成や調理レシピ開発、顧客ニーズ把握のためのアンケート企画などのマーケティング戦略を検討した。

　支援を通じてこうした事業者の弱点として感じたことは、売上拡大に向けて目標意識が希薄ということである。ターゲットとすべき店舗にこの商品を置いてもらい、1店舗あたりで月何個売れる状態を作ればこれくらいの売上拡大になるというビジネスでは当たり前の組み立てが抜けていることである。

　旬の魚を顧客市場に流せばよいというスタイルに慣れていたため、今回のように惣菜的な付加価値商品では商品訴求の努力をして店舗に扱ってもらうという意識が抜けていたのはやむを得ないことであったかも知れない。

　また、県や組合が主催するバイヤーとの商談会では、商品サンプルを持参して試食してもらうだけで、この商品のコンセプトや食べ方（調理レシピ）提案などは行われていない状況であった。従い、商談会でのバイヤー向けに採用のための初期提案書資料を作成し、その中で商品コンセプト、顧客ターゲット、食べ方提案としての調理レシピなどを入れ込むことにした。

　支援の中で労力がかかったのは調理レシピの開発と調理画像の撮影である。推進メンバーで調理レシピのアイデアを出し合い、試食してみていけそうなものをレシピ案とし、商品を盛り付けた画像撮影を行った。専務である奥さんが盛り付け用の食材や画像撮影のためのテーブルクロス、お皿やバスケットなどを買い出しに出かけて準備するなど家族全員が協力した作業となった。本来、調理レシピに基づく画像撮影はプロカメラマンを使うのがベターだが、筆者自身が風景撮影を趣味としており、調理レシピ画像などのいわゆる"物（ブツ）撮り"も知っていたので、素人以上プロ未満でもよければ撮影は行いますがどうですかと提案し快諾を得た。プロに頼めばコストもかかるし、撮り直しも難しくなるので小回りの利く内作にした。

　撮影に当たっては、物撮り用の簡易スタジオを段ボールで組み立て、光を回すためのレフ板は段ボールにアルミホイールを貼り付けて作成した。撮影機材

一式は筆者が自宅から持参し、2・3回の訪問の中で約10の調理レシピ画像をいくつか構図を変えて撮影した。完成した調理レシピはバイヤー向けの商談会で使えるように初期提案書の中に組み込んで作成した。簡易スタジオは今後いつでも使える状態にあるので新たな商品を開発した際には再利用が可能である。

こうした手作り感のあるコンサルティング活動も初めての経験であり、同僚にこの経験話をした際には、今まで見たこともないくらい楽しそうな表情で話をしていたと言われたので、充実感のある仕事をしていたのではないかと思っている。

現在この会社の商品は銀座にある県のアンテナショップでも扱われるようになったが、1顧客としても何個か購入し微力ながら売上貢献もした。年度末で、支援活動は終了したが、偶然翌年度に同じ宮古方面で別の被災事業者を支援する機会があったので、そこに出向くついでに何回か立ち寄り、引き続きいろんなアドバイスを行ってきた。次の新商品のアドバイスも行ったが、その商品が直近の県の水産加工品コンクールで農林水産大臣賞を受賞できたことを聞き、自力で新たなチャレンジに取り組めるような活気が出てきたことはとても嬉しいことだと感じている。おそらく、近々銀座のアンテナショップでも取り扱われる予定なので、出向いて購入をしたいと考えている。

おわりに

筆者は長年、大企業を中心としたクライアントに対して経済活動での成果向上を支援するコンサルティング活動に従事してきた。今回、東日本大震災被災地域での被災事業者のコンサルティング支援をおこなう機会を得て数社お手伝いしてきたが、震災で縮小してしまった事業の回復・拡大のスピードを上げ、経営者や従業員の方々を元気づけたいとの思いで支援してきた。被災企業が元気づけば、被災地域も少しでも元気になるという思いがあってのことで自分にとっては個人の公益意識に起因した組織的な公益活動と考えている。

公益行動論という概念で語ってよいのかわからないが、みなそれぞれ公益に対する"心の火種"はもっている。それがいろんな場面に出会ったときに心の中

の火種が炎として燃え上がり、日常生活での小さな親切、思いやりの行動につながったり、東日本大震災のような大災害の場面では心の中の火種が集まり組織的な大きな活動に燃え上がったりするのではないだろうか。

　筆者にとっては今回の活動は個人の自発的な意思から出発して組織的に公益に関わる初めての経験であった。この活動を通じて筆者の公益活動に対する心の中の火種が一回り大きくなった気がしてならない。また、公益を意識せずにこうした活動に自然に取り組めるようになることが自らの今後の課題かも知れない。

（青木和博）

参考文献
小松隆二「公益学のすすめ」慶應義塾大学出版会、2000年。
小松隆二「公益に対する企業・経営者の位置と責任―戦前と戦後の変遷―」現代公益学会編『東日本大震災後の公益をめぐる企業・経営者の責任』（公益叢書第四輯第1章）文眞堂、2016年。
復興庁ホームページ「専門家派遣集中支援事業」。

第 8 章

濱口梧陵と公益

―「稲むらの火」説話にみる防災の精神―

はじめに

　2015 年 12 月 22 日、第 70 回国連総会本会議において日本を含む 142 ヶ国が共同提案した――11 月 5 日を「世界津波の日」と定める決議――が全会一致で採択された。

　外務省のホームページによると、この決議は第 3 回国連防災世界会議及び持続可能な開発のための 2030 のアジェンダのフォローアップとして提案されたものとされている。

　これに先立つ 2011 年 6 月の日本、未だ東日本大震災の混乱の渦中にある第 117 回通常国会において、津波対策の総合的な推進を目的とした「津波対策の推進に関する法律」が制定され、11 月 5 日を「津波防災の日」とすることが定められた。内閣府によると、11 月 5 日は、今から 160 年前の嘉永 7 年 11 月 5 日に発生した安政南海地震で紀州藩広村（現在の和歌山県広川町）を津波が襲った時、村の庄屋の濱口梧陵が稲むら（取り入れが終わった稲わらを屋外に積み重ねたもの）に火をつけて、村人を安全な場所に誘導したという実話にちなみ、つくられた物語を「稲むらの火」と説明し、この日を「津波防災の日」とする理由とした。

　当初、東日本大震災の甚大なる被害に立ちすくむ多くの国民にとって「稲むらの火」という民話的な来歴と理由に唐突な感じを持ち、未曽有の津波被害の発生した東日本大震災の 3 月 11 日こそ「津波防災の日」に充てるべきではないかという意見がメディア等にも散見された。しかしその 4 年後、11 月 5 日は「世界津波の日」として国連総会で採択され、世界が認める「津波防災の

日」となったのである。

　私は「稲むらの火」説話のモデルである濱口梧陵が五代前に店主を務めたヤマサ醤油株式会社に永く勤務し、梧陵の事績に触れる機会を持った。本稿において、濱口梧陵という「公益の精神」を持った実業家の人となりと安政南海地震における体験を紹介し、梧陵の「公益」の思想と行動を明らかにすることにより、現代の「地域」が求める「公益」の精神について防災という観点から愚考を試みたい。

1. 濱口梧陵の生きた時代

(1) 梧陵の生い立ち

　濱口梧陵は文政3年（1820年）、紀州広村にてヤマサ醤油五代目店主濱口灌圃の次男察の長男として生を受け、伯父の六代目保平に後継が授からないことにより六代目の養子となり七代目を引き継いだ。

　濱口家の家業である醤油醸造は、鎌倉時代に入宋し修行の後、帰国した禅僧覚心が開祖となった広村近隣の由良興国寺において、宋で学んできた径山寺みそを作る過程で桶の底に溜まった液汁の美味さに驚き、醤油の製造が始まったといわれている。広村の隣町の湯浅に醤油を製造する農家や商人が集まり、室町時代後期より近畿瀬戸内方面へ商品として醤油が流通し始める。一方広の村人の一部は狭小な村を拠点としながら、先進技術をもった漁業や関連の資材の販売を稼業として、瀬戸内、九州、五島、房総へと進出していった。特に房総半島には紀州人の進出が多く、紀伊半島と同じ地名が房総に多いことはよく知られている。濱口家は17世紀の中葉より醤油醸造の技術者を伴い下総の銚子に進出し醤油の製造を開始した。房総台地で原料を調達し、醤油醸造に適した温暖湿潤な風土にも恵まれ、安定的な醤油の生産が可能となり、物流的には利根川流域を利用し、幕府開府により大消費地になった江戸へ出荷した。18世紀にはいると銚子には10軒程の醤油屋で同業者組合を作るほどになっている。

　紀州に限らず、西国から江戸へ進出した豪商の主人たちは、出身の本拠地と関東の店を往復することを常としており、梧陵も同様に、広村においては庄屋として村の行政を担い、銚子の店は支配人に細部は任せるとしても、経営の責

任者として店を統治する立場にもあった。江戸時代にあって醬油醸造業はマニュファクチャーとして他の業種にない大規模な工場生産を行っており、醸造工程全体を管理する杜氏頭、その配下の若衆頭、蔵人、原料・資材の調達や在庫管理の係、包装容器の樽職人など多くの使用人を抱えていた。更に醬油は原料を投入して製品となるまで約10か月近くを要し、売れ行きを見込んだ製造計画も店主の判断が必要だった。店主は商品の仕入・販売の商人というより、江戸時代としては稀有な大規模製造業の経営者として市場経済を前提とした店の経営と多数の使用人とその家族の生活に大きな責任を持っていたわけである。

(2) 梧陵の青年時代

梧陵が所帯をもち、七代目として紀州と江戸・銚子を往復し始める時代は、嘉永・安政年間の江戸末期であり、日本近代の夜明け前の時代であった。

銚子と江戸に製造・営業拠点を構える梧陵は、動乱の気配漂う江戸において、佐久間象山の塾に出入りし、同塾の勝海舟の知遇をえる。海舟の晩年の談話集の「氷川清話」に貧乏旗本時代を振り返った「後援者渋田利右衛門」の稿に「日本橋の濱口」として登場するのが梧陵で、「ひとつの人物」として一目置かれ付き合いが始まったことが書かれている。見逃せないのが、この時代の江戸きっての蘭学の師であった佐久間象山が、砲術学や兵学、地震予知学や種痘などの西洋医学などを講義しており、その謦咳に触れた梧陵のその後の人生に大きな指針を与えたことである。

そして実は、幕藩体制が大きく軋み始めたこの幕末の約30年間に、日本各地で大災害が集中的に発生している。特に、嘉永7年（1854年）6月15日の伊賀上野地震死者約1,800人、続いて同年11月4日の安政東海地震・津波の死者2〜3千人、翌日11月5日の安政南海地震・津波、死者約数千人、翌年安政2年10月の安政江戸地震・江戸大火（1855年）死者約1万人。この2年間で四つの大地震・大津波・大火が発生し、江戸、関西、東海等の都市民衆の不安をいやが上にも高めたのであった。あまりの災害続きに、幕府は、嘉永7年11月27日をもって嘉永を安政に改元し、世の不安心理を払拭しようと試みたのである。

(3) 大震災までの梧陵

後に勝海舟が梧陵の没後、建立された濱口梧陵碑（明治 26 年 4 月）に次のような文を寄せている。

「(前略) 人となりは度量が広く聡明、多くの書物を読み、徂徠学を好んだ。若くして大志を抱き、広く国内の有名な学識者と交流し、国内外の情勢について多くの意見を持っていた。幕府が鎖国を解いたとき、君は、現在の急務は外交にある、外交の要点は徳と威力をもって外国と接することで、それが出来なければ、戦いをして、その後和解することが一番だと語ったという。かつて知り合いの役人に就いて、海外へ渡航し海外情勢を見たいと謀ったことがある。皆の賛同と助けを得たものの幕府内の論議が伸びて、その志は果たされず、君は憤り嘆いて故郷に帰り、故郷の若者たちの教育に従事した。(後略)」[1]

かくして、梧陵は嘉永 4 年（1851 年）海外への渡航叶わず帰省し、江戸で学び育んできた思念に従い、広村に「崇義団」なる民兵組織を結成し、村内の壮丁を集め国防のための軍事教練を開始した。更に翌年、村内の有力者と図り、青年子弟を結集し文武の学習の場として「稽古場」、後の「耐久社」を設立した。梧陵の教育者的情熱は生涯変わることなく、この耐久社は現在の町立耐久中学校、県立耐久高等学校に引き継がれている。

2. 安政南海大地震・大津波襲来

(1) 安政東海・南海地震とは

内閣府に設置されている「中央防災会議」の「災害教訓の継承に関する専門調査会」が 2005 年 3 月に発表した「1854　安政東海地震・安政南海地震報告書」の冒頭に次のように記されている。「江戸時代の幕末期にあたる嘉永 7 年 11 月 4 日の午前 9 時頃に紀伊半島東南部の熊野沖、駿河湾内に至る広い海域を震源として起きた安政東海地震と、その約 31 時間後の翌 11 月 5 日の午後 4 時頃に紀伊水道から四国にかけての南方海域を震源として起きた安政南海地震とは、ともに南から北上してくるフィリピン海プレートが、日本列島の西半分をのせるユーラシアプレートの下に沈む場所で起きたプレート境界型の巨大地

震である。」[2]

(2) 広村被災の記録

　たまたま広村に帰省していた梧陵（当年35歳）は、生涯最大の試練に遭遇することになる。梧陵は、被災直後に書いたと思われる「手記」と、藩主へ提出した「内存奉申上口上」（堤防建設許可願い）、そして安政5年11月の堤防工事竣工後に震災を振り返り執筆した「海面王大土堤新築原由」の三つの文書を残している。又公文書として有田郡の代官が紀州候へ提出した報告「具状書」がある。これらの文書の引用を織り交ぜ、11月4日以降の広村の被災状況と梧陵の判断と行動を以下に略述したい[3]。

① 広村の被災状況 「手記」より

　古老の伝承によれば、この地は湯浅湾の最深部にあるため古来より津波の被害を何度も受けており、天正年間の津波では1,700戸余り民家のうち4割が流失し、その130年後の宝永4年（1707年）には、津波で民家の大多数が流され300人が溺死、濱口の本宅も家屋が流され財産を失った。以後、村は衰微を続けこの時代にはわずか400戸足らずになっていた。

　11月4日《午前10時頃に強い揺れがあり、収まってから海の様子を観察し、尋常ではない波模様なので、全村に警告を出し、老人子供は広八幡境内に避難させた。その後は揺れも弱まり、夜になりいつもの状態になった。》

　11月5日《前日の強震も収まりこのまま平穏になるとの安堵の喜びが村内に広がりつつあったが、井戸の水位が異常に低下しているとの報告もあり、警戒していると、午後4時頃、強震があった。「・・其の激烈なる事前日の比に非ず。瓦飛び、壁崩れ、塀倒れ、塵烟空を蓋う。遥かに西南の天を望めば黒白の妖雲片々たるの間、金光を吐き、恰も異類の者飛行するかと疑わる・・」即時に決断し、逃げるよう壮者を励まし走ったが、広川は激浪遡り人家が崩れ流され、自身も瞬く間に潮流に半身没す。浮き沈みしながらも辛うじて丘陵に漂着。村内の社寺に避難し家族を探し集う老若男女1,400人余、混乱の極みである。「我助かりて茲にあり、衆みな鷹に心を安んずべし」と連呼した。不明者探索のため壮者十余人と松明を持ち海辺に向かう。しかし、「流材道を塞ぎ、歩行自由ならず。従って従者に退去を命じ、路傍の稲

第 8 章　濱口梧陵と公益

むらに火を放たしむるもの十余、以て漂流者に其身を寄せ安全を得るの地を表示す、此の計空しからず、之により萬死に一生を得たもの少なからず（後に 9 名と記載）。斯くて一本松に引取りし頃轟然として激浪来り、前に火を点ぜし稲むら浪に漂い流るるの状観る者をして転た天災の恐るべきを観ぜしむ・・」真夜中隣村の村役を尋ね、米 50 石を借り受けて翌日の準備をした。》

　11 月 6 − 8 日《風静かにして日暖かと雖も村内家屋大半倒壊、漁船はみな転覆している。強い余震続く。避難所で施米炊き出しを指揮し、避難所のみでは雨露をしのげず仮設小屋の建設を決める。藩の役人来村、援助米の願書提出。高地に非常番を置く。民心怯懦、寡欲にて天災を歎ずるのみ。諸事対策村内東奔西走。余震継続・津波再来の流言もあり村内混乱が続く。家財の大半が流失し僅かの貯えも消え、仕事もなく村民の間で離村の気持ちが強くなる。一方、余震は次第に収まる。村役人招集し仮役所設置。玄米 200 俵供出、これを契機に村内外の有力者より米や銭の寄贈の申し出あり。》

　被害の概略
《 i　家屋流出　125 軒　ⅱ　家屋全壊　10 軒　ⅲ　家屋半壊　46 軒
　ⅳ　汐込大小破損の家屋　158 軒　合計 339 軒　ⅴ　流死人　30 人》

② 　大防波堤築造　「内存奉申上口上」より
　梧陵は復旧のための諸事に努めるが村人離村の気配に鑑み、村再生のため本格的な堤防を工事費用は自ら負担し築造する旨、口頭で藩に願い出てその後口上書を上申する。

《・・去る 11 月 5 日の凶変に出会い候て、銘々産業を失い、みな途方に暮れ罷在り候に付、彼是利害申諭し人気励まし候得ども、何分恐怖のあまり、今に於いて聊かの地震風雨にも家財持運び、高見に逃れ候。支度外余念これ無き、破損繕家業の営も手に付申さず候而のみならず、人情自然に土地を厭い・・・他處稼ぎに立退き、弱人迄も離散仕り候様成り行き候ては、元より人少の難村忽ち退転仕り、一村の人別路頭に迷い、誠に不容易仕儀と奉り候に付、先達口達を以て願い上げ奉り候の浪除内土手、高さ二間半、長さ凡そ五百余間造築奉蒙御免許候。右工費は恐ながら私如何様にも勘弁仕り、己来萬一洪浪御座候ても人命は勿論、田宅器財恙無く凌ぎ候、見留の主法相立候

上にて人心安堵為致、追々村益に相成候愚考奉伺上、難村興復の御仁慮成戴度奉存候。・・》

③　震災を振り返る　「海面王土堤新築原由」より

堤防築造の決意に至る心境と竣工後の自負を述べる。

《・・（被災後は）流民に食を与え賃を給し、漂散せる浸潰の遺物を収拾し、破屋の流材を整理し、道路を通じ仮屋を作る等、災後百般の庶政に従事し、脱栗の飯、残畝の菜、衆と共に生命を繋ぐも、風雪漂冽の候、荒涼凄切の景に起臥せる数旬、艱苦を回想し来れば今尚愴然食に対して味なく、座して席の暖ならざるを覚ゆ。是れ此の築造の工を起こして住民百世の安堵を図る所以なり。此に於て往昔の口碑を参照し、当時被災の実況に就き潮汐の度を量り、海に面して高度二間五分（約4.5m）、鋪地平均十一間（約20m）、延長三百七十間（約670m）許の土手堤新築の工をはじむ。実に安政二年春卯月二月なり。災余の流民を賃使して日々食に就くもの四百余人、夏に向うて人心やや鎮安に赴き、各人自営に就くの思念を復し、その後春耕秋収の農隙を選び断続に修工し、全く竣工せるは同五年冬十二月とす。而して外面堤脚に松樹を栽うる数千株、堤内堤上に櫨樹（ハゼの木）を栽うる数百株・・すでに今日長堤蜿蜒松櫨鬱蒼の観を呈し、其の形既に完にして固なり。仮令百年の後災あるも、正面怒撃に当るの力十分余りあるは保して証すべきなり。・・》

④　代官の報告書　「具状書」より

順序は前後するが、堤防工事を始めて2年の後、有田郡の代官が藩主に提出した報告書。既述の部分と重複するが梧陵の活動部分を、原文を交え口語訳にて以下に略述する。

《・・　広村は田畑への租税が重く、困窮するもの多く、近年衰微していた。濱口儀兵衛（梧陵）は代々下総銚子にて醤油業を営み次第に繁盛し身上宜敷くなっていたが、生活は質素で篤実なる上、慈悲深く、漁民等の困窮に対し様々な援助を予てより行った。先の津波により広村は人家流失、死亡者多数田地漁具流失。その津波の節は「夕方にて老若周章候處、梧陵村役人下人四五人連れ、逃場所指図致し、頓智を以て道端に積有之藁五か所程へ為付燃え立て候、多人数の者を同村氏神八幡宮社内並に寶蔵寺等へ為立退、猶

溺死なすべきをも梧陵働きにて命助けたもの多数の由」その後、村の内外の有力者に掛合い米や銭を給合し、握飯をだした。又、被災者の生業を復活するため、近隣の鍛治屋に鍬や鎌を多く作らせ農民に配った。現在進めている防波堤の工事は三割程度完成した。竣工迄必要な人員は延べ六万人、困窮している老若男女を問わず、土砂を運搬し、毎日四〜五百人が出労し見合った賃金が給されたので、村民は皆潤った由。また住宅困窮者に五十軒程立て直し無料にて貸し与えた。これまでに銀子凡そ四千六百六十両程出費した模様だが、梧陵自身が表沙汰にしないようにと指示しているので、全体の額は不明である。・・梧陵の此れらの所業に対し、村内の上下より梧陵を神仏のように尊敬し、愚かなる者共梧陵を濱口大明神と崇め社を建てるため材木の手当てまでしていたところ、決してそのようなことしてくれるな、村人数も減り唯昔の広村に復したいのみ、このこと御上にしれたら恐れ多き事、世話も致すまじくと事を分け申したため皆々得心した由。》

この具状書が和歌山藩に達すると君侯は其の善行に対し獨禮格を賜った。獨禮格とは藩主に単独で拝謁できる処遇で、破格の恩典であるという。

3. 堤防建設の精神

(1) 江戸時代の災害と「公儀」

江戸時代は、地震、津波、火山噴火、飢饉、大火等の大災害が多発する時代であった。260年の幕藩体制の中で、被災民の救済と復旧の仕組みが暫時構築されてきた。「公儀」機能が期待され「国役普請」や「大名普請」という救恤的救済復興対策がそれである。しかし、幕末に至り対外的交渉と国内政治の混乱に手を取られ、災害への「公儀」としての公共的対処能力が低下した。そこで地域の有力者としての階層、庄屋、地主、豪商等に対して「公儀」にかわる公共性が求められてくる時代状況があった[4]。

(2) 梧陵の目指した「村益」という公益

広村は津波により壊滅的な被害を受けた。前日の強震により多くの老幼婦女が神社境内に避難し、併せて梧陵の「頓智」により稲むらに火を点じ逃げ道の

道標としたこともあって、流死人は30人に留まったが、三割以上の家屋が流失、その他大半が全半壊した。そして、村人の心は、「恐怖のあまり、聊かの地震風雨にも家財持運び、高見に逃れ、家の修繕、家業の営も手に付かず、人情自然に土地を厭い、他處へ稼ぎに立退き、弱人迄も離散」、復興の目途は全くつかない。梧陵も潮流に半身を没し辛うじて死から逃れ得たのである。梧陵も恐怖に怯える村人の一人である。しかも家業の拠点はすでに広村にはない。だがしかし広村は梧陵にとって離村など思いもよらぬ、先祖累代と自身の存在を形作るかけがえのない地域共同体であった。

　梧陵は沈思した。村人の「恐怖」は未来に対する恐怖である。未来が恐ろしいから離村する。しかし未来の不安を無くすためには、今現在を維持しながら、未来を変える手を打たなければならない。そして「御上」は救米の下付が精一杯なのだ。「流民に食を与え、賃を給し、漂散せる浸漬の遺物を収拾し、破屋の流材を整理し、道路を通じ仮屋を作る等、災後百般の庶政に従事」しても未来の不安を除くことは出来ない。将来の不安を消すためには津波の被害を受けない村にするしかない。

　「浪除内土手、高さ二間半、長さ凡そ五百余間造築」し更に「工費は恐ながら私如何様にも勘弁仕り」というプランが梧陵の脳内に閃いた経緯は誰にもわからない。津波に強い村ということであれば、高台に家屋や田畑を移転するという選択肢もあるだろう。しかし、梧陵の選択は津波の恐怖と不安に対し、堤防築造という直球勝負である。決壊した河川を修復するとか、崩落した橋脚を再建するという受け身の意識とは質的に違う他に類例を見ない自然への挑戦的な精神のなせる決断である。そして「災余の流民を賃使して日々食に就くもの四百余人」とし現在の生活を維持潤し、「浪除内土手」により「住民百世の安堵を図」り、未来の恐怖を消し去し去ろうというのである。「萬一洪浪御座候ても人命は勿論、田宅器財恙無く凌ぎ、人心安堵、追々村益に相成候愚考奉伺上」と決意表明した。この「追々村益に相成候」こそ梧陵の決断の核心であろう。そして、年が明け早くも2月より工事を開始する。「人心はやや鎮安に赴き、各人自営に就くの思念を復し」村人の離散を留めたのである。「御上」の力に頼らず、自らの資力で、村人自身の労働により、巨大な自然改造に挑む一庄屋の決断は、独自の自立した精神によるものである。伝統と土着の野から生

まれた自主と独立の精神である。これこそは自立した地域共同体「村」とそれを支え守る「村益」という公益思想の誕生である。

なお、この堤防完成から86年後の昭和19年昭和東南海地震により伊豆から紀伊にかけて津波が発生（死者行方不明者1,223人）したが、広村堤防は役目を完遂した。その2年後の昭和21年、昭和南海地震により、中部地方から九州地方にかけ津波発生（死者行方不明者1,443人）。広村は堤防により中心地はほぼ守られている。ただ堤防のない地区で22名の死者を出した。

4.「稲むらの火」とラフカディオ・ハーン

(1) 梧陵にとっての「稲むらの火」

「稲むらの火」について記録として残っているのはまず梧陵の「手記」で、「萬死に一生を得たもの少なからず」とある。次に有田代官の「具状書」で「頓智を以て道端に積有之藁五か所程へ為付燃え立て候て・・梧陵働きにて命助けたもの多数の由」と述べており、村内では大きな話題となっていたことがわかる。この藩侯に提出された公文書により梧陵の「頓智」の情報が村外に伝わったと想像される。しかしこの後の梧陵の書「海面王土堤新築原由」では救命された人間は9名と実数が記載されており、梧陵自身はこの話を大げさな美談としたくないという意思のあったことが推測される。

(2)「A LIVING GOD」の誕生

ラフカディオ・ハーンというギリシャ生まれの西欧人が来日しなければ濱口梧陵は紀州の一偉人として地域の人々の尊敬を受け続けるのみに留まったかもしれない。

ラフカディオ・ハーンは梧陵がニューヨークで客死した明治18年（1885年）の5年後に来日し、島根県松江尋常中学校ならびに師範学校の英語の教師として赴任した。後に士族の娘小泉せつと結婚し、熊本大学、東京帝国大学の講師へ転ずる。「A LIVING GOD」を発表する前年に日本に帰化し、小泉八雲を名乗る。アメリカですでに作家としての筆名を上げており、欧州でも知られる存在であった。来日してからも旺盛な作家活動をしているが、英語の執筆

であり全て欧米の読者に向けた創作活動であった。
　「A LIVING GOD」は来日四作目の作品集「仏の畑の落穂」の冒頭に収められている。主人公の名前を、紀州有田郡の浜口五兵衛とし、昔話の設定で、稲むらに点火し海辺の大勢の村民を津波から救うというストーリーである。執筆の動機は作品中にある通り、明治29年（1896年）6月15日、岩手県三陸地方で約2万2千人の死者行方不明者を出した明治三陸地震の発生である。死者の多くは津波によるもので、津波を知らぬハーンは大きな衝撃を受けた。さらに6月19日付の「時事新報」の津波特集に以下の関連記事がある。
　「・・又紀州に起こりし海嘯（により）・・・当時有田郡の住民は夜中の事ゆえ逃道に迷いたるを土地の豪農濱口儀兵衛（梧陵）氏は早くも気転を利かして後ろの山に積みありし稲むらに火を付けさせたれば全村之を目あてに駆け出して生命助かりとぞ。濱口氏は之が為め生命ある内より神に祭られ濱口大明神と崇敬されしといふ。」
　他紙にも関連記事として梧陵の話が掲載されているが、「濱口大明神」に触れているのは「時事新報」一紙である。ハーンは、生神によって大津波から多くの命が救済されたという「時事新報」の記事に大きな感銘を受けたのである[5]。
　尚、この記事から、震災後約40年を経過し梧陵の「稲むらの火」の逸話が中央でも語り継がれ、物語として独り歩きし始めていることがうかがえる。

(3) 小説「A LIVING GOD」の内容
　この短編は最後のコメントを除くと三区分できる。
① 神社と霊
　日本の神社の社には何千年もの間、多くの死者の霊が住んでおり、大勢の日本人に礼拝されてきた。このことは西欧人には理解できないが、昔の日本の小さな村では存命中から神と崇められ一地域の神となる人物がいた。これから述べる遠い昔の濱口五兵衛は神に祭られる価値のある男だった。
② 村の法
　昔の日本の村では様々な慣習法が守られていた。世事百般のこと、村内外の争いを治めてきた。災害危難の場合の相互扶助は村人の一番大きな義務であ

③　五兵衛のはなし

　五兵衛は老人であった。彼は村長を務めたこともあり、村民から信望と尊敬を受けていた。五兵衛の家は入江を見下ろす高台にあり、村人の家は海辺に沿って拡がっていた。秋の取入れが終わり、村の百姓たちは豊作の祝いで神社の境内で祭りに興じていた。その時、ゆっくりぐらりとする地震が起こった。暫くして地震がやんだ時、海に目を転じた五兵衛は驚いた。海が沖へ引いていき、黒い岩底が見えてきた。大きな津波が来ると覚悟した五兵衛は決断する。孫に命じ松明に火をつけ、それで五兵衛の全財産の稲塚に火を点じた。その火を見て山寺の小僧が釣鐘をつき始めた。村人は驚き高台の五兵衛の家を目指して上り始めた。女も娘も年寄りもみんな登ってきた。五兵衛の家が火事になったと駆けつけてきたのだ。村の全員が登りきった時、老人は海を指し、津波が来たと叫んだ。巨大な波が海辺の家々を飲み込み、全てを流し去った。

　村人は一斉に五兵衛の前に土下座した。老人は全財産を燃やし村人を救った。彼は言った、わしの家は残った、あそこには大勢はいれる部屋もある。山寺もある、そこで一時をしのごう。村人はどっと歓声を上げた。

　村人はこれ以来、老人の心魂は神と信じた。「濱口大明神」と呼び社を建て敬った。老人は質素な生活を続け、暫く後没したが、村人は五兵衛を神として拝し続けたのである。

(4)　ラフカディオ・ハーンの思想性

　取り入れたばかりの稲という財産を全て燃やし、村人をみな高台に導き救済する、そしてその後の津波の壮絶な描写。これらの鮮烈なドラマ性は、五兵衛に生きたまま神格を与えるための構成である。この題材に対しハーン自身は次のような読み込みをしている。「実際に起こった事件に付帯する、感動的でもあり、英雄的でもある、壮麗でもある何かの挿話‥今日の日本人の性格の中にある美しい気高い側面を教示するに足る諸事実であります。」[6)]

　キリスト教文明を脱し、西欧からアメリカを経て日本にたどり着いたラフカディオ・ハーンについて、哲学者西田幾多郎は次のように評している。「ヘルン氏は万象の背後に心霊の活動を見るという様な一種深い神秘思想を抱いた文

学者であった。かれは我々の単純なる感覚や感情の奥に過去幾千年来の生の脈拍を感じたのみならず、肉体的表現の一々の上にも先祖以来幾世の霊の活動を見た・・氏は好んで幽霊譚を書いた。しかしそれは単純な譚として感興をもったのではなく、上述の如き幽遠深奥な背景の上に立つ所に興味を持ったのである。氏は此の如き見方を以て、我が国の文化や種々の昔話を見た、而してそこに日本人自身すら嘗て知らない深い魂を見出したのである。」[7]

(5) 小学国語読本「稲むらの火」の誕生

「稲むらの火」は、梧陵の創設した耐久中学校から和歌山師範学校を経て、県内の尋常小学校の教師になった中井常蔵が、昭和9年文部省による第四期国定教科書の国語の教材募集に応募し、採用された作品である。中井は師範に在学中、英語教材として小泉八雲の「A LIVING GOD」に出会い深い感銘を受けたという。中井は後に次のように当時を回想している。

「・・そうだ八雲の"生神様"だ！ 五兵衛の心を子供達に植えつけようと決意して原文を和訳し子供向きにと書上げたのがこの"稲むらの火"として採用の歓びを得さして戴いたものです・・」[8]

地元出身の中井は、広の村人が梧陵を「濱口大明神」と拝したのは、梧陵が稲むらに火をつけて村人を導いたからだけではなく、多くの救済活動、とりわけ堤防の築造への感謝と畏敬の念によるものであることを熟知していた。そして梧陵がそれを固辞していたことも知っていた。従って、「稲むらの火」を著述する際、五兵衛の生神の部分は削除し、原作に鮮やかに描かれた津波からの救済のドラマをそのまま採用し、それを際立たせるため堤防建設のような被災後の場面は一切触れなかった。むしろこのドラマに梧陵の偉人性がより鮮明にかつ象徴的に描かれていると確信したのである。大きな自然災害を前にした五兵衛すなわち梧陵の決断と実践は、子供たちに、人間の生命と地域社会を守る明解なイメージを伝えるドラマとして日本で再生したともいえる。こうして中井常蔵作「稲むらの火」は昭和12年から21年の10年間、第四期国定教科書教材として学習された。

「これは、ただ事ではない。」で始まるこの教材が、その時代に学んだ子供たちにいかに鮮明な印象を与え記憶されたていたかということが判明するのは、

戦後彼らが成人となり、幾多の津波災害の発生により多くの子供たちが犠牲になり、痛恨の無念を余儀なくされた時であった。

5.「稲むらの火」からの教訓

(1)「稲むらの火」と防災教育

　寺田寅彦の名言を今更持ち出すまでもなく「災害は忘れたころにやってくる」。その地域にとって、特に津波災害の多くは数十年後、2世代3世代の間が空いたところで大災害が発生する。災害が忘れられれば、教訓も忘れられる。

　小泉八雲の短編をもとに人間としての尊厳を教示すべく中井常蔵によって書かれた「稲むらの火」は、関東大震災を予言した地震学者今村明恒（東京帝国大学教授）によって防災面での価値をいち早く見出され、その後、防災に携わる研究者や行政担当者、小学校教師等により津波防災の格好の教材として注目されるようになった。

　この時代は関東大震災（大正12年/1923年）の記憶も未だ新しく、今村は昭和15年に「「稲むらの火」の教え方について」という教員手引書を書き、震災予防評議会発行の小冊子として全国の小学校に配布した。そこで、物語と実話を比べ、史実をもとに物語を解説。広村における安政大地震と津波の状況、梧陵の堤防建設の行動などを照らし合わせ、「教え方のいかんによっては児童をして終生忘れ難い感銘を覚えしめることも不可能ではあるまい」と記している。

　既述の「1854　安政東海地震・安政南海地震報告書」第三節「紀伊国広村について」では、「稲むらの火」を教える際の注意点として、「稲むらの火」では津波の前に潮が引き、海底が現れる光景が描写されているが、潮が引かず急に津波が襲うこともあること、大きな地震を感じたら常に津波が来ると考え迅速に高所に避難する必要がある。そして、字数にして、わずか約1,400字の物語が、今日まで語り継がれてきた理由は、話の内容と表現の巧みさにあるが、この物語には下記のような災害緊急時における貴重な教訓が随所に詰まっているからとも指摘している。

① 年長者(リーダー)の判断の重要性、② 人命の尊重、③ とっさの判断力、④ 若者の体力、⑤ 冷静な判断力、⑥ 互助精神、⑦ 地域防災の原点としての郷土や住民への献身的・犠牲的な愛情、⑧ 住民の連帯意識、⑨ 将来を見据えた復興対策

加えて、物語に出てくる「稲むら」の価値が現代の児童にはなかなか理解できないので、丁寧な説明が必要であるとも付言している[9]。

教科書教材としては、期しくも2011年に65年ぶりに「稲むらの火」の復活が漸く果たされたのである。(小学校4年国語教科書　河田惠昭著『百年後のふるさとを守る』光村図書出版)

(2) 「稲むらの火」が世界へ

驚くべきことに、日本の教材とは別に、ハーンの「A LIVING GOD」そのものを出典とする「稲むらの火」が、教科書や児童書に1960年代から、アメリカ、フランス、インド、台湾等で掲載されるようになった。「稲むらの火」という教材は国や民族を時間をも超えて共感を得る物語として世界各国へ広まったのである。世界中に中井常蔵先生がいたのだ[10]。

しかし、2004年のスマトラ沖地震と2011年の東日本大震災は、共に世界を震撼させた。東日本大震災の巨大津波による死者行方不明者の多くは避難の遅れによる悲劇である。世界中で津波に対する防災教育の重要性が痛恨の念と共に改めて確認された。

現在、日本政府は国連の「持続可能な開発のための2030のアジェンダ」の採択をふまえ、保健、教育などと共に防災を外交理念の基軸の一つとし、「国連防災世界会議」等の日本開催をすすめている。この防災の具体的な政策はインフラ投資も係わりハードの面に関心が向きやすい。しかし「稲むらの火」には、「鎮魂」や社会政策の「防災」を超えた被災地を守り復旧させる思想と具体的な教訓が充填されている。この《人間の知恵をもってすれば大津波にも勝てる》という明快なメッセージこそが、11月5日をして「世界津波の日」を国連総会が採択した真の理由である。

更に、2016年には国土交通省所管により、津波・高潮等に対する防災・減災に関して顕著な功績を挙げた国内外の個人団体を表彰する「濱口梧陵国際

賞」(国土交通大臣賞)が創設された。「11月5日が2015年の国連総会において「世界津波の日」として制定されたことを受け、沿岸防災技術に係る国内外の啓発及び普及促進を図る目的により創設された」としている。

「お役に立てるのなら如何様にでも‥」との梧陵翁の声が聞こえるようである。かくして、梧陵が「内存奉申上口上」で述べた「村益」が世界の「公益」になったのである。梧陵の行動から読み取れる思想の深さに魅了された多くの人々が、「稲むらの火」説話の教訓を世界に広める運動を担ってきた。地元の広川町や和歌山県を超えて国内外の各界各層の人々がこの隊列に加わったのである。

6. おわりに―濱口梧陵と公益

梧陵の被災に対する果敢なる公益的な決断と行動には三つの背景があると思う。一つは広村という梧陵にとって絶対に守らなければならぬ地域共同体の存在である。それは家族と祖先と村人からなる梧陵の心身を構成する絶対空間である。もう一つは、彼の知的な根幹を作ってきた儒学思想、とりわけ徂徠学を挙げなければならない。幕府の公的イデオロギーである儒学はどの学派にあっても士農工商の身分の維持と士の「徳」による民の統治を基本としている。幕末という公儀の力の減衰した時代と社会が、豪農や豪商が公儀に代わって、世の公を「徳」を以て支えることを要求したのである。梧陵は文章家ではないが、次のような言辞を残している。「学問の要は安民にあり。安民の本は修身にあり。先ず五倫を明にし道芸を学び、大雅の風を存すべし。」[11]、あるいは「人たる者の本文は眼前にあらずして永遠にあり。自ら労苦して得る富をも独有すべきにあらず。」[12] 梧陵は荻生徂徠に私淑し、その主著「弁道」と「弁名」を座右の銘にしていた。そしてもう一つは濱口梧陵が当代きっての実業家の一人であったことである。その家業はすでに二百年近い歴史を有し、それを後継したのである。醤油造りという地味で伝統的な事業から生み出される富の価値と意味を深く考え抜いている人物であった。「富」は「労苦」によって生まれるが、「独有」すべきではない。それは先祖と蔵人と村人の「労苦」によるもので、「民を安んずる」ためにある。梧陵にとって私益は公益のためのもので

あった。

　濱口梧陵は、家業経営の経験から学んだ哲学をもって、徂徠学を基礎に蘭学や文明開化にも目を開き、広村の再建復興に加え、教育、医療の分野での公益的活動を展開する。その後、紀州藩に於ける盛名により、乞われて藩・県政改革（和歌山県大参事他）や国政（駅逓頭—初代郵政大臣）への任となったが、官位や権力に拘る気配は一切なかった。

　後の明治を代表する実業家渋沢栄一は「私益」を生み出す重要な組織を多く設立して、近代日本の発展に多大な貢献をしたが、晩年の著作で「道徳経済合一説」を表明し、その「公益」思想の原点を孔子の論語とした。幕末から明治期の「文明開化」を推進する精神の中には、儒学の倫理公益面での影響が大きくあったことを改めて評価する必要がある[13]。しかし、梧陵や渋沢の時代には、「村」から「国」に至るまでの確固とした共同体があった。「民を安んずる」という儒学的公益精神は、徳を以て統治されるべき共同体の存在を前提にしたものである。

　現代は、医療、教育、防災の主役を、国や地方自治体に引き渡す一方、共同体は空無化し、多くの地域で大勢のバラバラの個人が孤立し漂っている。同時に、恐るべき高齢化と貧困と病苦の大津波が襲来している。地域に生きる民を安んずるため、新しい公益的精神に基づく「堤防」の建設が待ち望まれる。

　徂徠は「弁名−礼・第一則」に述べている、「けだし先王は言語を以て人を教うるに足らざるを知るや、故に礼楽を作りて以てこれを教うる」と。我々は梧陵の残した事跡から多くを学び取ることが出来るのではないだろうか。

　　　　　　　　　　　　　　　　　　　　　　　　　（仁茂田恭一郎）

注
1）　広川町教育委員会『濱口梧陵伝』、2015年。
2）9）　「1854 安政東海地震・南海地震報告書」中央防災会議「災害教訓の継承に関する専門委員会」2005年3月。
3）11）　杉村廣太郎編纂『濱口梧陵伝』1920年。（本稿の記載内容の基本資料は本書による。）
4）　倉地克直『江戸の災害史』中公新書、2016年5月。
5）6）　白岩昌和「「稲むらの火」由来記」『月刊地理』古今書院、2013年12月。
7）　平川祐弘編『小泉八雲　光は東方より』（解説　鏡の中の母）講談社学芸文庫、1999年。
8）　中井常蔵 "稲むらの火"の思い出」『人と国土』（国土庁広報誌）1986年11月号。
10）　府川源一郎『稲むらの火の文化史』久山社、1999年1月。

12) 川崎巳三郎『関寛斎』新日本出版、1980 年 9 月。
13) 境新一「渋沢栄一と公利公益の哲学」公益研究センター編『東日本大震災後の公益法人・NPO・公益学』(公益叢書第一輯) 2013 年 7 月。

参考文献
河田惠昭『津波災害』岩波新書、2010 年 12 月。
倉地克直『江戸の災害史』中公新書、2016 年 5 月。
戸石四郎『津波とたたかった人』新日本出版、2005 年 8 月。
濱口梧陵記念館・津波防災教育センター『濱口梧陵と稲むらの火―百世の安堵を図れ』和歌山県有田郡広川町広 671。
広川町教育委員会『濱口梧陵伝』2015 年。

第9章

未成年者の法律違反についての社会と公益

はじめに

　本稿では、日本において法律違反を犯してしまった時になされている社会システムについて公益と言う観点から考えたい。公益研究センター編『公益叢書第一輯』の序章において、小松隆二は、公益について、「自分や身内を超えて、みんなの益、地域や社会全体の益のために、考えたり、活動したりすること」と定義している。この定義をもとに、法律違反の後に行われていることを見直すとまさに公益により機能していることが多くうかがえる。

　本稿では、その中でも未成年者が法律違反を犯してしまったときを中心に論じたい。

1. 日本の刑事裁判―特に少年審判を中心に

　法律違反を犯してしまった時、多くの国で、刑事裁判が行われる。刑事裁判は、次のように定義される。「犯罪事実の有無を調べ、有罪・無罪などを判断する裁判。」(『大辞林』第二版)前半は、そこに何が起こって、どのような法律の違反行為が行われたのか、を意味しており、後半は、その結果、有罪、無罪が決まり、有罪となれば刑罰など、公権力による解決が続く。

　現在、この刑事裁判の手続きは、裁判時点での年齢によって、3つの手続きが行われている。

　該当する年齢範囲が一番大きくなるのが、20歳以上の手続きである。刑事訴訟法に規定され、社会に生きる以上、その行為が法律違反とわかっていたか、薄々わかっているべきであったのに、法律違反行為を選択し、法律違反を

犯してしまい、犯罪事実が有るとなれば、刑法をはじめとする各法に規定されている刑罰を課すかどうかが検討される。

　一方、そのように事実を認定し、刑罰を課す年齢の下限は14歳以上（刑法41条）であり、14歳未満の者を心身ともに未成熟と考える。そのため、14歳未満が法律違反をした場合は、保護者や学校による指導にとどめるか、都道府県、政令都市が設置する児童相談所が指導を行うことが中心となる。

　これらをわかりやすい言葉で言い換えるならば、20歳以上は「大人の手続き」として、自分でやったことによる発生する責任を自らで負うことになり、14歳未満は「子どもの手続き」として、責任、刑罰よりは、その者が次に同じような状況になったとき、同様の法律違反をしないように手当てをするというシステムとなっている。

　そして、その間の年齢である、14歳以上20歳未満については、これから社会に巣立って行こうとして、大人の部分も芽生え、徐々に大きくなる一方、子どもの未成熟な部分が残り徐々に小さくなる状況であるので、責任を果たす意味で、処分を行う必要もあるが、単に処分だけを目的とするのではなく、その者の再度の法律違反を避けるべく、公的機関もその視点を持って対応することを定めている。この手続きは少年審判と言われていて、刑事訴訟法の特別法である少年法を根拠に行われている。

　14歳という年齢は、学齢期ではちょうど中学2年生の頃に当たることで、同級生どうしが同時に法律違反を犯しても、片方が13歳であれば児童相談所での児童福祉の手続きが行われるが、もう片方が14歳であれば少年審判を受けることもある。

　もちろん、当初14歳未満の手続きで開始された後に、諸事情を考慮して、児童相談所から家庭裁判所に送致され少年審判の手続きに移ることもあり、少年審判としてはじまった後に、刑事裁判の手続きに移ることもある。また、今日、20歳以上の刑事裁判を受ける者の中に、高齢者や障がい者が多く含まれることから、刑事裁判の中でも福祉的な機能が重視されるようなことも起こっている。

　それでは、少年審判については今少し詳しく見ていきたい。

　警察が法律違反を認知すると、証拠を収集し、実際何があったかを記録す

る。法律違反をした者、被害者、関係者、目撃者、法律違反をした者の保護者または学校や職場の者等の言い分を供述調書という形で作成する、法律違反が行われた現場の状況を写真や地図等で明確にする、盗まれた物を特定したり、けがをした人がいれば診断書を取り、その他証拠品を確保する。これらは書類にまとめられ、警察で整えた書類は、検察庁に送致される。

　検察庁は、検察官（検事）を中心に、警察の捜査の途中からも指示をすることもあれば、届いた書類をもとに再度確認し、警察の捜査に足りないところに追加の捜査を命じるなどして、収集された証拠から、その行為はほんとうに法律違反なのかを吟味する。そして、法律違反だとなれば、次には、法律違反をした者の年齢に応じての手続に引き継がれる。

　14歳以上20歳未満であれば、それまで作成された書類が全て家庭裁判所に送られることになる。この点、20歳以上の刑事裁判を公判で行うときは、最初は起訴状だけが裁判所に届く。裁判の進行に応じて、検察官が順次証拠書類を取り上げ裁判の場に持出し、それぞれに弁護人が採用するかどうか、更には中立的な立場で裁判官がどう取り扱っていくか、という流れであり、大きく異なっている。

　少年審判では、検察官が関与するのは極めて稀である、弁護士も弁護人ではなく、「付添人」という形で、「審判の協力者」として、単に依頼人の利益ではない対応が求められている。なお、後記する「ぐ犯」のように、警察が直接家庭裁判所に送致をするなど、これ以外の経路を経て、少年審判を受けることになることもある。

　ここで、今一つ特徴的なのは、14歳以上20歳未満の場合、検察官は犯罪の嫌疑がないと明確になった以外の全ての法律違反の書類を家庭裁判所に送ることになっていることである。すなわち、落ちていた自転車に乗り去った、ごみを定められた日時に定められた方法で出していなかった、自転車運転中歩行者と接触し歩行者に擦り傷を負わせた、これらも被害者の受け止め方がどうであろうと、警察が法律違反と認知した時点で少年審判が開始される。20歳以上では、被害者と示談ができた、ということで不起訴となる例もあるが、少年審判は被害者と示談ができたことでも手続きは停止しない。これは微罪である件であるのに事を荒立てて取扱うということではなく、そのようなときに現れる

未成年者の問題点もチェックし、確かに一過性のことであれば注意程度で終わるが、表面に現れたのは小さな件であっても、日常生活で大きな問題を抱えているようなことがあれば、それに見合った対応をするという考えから行われている。

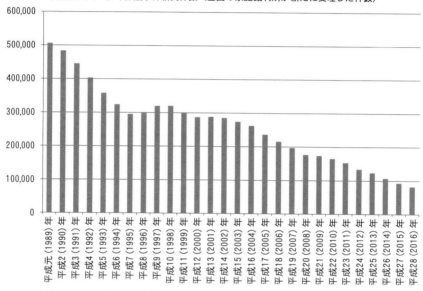

図表Ⅲ-9-1　少年保護事件新受件数（全国の家庭裁判所が新たに受理した件数）

出典：最高裁判所司法統計年報から著者作成。

2. 少年審判の実際

ここで、世の多くの人が、少年法の対象となっている、未成年者による犯罪・非行が悪化し、凶悪化していると思っている現状についても概観したい。

図表Ⅲ-9-1を見るとわかるように、平成に入ってから、少年審判の受理件数は減り続けている。ここでいう、少年には、前記の14歳未満も含め、少年審判として全国の家庭裁判所が新たに受けた件数である。

これは、未成年者の人口が減っている以上に、少年審判は減っている。もっというと、1960年代以降、未成年者の法律違反は激減しているのが実際であ

る。

　第二次世界大戦敗戦後、一番未成年者の法律違反が多かったのは、1963（昭和38）・1964（昭和39）年であった。ちょうど今から50年前、前回の東京オリンピックの頃である。このときに、大変凶悪な非行をした未成年者・少年もいたであろうし、それほど重大ではない非行をした後、オリンピックに伴う、新幹線や高速道路の工事に従事することで、その後は犯罪をしなかったという者もいたことが推測できる。現在の未成年者の法律違反の総数は、このときと比べたら10分の1に過ぎない。

　また、今から30年前、1983（昭和58）・1984（昭和59）年も、非行が多かった時期であるが、このときと現在を比べても、少年非行の総数は6分の1以下になっている。

　その中で、殺人事件や同未遂事件の新受件数は、1960年代前半、年間300～400件の間で推移していたが、1980年代になると100件以下になり、現在は30件以下となっている。また、この件数のうちおよそ70%は実際には殺人に至らない殺人未遂であることも指摘しておきたい。

　少なくとも、未成年者の法律違反は激減しているし、その中身からも凶悪化していると明確なものは何もない。むしろ、諸外国の法律の専門家（実務家、研究者）は、その犯罪抑止効果に注目しているのが実際である。

3. 家庭裁判所における少年審判

　諸外国から評価をされている一つが、家庭裁判所の再犯防止効果である。
　具体的には、家庭裁判所では家庭裁判所調査官による調査の効果が指摘されている。少年審判では、それに加えて、裁判官も司法的な機能を果たすだけではなく、より一層福祉的な機能も併せ持つほか、家庭裁判所の医務室に設置されている技官（医師、看護師）による指導の効果、少年鑑別所における心身鑑別、少年院の濃密な改善プログラムなどが功を奏しているとされている。
　家庭裁判所調査官は、社会学、社会福祉学、教育学、心理学などの専門的知識を研さんした者が家庭裁判所内で養成され、配置されている。
　検察庁からほぼ全件送られて来る未成年者の法律違反について、一部書面の

みで終了することもあるものの、それ以外の大部分の未成年者とその保護者は、家庭裁判所に出頭し、法律違反があったかなかったかを確認された上、あったのであれば、① 未成年者はなぜ法律違反をしてしまったのか、② その未成年者がその後別の法律違反をしてしまう危険性はどの程度あるのか、③ 未成年者を更生させ、立ち直らせるためには、どのような処遇がふさわしいのか、保護処分によって、新たな法律違反の危険性を除去できるのか、ほかの方法が良いのか、以上各点を可能な限り明らかにし、その経過を書面にして、裁判官に報告している。

　具体的には、警察や検察庁で作成された書類に目を通し、学校や児童相談所など既にその未成年者に関わっている機関から情報を集め、未成年者に心理検査（心理テスト）を行い、家庭や学校に訪問し実際の生活の場を確認し、被害者からも情報収集する。

　中でも、中心となるのは、未成年者、その保護者と面接しての情報収集や調整である。

　法律違反に至る経緯を近いところも生い立ちも聞き、日常の生活状況（学校や職場、地域での状況）、家庭環境なども話題にしていく。未成年者のみならず、保護者からも、どのような思いで子育てに当たってきたかを確認する。ただ言い分を聞くだけでなく、被害者や学校からの情報で、未成年者に、保護者に知っておいてもらいたいことは情報源の了解の上、未成年者に伝え考えさせるなどをしている。

　同時に、これらの過程を通じ、様々な教育的な働きかけ（教育的措置、保護的措置）を行い、未成年者、保護者に法律違反に対する認識、自己理解を深めさせ、状況を改善し、問題となっていることを解決するように指導する。

　面接の中で、資料を見せられて知識を得るほか、自身の件の被害者とは別の被害者の話を聞き、一般的な被害の実情を実感させたり、交通指導、薬物指導、学習支援、職業支援など様々なプログラムを受講させたり、公園などでの清掃活動、社会福祉施設でのボランティア活動などを体験させるなどしている。

　これらの結果、もともとの未成年者の問題性の大きさを前半の情報から的確に判断し、法律違反は一過性の要素が大きかったり、これらの教育的な働きか

図表Ⅲ-9-2　少年審判手続きの流れ

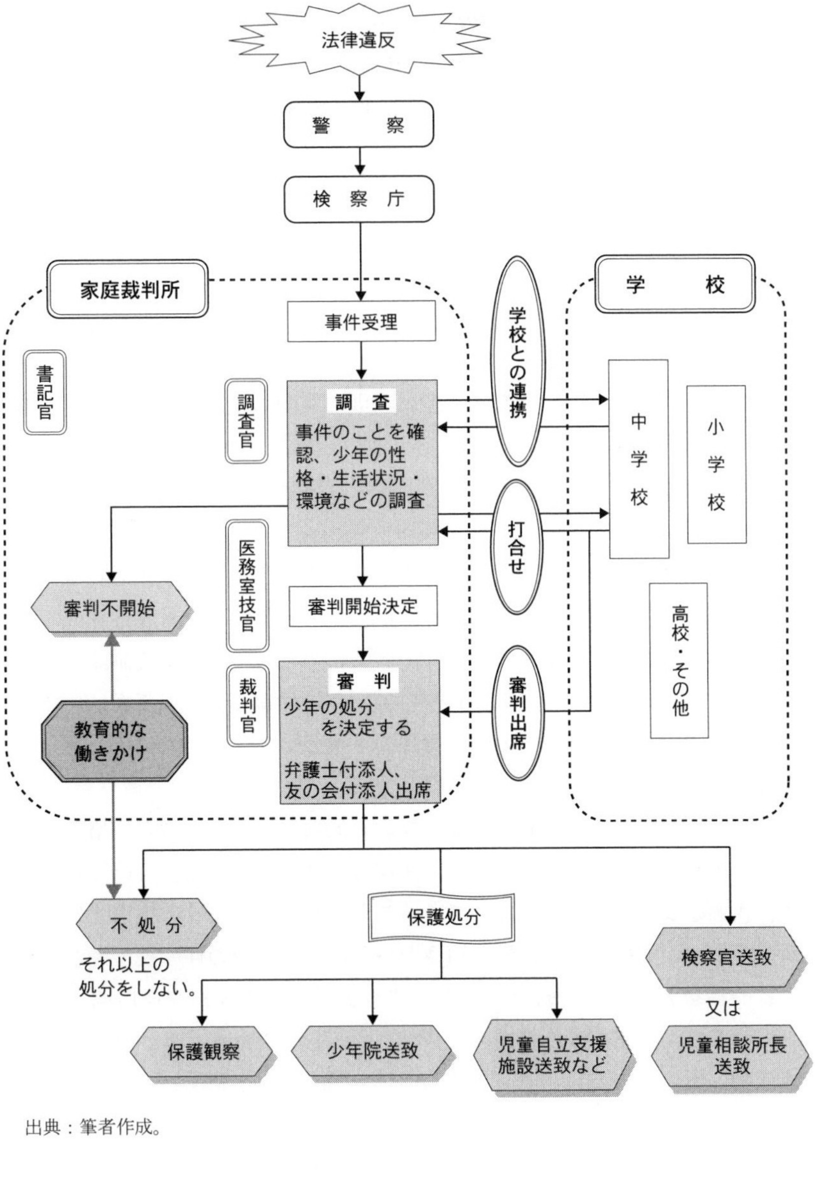

法律違反 → 警察 → 検察庁 → 事件受理

家庭裁判所
- 書記官
- 調査官：調査（事件のことを確認、少年の性格・生活状況・環境などの調査）
- 医務室技官
- 裁判官：審判（少年の処分を決定する／弁護士付添人、友の会付添人出席）
- 審判不開始
- 教育的な働きかけ
- 審判開始決定

学校との連携／打合せ／審判出席

学校
- 中学校
- 小学校
- 高校・その他

処分：
- 不処分（それ以上の処分をしない。）
- 保護処分
  - 保護観察
  - 少年院送致
  - 児童自立支援施設送致など
- 検察官送致　又は　児童相談所長送致

出典：筆者作成。

けの効果が顕著であれば、家庭裁判所調査官との面接で出頭するだけで、その後、裁判官の書面の決定を受けたり、それよりは問題性は大きいが働きかけの効果が同様明らかであるような場合は、家庭裁判所調査官との一連の手続きの後に、裁判官が直に未成年者、保護者に会って（狭義の少年審判、成人の公判などの手続きの特殊な形態）、そこで、裁判官に再度法律違反の内容を確認の上、厳しく注意を受けるものの、それ以上の処分は行われない。これらの手続きは審判不開始、不処分と通称される主な手続きであるが、法律違反を認定できない、無罪である不処分（非行なし不処分）と異なり、様々な教育的な働きかけを受け、それ以上の処分は必要ないとされたものを指している。

　また、児童福祉の指導を行うことが相当であるという場合は、家庭裁判所の決定により、児童相談所の指導につなげることもあるし、前記のとおり、未成年者で開始された手続きが途中から20歳以上の手続き（検察官に逆送）に移ることもある。

　少年審判の手続のまま処分を受ける場合は、主に保護観察所の指導を受けるか、少年院に送致されるかのいずれかとなり、年齢の低い者については、これらに加え、家庭裁判所の処分として、児童自立支援施設送致又は児童養護施設送致となることがある。

　児童自立支援施設は、通常の養護以上に不良行為のある18歳未満の者を収容して指導する施設で、歴史的には、感化院、少年教護院、教護院と変遷の上、現在の名称となった。国立男女各1施設のほか、都道府県などが設置、留岡幸助に由来する私立の施設も存在している。自由な外出、外泊はできないが、全寮制の学校に加え、歴史のある施設は夫婦小舎制を取り、寮では夫婦の職員を寮監、寮母とし、親代わりに入所者の育て直しを行なっている。

　保護観察所は、法務省保護局所管の国の機関であり、法律違反をした未成年者が、施設に入るのではなく、それまでの生活を続けながら、保護観察官や保護司の指導や支援により、更生を目指す保護処分である。

　少年院は、法務省矯正局所管の国の機関であり、家庭裁判所で決定のあった未成年者を収容し、その者の問題を改善し、低くしなくすための様々なプログラムを受けさせる保護処分である。

　家庭裁判所での主だった処分は、保護観察所の指導か少年院に入院するかの

いずれかになる。

4. 少年審判と刑事裁判

　ところで、先に未成年者の場合は、ほぼ全件が家庭裁判所で少年審判を受けると書いたが、20歳以上の場合はどうであろうか。
　実は、映画やドラマのシーンとなり、マス・メディアによってよく報道される、公判請求をされ、正式裁判となるのは全体のわずか8％に過ぎない。これに、法律違反の事実のあったことを認め、公判をせず略式請求という形で進める27％を加えても、残り65％は不起訴となっている。不起訴の中には、嫌疑なし、嫌疑不十分というものもあれば、多くは被害者との示談ができるなどして、起訴猶予ということが多い。
　20歳以上で、略式請求や公判請求となるのは、手口等に大きな問題がある場合、結果が大きい場合（盗まれた物の金額が高額、被害者のけがの程度が大きい）、あるいは、同じ者が何度も法律違反を繰り返す場合、これらに限られている。
　20歳以上であったら、不起訴で終了し、裁判にならない件でも未成年者の場合は必ず家庭裁判所の手続を受ける。場合によっては、低い金額の窃盗や被害者のけががそれほど大きくなくても、未成年者側の問題、家庭環境の問題が大きい場合は、それだけでも少年院送致になることもあり得る。
　更に、未成年者の場合、「保護者の正当な監督に服しない性癖があるなど、その性格又は環境に照らして、将来、罪を犯し、又は刑罰法令に触れる行為をするおそれがあると認められる少年」も少年審判の対象であると定められている。現時点では、法律違反をしていないが、このままの生活を続けていると法律違反となってしまう危険性が極めて高いような場合のことである。親のもとに寄り付かず、反社会的集団で主に生活をしているような未成年者が、法律違反こそまだしていないものの、その環境から離すため、ただ離し社会に戻してしまうと心配が残るようなとき、少年院に収容して、生活を改めるということも実際行われている。この点、人権保障という点では謙抑的にはなるが、時に厳しい扱いをすることもある。

最後に、未成年者にしかない2つの手続きを記載して、主な少年審判の手続きの紹介を終えたい。
　少年鑑別所は、処分として未成年者を収容するのが目的ではない。同施設も法務省矯正局管轄の国の施設である。最終の少年審判に先立って、家庭裁判所の観護措置の決定をし、通常の場合4週間をめどに収容される。未成年者のことを実社会から隔離したとき、決まり事などを守れるのか、心理検査（性格検査、知能検査）をじっくり受検させ、医務室医師の診断を受診させ、それにより、その未成年者の全体像を明らかにし、その結果を家庭裁判所の裁判官に通知する。
　少年審判（狭義）が開かれるのに向け、① 警察、② 検察庁から法律違反を裏付ける証拠をまとめた捜査記録、③ それまでに児童相談所、保護観察所などが関われば、そこからの報告、④ 少年鑑別所からの鑑別結果の通知、⑤ 家庭裁判所調査官が作成する報告、⑥ 付添人弁護士からの報告等、それぞれが裁判官の手もとに集まり、それぞれは、少年の処遇について、どのようにするのが良いかの意見も付すことになる。裁判官は、それぞれを検討した上で、これまでの同様の審判例も参考に（少年審判は個別の事情を重視するが）、実際の少年審判で未成年者からその考えや内省の弁、決意を聞いて、最終判断をすることになる。
　もっとも、裁判官が、少年審判で最終的な処遇を決めかねるときには、最終的な処遇を決めることを一定期間保留にして、その間の未成年者や保護環境の様子を観察し、その上で、しばらく経って、改めて少年審判を行ない、最終決定をすることがある。この一定期間試しに観察する手続きを試験観察と呼んでいる。
　試験観察には、もとの家庭や未成年者らが自発的にさがしてきた就労先で様子を見る場合と、家庭裁判所が指定した先（に補導を委託するという形をとって）行うものの2種類がある。いずれの場合も、家庭裁判所調査官は、家庭裁判所と未成年者、保護者、補導委託先などとの調整を行い、教育的な働きかけを続ける。その経過の中で、未成年者の状況の改善が認められれば、少年院送致の可能性が高かったところ、保護観察で終わることができることもあるが、状況が芳しくなければ、新たな法律違反がなくとも、やはり少年院に送致され

るということもありうる。

以上、少年審判については、少年法をもとにつくられているシステムであり、女子についても、少年と呼称する。

5. 公益と少年審判

実は、以上の少年審判において、これまでは、主に大きなフレームである、国の制度としてつくられているところを中心に記述を続けたが、実際、そこかしこで、「自分や身内を超えて、みんなの益、地域や社会全体の益のために、考えたり、活動したりすること」が登場し、その力に負うことが多い。

(1) 少年補導センター

少年補導センターの職員がボランティアということもあれば、少年補導委員に支えられているが、少年補導委員は、PTA役員、民生児童委員、保護司、警察の指導委員などと兼務のボランティアがほとんどである。

地域に根ざした活動ができるため、少年審判のメインルートや教育現場の指導とは別途の指導を行っているほか、地域のほかの療育センター、子ども支援センター、保健所などとも連携し、指導を行うことがある。

(2) 少年友の会

50年ほど前、東京家庭裁判所の家事調停委員を中心に、少年審判でも法律違反をしてしまった未成年者を助けようと作られた、東京少年友の会を皮切りに、全国各地につくられ、10年ほど前には、各都道府県(北海道は家庭裁判所の組織に合わせ、札幌、旭川、函館、釧路の4会)全てに少年友の会(家庭少年友の会といった名称の会もある。)が組織され、全国少年友の会連絡会もつくられている。

家事調停委員も民間から選ばれ、民間の叡智により、法律だけでは解決が難しい、家庭内の問題の解決に寄与する存在で、非常勤国家公務員という立場であるが、実際にはボランティアの要素が強い。刑事裁判の裁判員を含め、裁判所にはほかにも同様の立場の人により機能しているところがある。

少年友の会の活動の中で大きな意味を持つのが付添人に選任されることである。

先に、少年審判では弁護士は、弁護人ではなく、少年審判の協力者である付添人に選任されるがそのほかにも、付添人になる者がいる。

極めて稀であるが、法律上代理権を有している親権者や未成年後見人が病気などで、少年審判手続きを受けたり、少年の指導をすることができなくなっている場合、親権者になってはないない、もう一人の親が正式に少年審判手続きに参加をする場合も付添人に選任されることもあるが、弁護士以外の者が付添人になる場合は家庭裁判所が許可することが必要で、もう一人の親や親族がなることは実はほとんどない。

そのような場合も含め、保護者が公的機関の手続きに非協力的や拒否的で、未成年者が大人と一緒に少年審判に望めない場合、少年友の会会員が付添人に選任されることがある。

民間の良識や豊富な経験で、専門の職員とは別の視線で、未成年者のために活動をしてもらう。弁護士付添人が既に選任されている場合に、更に少年友の会付添人が選任され、被害者との対応は弁護士付添人、未成年者の不安を取り除いたり、気持ちを安定させるためには少年友の会付添人といった役割分担し、今後の生活については、両者がより深く協力して臨むといったことも行われている。

少年友の会付添人も弁護士付添人同様少年審判前に意見書を提出することになるほか、試験観察となった後も引き続き活動を続ける。

このように、試験観察になる場合、その他教育的働きかけだけで終わる場合を問わず、少年友の会会員は、未成年者が、公園などでの清掃活動、社会福祉施設でのボランティア活動、職業支援を行うなど、様々なプログラムに協力者として、プログラムの企画や当日の要員として参加してもらったり、年齢の若い未成年者をプログラムに参加させるための同行をすることもある。

(3) **少年友の会・学生ボランティア**

少年友の会の中には、大学生のボランティアを友の会学生会員として組織していることがある。

少年審判に学生ボランティアが活用されるのは、少年友の会よりも更に歴史をさかのぼる。保護観察所でも、BBS（ビックブラザー・シスター）活動では大学生が活躍している。

実際の処遇に関与する訳ではなく、ごく普通の大学生として生活をしている様子を、法律違反をしてしまった未成年者に見せ、健全なモデルとなってもらい、家庭教師代わりに学習支援活動を助けてもらうこともある。

学生ボランティアも、教育的な働きかけの様々なプログラムの企画や当日の要員として参加する。

こうした活動を通じ、学生ボランティアも、コミュニケーション能力や企画力を向上させ、実際にその後で未成年者を助ける活動に就く者もいる。

(4) 被害者ボランティア

未成年者への教育的な働きかけの中では、万引き行為などを行なった者には、実際に万引きを受けて困っている、ドラッグストア、コンビニエンスストア、生協店舗、個人書店などの者に被害の実情を話してもらい、自身の行為は単に法律に決められたことを遵守しなかったというだけでなく、日常生活のため、地域や顧客のため頑張って働いている人たちの意欲を削ぐことになっていることを知ってもらう。

交通事故、交通違反を起してしまった者が20歳未満であれば、家庭裁判所で少年審判を受けることになる。軽微な交通違反は反則金を納付すれば、裁判手続きを行われないことになるが、反則金を期限までに支払わない者には裁判手続きが開始され、未成年者は、その場合も家庭裁判所の手続きが行われる。家庭裁判所は交通事故を起こした未成年者には、救急医療の経験がある医務室技官（看護師）が、交通事故の患者を受けた後の話をしたり、少年友の会にも参与してもらうプログラムを実施するほか、交通事故により家族を亡くしてしまった遺族に講話をしてもらうなどの教育的働きかけを行なっている。遺族の場合は、被害者支援センターといった組織の協力も得て、教育的な働きかけが行われている。

(5) 保護者への働きかけ

　未成年者の保護者に対しても、親業のインストラクターや少年友の会会員の力を得て、保護者への注意喚起を行っている。

　わが子のことでは、学校や地域から責められ、警察などでもつらい体験になって傷ついている保護者の気持ちを今後の適切な指導が行われるように働きかけている。

(6) 社会奉仕活動先

　教育的働きかけのうち、社会福祉施設でのボランティア活動については、各地の高齢者施設、障がい者施設、乳児院などに、法律違反をした未成年者の活動を引き受け、指導を依頼している。

　最近は、社会福祉施設は資格取得のための学生の受け入れの経験が豊富になっているとはいえ、法律違反をした未成年者については、その特殊性やプライバシーなどに配慮しつつ活動が行われている。

(7) 補導委託先

　試験観察の際、補導委託の形で、建設業や飲食店などを営んでいる受託者に、法律違反をしてしまった未成年者を受け入れ、しかも24時間の生活の面倒も見てもらうことになる。

　更生保護施設や自立援助ホームにも、それらの施設の特徴を踏まえた上で、補導委託先となってもらい、未成年者を引き受けてもらうことがある。

　補導委託先については、原則事前に的確な先であるか、家庭裁判所が視察の上登録をしているが、このような性格から、なかなか成り手の確保が難しい現状がある。

(8) 保護司

　保護司は、保護司法や更生保護法に基づき、法務大臣から委嘱を受ける非常勤国家公務員との立場で、実際には実費支給で、ボランティアのような立場で活動をしている。保護観察の根幹であるが、ここも民間が支えている。

(9) その他

保護観察所、少年院の様々なプログラムにも民間に支えてもらうことが多い（篤志面接委員など）。更に地域における児童委員は民生委員が兼ねることがあるが、やはりボランティアである。

(10) 小括

このように、自身の利害関係を超えて、未成年者を更生させるために様々な民間の力が未成年者や保護者を支えている。

6. 少年法適用年齢引下げ

現在、国民投票法の制定、公職選挙法の年齢引下げが行われ、更に、民法の成年年齢（現行は20歳が成人となる。）の引下げ、少年法の適用年齢を20歳から18歳に引下げることが検討されている。

当初言われていた、法律上年齢を統一するというところは、その後、喫煙、飲酒は20歳のままにするなど、議論が変わってきている。

少年法の適用年齢引下げに先がけて、法務省が開催した勉強会では、被害者団体の代表の者を除き、ほぼ全員が少年審判手続きの効果を概ね認め、現在のシステムが機能しているとの提言をしていた。

ところが、その後開かれている法制審議会では、少年法そのものの議論はほとんどなされず、家庭裁判所の上部組織となる最高裁判所からもほとんど発言がないまま、刑事政策全体の議論が行われ、このままでは18歳への引下げが近々実現する可能性も高くなっている。

適用年齢を引下げなければならない立法根拠は明確ではなく、問題がないとは言えないが、概ねうまく機能している現行の手続きを、一つには未成年者の法律違反が増えて、凶悪化しているかのような誤った扇動も利用され、変更がなされようとしている。

諸外国は18歳が適用年齢の上限となっているが、これは徴兵制や徴税（国の財政）という背景もあるほか、適用年齢が18歳であっても、18歳以上の特別な手続きを定めている国が多いこと、何より、諸外国からも評価されている

先進的な状況を悪い例に合わせるという話にもなりかねないところである。

　この点、現在の法制審議会でも、若年層を設定するという案が検討されているが、問題の一番大きな層は刑事裁判を受けるのが前提の上、果たしてこれまでの少年審判のように機能するのか、現状の議論には大きな問題を含んでいると言わざるを得ない。

　民法については、18歳でも起業できるという、社会に人よりも早く成長している人もいるかもしれないけれど、18歳はまだまだ未熟であり、特に法律違反をしてしまうような者は、その傾向が顕著であり、そのような未成熟な者のその後の成長発達の機会を失ってしまっていいのか、という問題もある。

　本論の最後には、これまで述べてきた、民間の力を使うことが難しくなることを指摘したい。

　補導委託は、中学生、高校生年齢よりは、18、19歳の者に活用することが多い。それらの年齢の者が刑事裁判を受け、少年審判の手続から外れると、補導委託先に委託をする者が激減し、補導委託先の指導力が維持できなくなり、補導委託先の登録を更新しなくなる場合が多数になることが予想される。

　交通事故も、自転車事故の者を除けば、18、19歳の者に多い。それらの者の交通問題性を低くしてきた、教育的な働きかけの効果が使えなくなる。

　何より、家庭裁判所を含め、少年審判に関係する各機関で、18、19歳の者へのノウハウが継承されなくなり、指導や働きかけ、調整のレベルが低下してしまうことが予想される。

　本論では、民間の力を使うことを論じてきたが、それが今後も継続することになるのか、現在はそのような状況にある。

（横山　勝）

参考文献
小松隆二「東日本大震災後の公益と公共、そして公益学」公益研究センター編『東日本大震災後の公益法人・NPO・公益学』公益叢書第一輯、文眞堂、2013年。
第一東京弁護士会少年法委員会編『子ども・家庭…そして非行―補導委託の現在と子ども教育』ぎょうせい、1994年。

環境と公益

第1章

原子力発電に公益性はあるか

はじめに

　原子力の平和利用として国が進めた原子力発電政策がいま、重大な岐路に立っている。2011年3月に発生した東京電力福島第一原発事故がきっかけだ。安倍晋三・自民党政権は事故で停止した原発の再稼働に舵を切り、新たに安全規制基準を設けて再稼働を急ぐが、国民の過半が原発への不信・不安から依然これに同意していない。

　立憲民主党ら野党4党は2018年3月、「原発ゼロ基本法案」を通常国会に共同提出、原発の全廃と再生可能エネルギーなどへのエネルギー転換を迫った。しかし現実をみると、失敗続きでいまなお将来展望を示せない国の原発推進政策は、すでに行き詰まり、事実上、破綻しているのは明らかだ。以下に、その破綻状況を推進リスク、持続可能性、経済合理性の三つの視点から検証してみよう。

1.「夢の原子炉」の破綻

　高速増殖炉原型炉「もんじゅ」（福井県敦賀市）の破綻が、原発政策の挫折を示す。もんじゅを運営する日本原子力研究開発機構は2017年12月、もんじゅの廃炉計画を原子力規制委員会に提出し、認可された。それによると、2018年7月から核燃料取り出し作業に入り、30年間で廃炉を終える。文部科学省は廃炉費用は3,750億円に上る、と試算した。

　もんじゅの廃炉は格段に難しい。普通の原発と違い、冷却材に液体ナトリウムを使っているからだ。ナトリウムは水や空気と激しく反応する危険な性質が

ある。

　もんじゅはウランとプルトニウムの混合酸化物（MOX）を燃料に、発電しながら消費した以上のプルトニウムを生み出す「夢の原子炉」と謳われた。核燃料サイクル政策の中核施設（図表1-1）と位置付けられ、94年に初めて臨界（核分裂連鎖反応）に達して運転を開始する。しかし翌95年にナトリウムが漏出。長期にわたる運転停止後も立ち直らず、2010年に炉内への装置落下、12年に約1万点に上る機器点検漏れ—などと事故が相次いだ。この間、運転期間はわずか250日[1]。

　原子力規制委は15年、トラブル続きのもんじゅを見限り、運営主体を日本原子力研究開発機構から他に代えるよう所管の文部科学省に勧告したが見つからず、政府は16年12月、廃炉決定を余儀なくされた。

　ここで浮かび上がったのは、事故はことごとく管理・点検の手抜かりが原因だったことだ。人為的ミスによる制御不能である。このことは、原発の扱い自

図表1-1　核燃料サイクルの仕組み

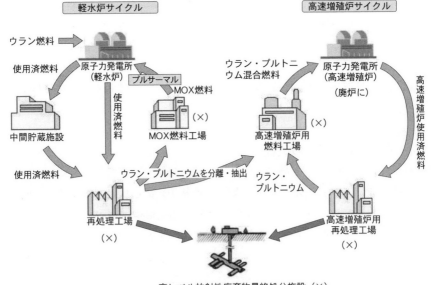

注：×印は未完成状態。
出典：資源エネルギー庁『エネルギー白書2005』を基に筆者作成。

体が危険きわまりないことを示す。

　もんじゅ計画の破綻は、もんじゅが中核的な役割を担うはずの核燃料サイクル政策の破綻を意味する。だが、経済産業省は核燃料サイクル計画の破綻を認めず、もんじゅ抜きで政策の継続を決めた。使用済み核燃料からMOX燃料をつくり、これを普通の原子炉（軽水炉）で燃やすプルサーマル発電を推進する一方、新規の研究開発に取り組むというのだ。

　しかし、もんじゅ以外の核燃料サイクル計画も、頓挫している。日本原燃が青森県六ケ所村で1993年から建設を続ける再処理工場が立ち上がらない。97年の完成予定だったが、トラブル続きから延期を繰り返した挙句、17年12月、23回目となる完成の延期を発表。予定していた18年上半期から3年先に延ばした。すでに2兆円超の国費が投じられた。

　再処理工場は原発の使用済み核燃料からウランとプルトニウムを分離・抽出し、MOX燃料として再利用する道を開く。これがいまになっても完成できない。経産省の試算によれば、全国の原発から受け入れた使用済み核燃料のうち年間800トンを40年にわたり再処理する場合、再処理事業の費用総額は12兆6,000億円にも上るという。

　完成しても安定した運営ができるか疑わしい上に、莫大な費用がかさむ。

2. 原発7基が再稼働

　もんじゅの破綻にもかかわらず、安倍政権は原発を引き続き「重要なベースロード（基幹）電源」と位置付け、再稼働を進める。福井県の西川一誠知事は2017年11月、関西電力大飯原発3、4号機（同県おおい町）の再稼働に同意した。福井地裁の判決で運転差し止め状態だったが、原子力規制委員会が17年5月、原発事故後の新規制基準に「適合」と判断したのを機に再稼働に踏み切った。

　14基もの原発が集中する福井県は、国の交付金や補助金、原発事業によるビジネスや雇用の活況など原発の経済的恩恵を受け、再稼働に好意的だ。西川福井県知事は「再稼働は地域に役立つ」と強調した。

　福井県ではすでにおおい町の隣の高浜町にある関西電力高浜原発3、4号機

が17年に再稼働している。大飯の2基が稼働すると、新規制基準下で初めて同一県内で2カ所の原発が運転再開される。

しかしこの結果は、重大な原発リスクをもたらす。大飯と高浜両原発は13キロほどしか離れていない。仮に2原発が同時に事故を起こした場合、住民は無事に避難できるか──。内閣府などが大飯原発の事故に備えて策定した広域避難計画は、事故の同時発生を想定していない。

住民の不安はつのる。共同通信が17年12月に発表した大飯、高浜原発周辺自治体へのアンケートによると、対象市町の6割超が「同時事故を想定するべき」と答えた。アンケートは30キロ圏の14市町と避難先の68市町（5市町は重複）が対象。再稼働を巡る懸念を尋ねたところ、「事故時の住民避難計画」が最多で9市町に上った。次いで「使用済み核燃料の中間貯蔵施設の建設めどが立っていない」、「高レベル放射性廃棄物の最終処分方法が決まっていない」が共に8市町と続いた。京都府内6市町の周辺住民は再稼働に際し、同意権を求める。

福井県にある14基の原発が、連鎖的に事故を起こす最悪のケースも否定できない。原因は地震・津波ばかりでない。テロの可能性もある。

政府は再稼働に前のめりだが、18年3月末時点で再稼働した原発は7基にとどまる。

ここで国策としての原発再稼働の根本的な問題が二つ浮かび上がる。

まず再稼働した場合、国として原発の安全を保証できるのか。地震や津波、テロという外的な要因に対する完全防衛はそもそもあり得ないが、これに加えて機器や部材の故障・劣化やもんじゅの検査手抜きのような人為的ミスによる事故発生を防げるか。

二つめは、核のゴミとされる使用済み核燃料（高レベル放射性廃棄物）の処理問題だ。中間貯蔵施設は青森県むつ市に建屋が完成し、順調にいけば18年内に稼働する見込み。だが、最終処分については地中深く埋める地下貯蔵方式を決めたものの、その処分場所さえ決まっていない。国は最終処分場を受け入れる自治体の公募を続けているが、いまもって応募者が現れない。

核のゴミの処分先が見つからないのだ。

3. 失われた人と土地

過酷事故がひとたび起これば、住民の生活は根こそぎ破壊される。この恐ろしい現実を知っておかなければならない。

福島第一原発事故により、なお7万2千人以上の元住民が避難先から帰っていない。第一原発が立地する大熊、双葉両町の全域と、近隣5市町村の帰還困難区域には依然、人が住めない。年間積算放射線量が50ミリシーベルトを超えるためだ。

事故は住民を散り散りにさせたばかりでない。人の住める土地が失われた。避難指示が解除されない帰還困難区域は、いまなお避難地域全体の3割強を占める。かつてここで生活を営んだ住民は、故郷喪失者となった。

福島県の各地で黒いシートに包まれて仮置きされている汚染土などの放射性廃棄物は、大熊町と双葉町に跨る福島第一原発周辺に造る中間貯蔵施設に移される。付近が"永久のゴーストタウン"に化すことは間違いない。

桜が満開の2017年春。筆者は、事故のお膝元で最もひどく被災した福島県浪江町を支援ボランティアと共に訪れた。町の一部が避難指示を解除された直後だ。

浪江町で真っ先に行った町役場隣のショッピングモールで、たまたま訪れた元住民に出会った。40代初めと見えるその男性は、背の曲がった祖母とベンチに座って日向ぼっこをしていた。

どうしてここに来たのか、と問うと──

「90歳のおばあちゃんが帰りたい、帰りたいと言うから、休暇を取って（一時的に）帰って来た。自分たちはいま、（埼玉県）狭山に避難している。おばあちゃんと父は帰りたがっているが、自分と子供はいま住んでいるところがいい。放射能の不安もある。世代間で意見が違う。でも、若い人が帰って来なければ、（町の再建は）ダメだろうな。複雑な気持ちでいる」

男性が胸の内を明かした。望郷と町の復興に貢献したいとの思い。他方で家族を養わなければならない現実。この狭間で、気持ちが揺れる。6年に及んだ避難生活は、一家4世代の故郷への思いを真っ二つに分断してしまった。

原発事故による浪江町の被災状況はどんなだったか。浪江町役場によると、町内全域2万1,000人超の町民がすべて避難対象となった。多くが避難先を転々とし、町役場も1年半で4回移動した。長引く避難生活による町民の事故関連死は400人を数えた。2018年3月時点で帰り住む町内居住者は516人。

町は苦闘する中、公共インフラの復興を進め、18年4月には小中学校併設校の浪江校（校名は「なみえ創成校」）を開校した。小中学生計10人が集まり入学した。生徒数はごく少数だが、学校側は「教師と生徒が相対(あいたい)になって主役意識が育つ。個別対応でいい教育ができる」と意欲的だ。

原発事故がなければ、人々は美しい自然の中で平和な日常生活を過ごしていただろう。突然、わが家を追われて転々とし、学童がいじめに遭う苦労など、しなくて済んだのだ。

4. 後始末に重い国民負担

事故後、全国の原発状況は一変した（図表1-2）。福島第一原発では1〜6号機すべての廃炉処分が決まった。しかし廃炉のメドさえいまなお、きちんと立たない。作業が計画通りに進んだとしても、東京電力によれば廃炉までに30年〜40年もかかる[2]。

事故は6基のうち点検で停止中を除く1〜3号機の原子炉が炉心溶融（メルトダウン）を起こした。事故により2014年までに1〜6号機すべてが廃止された。いずれの原子炉も目下、廃炉に向けた途上にあるが、日本国内で廃炉の前例はないため作業は難航必至だ。

廃炉決定は福島第一原発の6基に限らない。事故を機に法改正され、原発の運転期間は原則40年となった。原子力規制委員会が認めれば、最大20年延長できるが、それには多額の安全対策コストがかかる。

事故後、2018年3月末時点で東電の福島第一を除き以下の9基の廃炉が決まった。

　　日本原子力発電・敦賀1号機、関西電力・美浜1号機、2号機、大飯原発1号機、2号機、中国電力・島根1号機、九州電力・玄海1号機、四国電力・伊方1号機、2号機

図表1-2 全国の原発の状況（2018年3月末時点）

注：再稼働a　新規制基準に適合b　再稼働の適否審査中c　再稼働の適否審査未申請d　廃炉決定済みe
＊丸数字は号機。このほかに高速増殖炉「もんじゅ」が廃炉決定。
出典：資源エネルギー庁資料を基に筆者作成。

　事故前に廃炉作業に入っている日本原子力発電の東海原発、中部電力の浜岡原発1～2号機および福島第一の6基を合わせると、全部で18基の原発が廃炉となる。
　このうち17年10月に廃炉が決まった大飯原発2基の場合、従来の30～50万キロワット級と違い100万キロワット超の出力を持つ大型炉だ。だが、関電は安全対策に費やす各1千億円規模の費用を考えると、採算が合わないと断念した。

廃炉を決めていない39基中16基は、運転開始から30年超が経つ。いずれも今後は大型炉を含め廃炉か稼働延長申請かを迫られる。福島第一の事故前は、日本の発電量に占める原子力の割合は約3割に及んでいた。それが2%（16年度）に低下した。

政府は前回14年発表のエネルギー基本計画で、2030年の発電量に占める原子力の比率を20〜22%とした。これには30基程度の稼働が必要とされ、早くも大きく下回る見通しだ。

この稼働能力からみても、政府のエネルギー計画はすでに「絵に描いたモチ」になっている。原子力は電力源としてもはや当てにできないばかりか、節電による需要減と再生可能エネルギー発電の普及から存在意義が急落した。日本の年間発電量に占める再生エネの割合は、2016年度に水力の7.5%を含めると14.8%に増えた（環境エネルギー政策研究所調べ）。欧州に比べ遅れているコスト低減が進めば、普及に一段と弾みがつく。

廃炉をコスト面から考えてみる。その費用は少なくとも1基につき数100億円に上るといわれるが、それは圧力容器が処理しやすい正常な場合に限られる。福島第一原発の場合、経済産業省の見込みでは廃炉に8兆円もかかる。

経産省は16年12月、福島第一原発の廃炉に向けた事故処理費用は総額21.5兆円に上るとの試算を発表した。これは前回2013年の見積もり11兆円を倍近く上回る。廃炉費に至っては4倍にも膨れ上がった。

その内訳は、廃炉8兆円、賠償7.9兆円、除染4兆円、中間貯蔵1.6兆円。東電が到底、費用負担できない金額を見すえ、政府は「国民全体で福島を支える」とする。財源として電力自由化で新規参入した新電力を含む電気料金に事故処理費用の一部を上乗せする方針を示した。上乗せの仕方は、電力会社が保有する送配電網を事業者が利用する利用料金に当たる「託送料」を引き上げるものだ。

結果、再生可能エネルギーを買う消費者の電気代に上乗せされることとなり、結局は国民負担となる。この電気料金の上乗せ分には、福島第一原発以外で廃炉が決まっている老朽原発の廃炉費用も含まれる。

しかし、8兆円にも膨れ上がった廃炉費が、この金額で収まる可能性は低い。経産省は廃炉費用の根拠として米スリーマイル島原発事故（1979年）を

ベースに試算したというが、事故の深刻度は段違いだ。福島第一は国際的な事故評価基準でチェルノブイリと同じ「レベル7」だが、スリーマイル島は「レベル5」。

スリーマイル島では、核燃料は溶けたが、圧力容器はほぼ正常な状態に留まった。福島では1〜3号機の核燃料が圧力容器を溶かして格納容器の底に落ちた。作業しようにも原子炉の内部状況さえつかめない状態で、作業は困難を極める。費用がどのくらいかさむか見通しできず、8兆円で収まるとは考えにくい。

他方、事故の被害者への賠償費用の見込み額7.9兆円も、これでは収まらない。東電の被害者への支払い額はすでに7.5兆円を超えた。放射性物質の除染費用4兆円も、追加除染の必要からさらに増える見込みだ。

汚染土や瓦礫を保管する中間貯蔵施設の建設・運営費はどうか。30年限定の「中間」貯蔵施設とされ、最終処分は福島県外で行うことが関係法で定められている。中間貯蔵費用の見込みも、前回1.1兆円から1.6兆円に膨らんだ。しかしその先に場所すら決まっていない最終処分施設の建設・運営費を考えなければならない。

このようにみると、政府は福島第一の処理費用全体で21.5兆円と見込むが、これより大幅に増えるのは必至だ。この途方もない費用が、税金・電気代を通じた「国民負担」となって今後も末永く現役・将来世代にのしかかる。

5. 果てしない汚染水対策

廃炉への道に立ち塞がるのが、汚染水対策だ。廃炉作業に入ろうにも、地下の汚染水の処理から始めなければならない。だが、汚染水対策は解決になおほど遠く、おびただしい出費は止まらない。これまでの悪戦苦闘の流れを見てみよう。

2011年4月、2号機取水口付近から高濃度汚染水の海洋流出が判明した。以後、次々に汚染水の海洋流出が見つかり、一時は汚染された地下水が1日300トンも海に流出していた。なぜ汚染水対策に追われるのか——。

1〜3号機では、事故で溶け落ちた核燃料を冷やすため原子炉圧力容器に注

水を続けるが、この水が高濃度汚染水となる。陸側から流入する地下水が建屋内の高濃度汚染水に混じって汚染される。これに対し建屋の周辺約40カ所に設置した井戸「サブドレン」で1日400〜500トンの地下水をくみ上げ、多核種除去設備（ALPS）で汚染処理水から放射性物質を取り除いている。だが、放射性物質トリチウムだけは除去できない。

やむなく汚染処理水を第一原発敷地内のタンクに入れ、保管し続ける。このタンクが増え続け、18年2月末には保管量約105万トン、タンク数は約900基に上った。敷地内に収容するのも限界に近づく。

汚染水の海洋流出が続く中、ついに国も動き、東電が考案した「凍土壁」を作る挙に出た。国費を投入して1〜4号機全体の周囲、全長1.5キロメートルにわたり土を凍らせる世界にも例のない企てだ。

地下30メートルまで埋めた配管に冷却液を流して管の周囲を凍らせ、原子炉建屋への地下水流入を遮断する狙いである。汚染水対策の「切り札」とされ、345億円の国費が投入された。

凍土壁の建設工事は14年に始まり、17年11月にほぼ終えた。東電は18年3月、凍土壁の汚染水遮水効果を「1日当たり95トン」と発表したが、効果は限定的だ。17年秋の台風に伴う大雨で、地下水の汚染水発生量がそれまでの1日当たり約100トンから3倍の推定300トンに増えたことが判明している。汚染水対策の長く険しい道のりは、今後も続く。

苦境に立つ東電が、結局は地元漁民の反対を押しきって、汚染水を薄めて海に放出する公算が強まった。

凍土壁の維持費は年間10数億円かかるとされ、その費用も税金や電気代から支出される。

このような八方塞がりの状況下、原発の再稼働禁止を命じる高裁判決が現れる。司法の側から、政府の原発推進策にストップが掛けられたのだ。

6. 新しい知見相次ぐ

かつて「原発は安全」と国民が信じ込まされていた安全神話は、福島第一原発事故によって吹っ飛んだ。この事故の教訓を汲んで、政権の原発再稼働を止

める決定が高等裁判所から、事故後7年近く経って下された。

　広島高裁(野々上知之裁判長)は17年12月、四国電力伊方原発3号機の再稼働を巡り住民が求めた運転差し止めの仮処分裁判で広島地裁決定を覆し、運転を禁じる決定をした。阿蘇山(熊本県)が過去最大規模の噴火をした場合、火砕流が到達する可能性はあり得ると判断したのだ。この結果、同原発は18年9月末まで運転が差し止められる。原発の運転禁止の判決は高裁では初めて。

　原発に対する仮処分申請を巡っては、福井地裁が2015年4月に関電大飯原発3、4号機、大津地裁が16年3月に関電高浜原発3、4号機の運転差し止めをそれぞれ命じたが、抗告審や異議審で取り消されている。

　保守的な判事の多い高裁段階での運転差し止め判決は、原発の安全性への疑念が司法界に広がっていることの表れだ。そのこと自体、大きな波紋を投げたが、差し止め理由はかつてない衝撃的な内容だった。

　というのも、阿蘇カルデラの破局的噴火による火砕流の危険に言及し、過去最大規模の火砕流を例に原発にまで到達する可能性が「十分に小さいとはいえない。立地として不適」と断じたからだ。過去最大規模の火砕流の到達例とは、約9万年前を指す。その時の巨大噴火で、阿蘇に世界最大級のカルデラができた。

　伊方原発は阿蘇から東へ約130キロ離れている。その噴火リスクを計るのに、判決は原子力規制委が用いる「火山影響評価ガイド」を基に、規制委と真逆の認定を下した。

　規制委が16年に再稼働を認めた四国電力の噴火リスク評価を過小とみなしたのだ。

　広島高裁の判断に従えば、現在稼働中の九州電力川内原発1、2号機も運転差し止めの対象となる。伊方原発より阿蘇に近い上、周辺には活火山の桜島や鹿児島湾となったカルデラがあるからだ。

　日本で巨大噴火が起きるのは、1万年に1回程度とされる。これをリスクとみた広島高裁判決の影響は大きい。日本は世界有数の火山国・地震国であり、災害は全国至る所で起こりうる。「原発は日本列島のどこにもふさわしくない」という考えが示されたのではないか。

一強多弱の議会で政権の一党独裁性が強まり、権力への忖度が横行する政治状況下。政治権力からの独立性を比較的保つ司法の判断は重みを増す。時折り現れる運転差し止めの判決が、原発再稼働への不安におののく住民を勇気づける。

　その判決例の一つに、14年5月21日に福井地裁の樋口英明裁判長が言い渡した「大飯原発運転差止請求事件判決」がある。樋口判決は関西電力の主張を次のような理由で退けた。

　「被告は本件原発の稼働が電力供給の安定性、コストの低減につながると主張するが、当裁判所は、極めて多数の人の生存そのものに関わる権利と電気代の高いの低いの問題等とを並べて論じるような議論に加わったり、その議論の当否を判断すること自体、法的には許されないことであると考えている」と断じた。その上で「…コストの問題に関連して国富の流出や喪失の議論があるが、たとえ本件原発の運転停止によって多額の貿易赤字が出るとしても、これを国富の流出や喪失というべきでなく、豊かな国土とそこに国民が根を下ろして生活していることが国富であり、これを取り戻すことができなくなることが国富の喪失であると当裁判所は考えている」と明言した。

　広島高裁判決で見直されたのは、火山リスクばかりでない。超巨大地震のリスクが再び注目されてきたのだ。

　政府の地震調査委員会は17年12月、北海道東部の十勝沖から択捉島沖の千島海溝で、マグニチュード（M）9級の超巨大地震が迫りつつある、と発表した。発生は「340～380年」周期とし、前回の発生から約400年が過ぎている。そこから今後30年以内に7～40％の確率で起きると予測した。

　約400年前の17世紀初頭、超巨大地震が引き起こした大津波の記録は、アイヌの言い伝えにも残る。調査に当たった平川一臣・北海道大名誉教授（自然地理学）は、大津波の波高は少なくとも20メートルはあり、東日本大震災級だった、とみる。

　地震調査委は、M9級の超巨大地震は過去6500年間に最多で18回発生したと推定。30年以内に発生が切迫している可能性が高いとした。東日本大震災や南海トラフ巨大地震に加え、北海道でも海溝型超巨大地震のリスクが浮上してきたのである。

東日本大震災の場合も、過去の大津波の記録をひもとけば、再来のリスクを想定して備えることができた。しかし先例となる三陸沖大津波をもたらした貞観大地震（869年、平安時代前期）は、福島第一原発の立地・建設を検討する際に、考慮されなかったのだ。歴史の教訓は無視された。

　最近の新たなリスクの知見は、東日本大震災・福島第一原発事故の犠牲の上に得られたものだ。大学などの研究機関や政府の専門委員会が、従来言われていた地震や火山活動などの危険性を見直し、新しい知見でリスク評価を改めてきたのである。

　にもかかわらず、政府は重大事故の教訓を汲み取らず、原発再稼働に余念がない。失敗続きの核燃料サイクル政策を取り止める考えもない。多くの国民が抱く原発への不信・不安や最近の研究成果に、まるで反応しない。

　原子力規制委は17年12月、東電柏崎刈羽原発6、7号機（新潟県）の安全審査の合格証に当たる「審査書」を正式決定した。東電の原発としては初の合格。しかも福島第一と同じ沸騰水型（BWR）だ。BWRタイプは格納容器の容積が加圧水型（PWR）に比べて小さく、安全性が劣るとされる。しかし規制委は東電の安全対策が新規制基準に適合している、とお墨付きを与えた。

　この結果、安全審査に合格した原発は8原発14基となり、18年4月までに5原発7基が再稼働した（うち伊方原発3号機は広島高裁が17年12月に運転差し止めの仮処分。玄海原発3号機は配管の蒸気漏れ事故で3月31日から約2週間、発送電停止）。とはいえ、再稼働には地元自治体の同意が必要なため、規制委が安全認定しても一筋縄ではいかない。

　今後は18年3月の日本原子力発電と30キロ圏内6市町村とが結んだ、再稼働に際して事前了解（合意）を得る新協定を契機に、合意の対象を30キロ圏に拡大する方式が他の原発にも波及することになろう[3]。

7. 政府が原発にこだわる理由

　ここで疑問が頭をもたげる。
　住民の不安をぬぐえない中、政府が世論の反対を無視して原発に異常にこだわる理由とは何なのか——。

筆者はその背景に「原子力村」の存在があるとみる。経産省が原発事故直後の2011年5月に明らかにした幹部OBの電力会社への再就職（天下り）は、過去50年に電力12社に対し68人に上る。うち東京電力には事故当時、副社長4人、顧問1人を官僚OBが占めた。最終官職は、副社長4人が通産事務次官、通産審議官、経済企画審議官、経産省基礎産業局長。次期の副社長昇格で内定していた顧問は、前年8月まで資源エネルギー庁長官だった。

　しかしこれは、氷山の一角でしかない。「原子力村」には、電力会社を頂点に東芝、日立製作所、三菱重工などの原発機器メーカーや原発関連企業、関係する公益法人、独立行政法人、研究機関、大学などが集まり、利害を共有しているからだ。

　この巨大な利権集団に対し原子力行政に関わる経産省と文部科学省が規制権限や補助金、交付金等のカネを握って睨みを利かせ、天下る。原子力村とは、原子力に関係する産官学の癒着複合体である。原発政策の推進に向け、一体となって取り組んできたのである。

　東京新聞の事故直後の調査報道（11年5月16日付け）によると、原子力や放射能に関係する29の公益法人や独立行政法人の計17団体に官僚OBが36人（うち常勤21人）在勤していたことが判明。中には原子力安全・保安院（当時）の元幹部や原子力安全委員会の元事務局長もいた。

　天下り団体の業務内容は、原子力行政に密接に関わる。例えば財団法人の原子力安全技術センター（天下り4人）は、事故当時、放射能汚染実態の公表が遅れて問題になった放射性物質の拡散予測システム「SPEEDI」を運用する。財団法人・日本立地センター（天下り4人）は、原発や核燃料サイクル施設の建設のため、地域住民らに広報活動する団体。独立行政法人・日本原子力研究開発機構（天下り3人）はもんじゅを運営した。

　日本原子力研究開発機構や原子力安全技術センター、日本分析センターなどには、国家公務員OBの役員がいまなお複数在職し、中央省庁とつながる。

　これら天下り団体の多くは霞が関から1キロ圏内の虎ノ門などにオフィスを構え、役所との付き合いを密にする。国の原発政策の背景に、このような産官学の利権複合体が蠢く。

おわりに

　「原子力村」がつくり出した幻想「原発神話」は、「原発は安全で安い」というふれこみだった。しかし福島第一原発事故は安全神話と並ぶもう一つの神話「原発は安い」も覆した。安全対策費用や廃炉費用の急増でコストがかさ上げされたのだ。東電は事故処理の費用がかさんで、国の肩代わりなしでは負担できずに、2012年7月に実質国有化され、事実上倒産した[4]。

　政府は15年に発電コストの比較調査の結果、原発の発電コストが石炭火力や天然ガス火力に比べ最も安い、と発表した。しかし国が支援する政策コストおよびその後に上昇した安全対策コストを算入すると、結果は真逆となる。福島事故前でも、国から多額の資金が投じられる立地対策費、広報費などの政策コストを加えた実績値でみると、原発が飛び抜けて高価な電源となる[5]。

　現に事故後の原発の建設コストの高騰と受注減から東芝の子会社だった米ウェスティングハウス（WH）は、17年3月に経営破綻した。仏原子力大手のアレバも、経営環境の激変から深刻な経営危機に陥った[6]。

　経産省は国のエネルギー中長期政策の指針となる次の「エネルギー基本計画」を18年夏にも発表する。原発の再稼働が進まない中、再生可能エネルギーを初めて「主力電源」に位置付ける。原発については「堅持する方針」としながら新増設やリプレース（建て替え）には踏み込まない見込みだ。前回14年の計画策定で示した30年度の電源構成の数値目標（再生エネ比率22〜24％、原子力20〜22％）は、そのまま継続する。再生エネの導入が国際的に急伸する中、原発偏重の内容だ。

　原発を堅持するため、政府は「脱炭素化の選択肢」という大義名分を押し出す。その際、地球温暖化対策の国際的な枠組み「パリ協定」に際し、政府が約束した温室効果ガス削減計画の達成の必要性が叫ばれるだろう。環境に深刻な放射能汚染をもたらした原子力発電が、あたかも環境に無害なクリーンエネルギー源であるかのようにすり替えられるわけだ。

　福島原発事故後、世界で脱原発を決めたり表明する国が続出した。メルケル首相率いるドイツに始まりイタリア、スイス、ベルギー、台湾、韓国などだ。

原発先進国の大勢と言ってよい。

　反面、トランプ米大統領は17年6月、「原子力の再興と拡大」を宣言した。パリ協定から離脱通告し、「石炭、シェールオイル・ガスなどの化石燃料プラス原子力信仰」を表明した形だ。この米国の動向が、日本や新興国の原発推進勢力を力づける波乱要因となる。

　以上、みてきたように日本の原子力政策は推進リスク、持続可能性、経済合理性の3視点からみて事実上、破綻し、完全な行き詰まり状態にある。にもかかわらず、政府は政策の失敗を認めない。撤退の可能性に言及することもなく、将来見通しを示せないまま巨額の出費をいたずらに続ける方向だ。政府が原発推進政策を続ける限り、この先、長期にわたる莫大な国富の喪失と重大事故の危険性は避けられない。〈2018年4月25日脱稿〉

（北沢　栄）

注

1) もんじゅの先輩格の高速増殖炉「スーパーフェニックス」は、フランスを中心とした欧州各国の共同プロジェクトとして1986年に運転を開始。しかしナトリウム漏れ等トラブルが続き、フランス政府は98年に「コストがかかりすぎ、技術的に実用化の見通しが立たない」と廃炉を決めた。現在、廃炉に向け炉心燃料の取り出しとナトリウムの抜き取り作業を進めている。

2) 廃炉作業に関し日米の技術力の差は大きい。『日本経済新聞』（2017年12月17日付け）によると、日本より原発の老朽化が進む米国では、すでに30基が運転を停止し、うち10基が解体終了、6基が進行中だ。廃炉専門企業が出現し、廃炉作業スピードはかなり速い。ミシガン湖に面するザイオン原発では大型原子炉2基に対し2010年から10年計画で作業を始めたが、現場責任者は「予定を前倒しして8年間で完了する」という。小型原発の場合、4年間で完了を目指す専門業者もいる。

3) 首都圏にある唯一の原発の東海第二原発（茨城県東海村）の再稼働を巡り、日本原子力発電（原電）と30キロ圏の水戸など6市町村は2018年3月29日、原電が各自治体から同意に当たる事前了解を得ることを約束した新協定を結んだ。各地の原発では、再稼働の事前了解はそれまで道県や立地市町村に限定しており、対象を30キロ圏に拡大するのは初めて。

4) 政府の原子力損害賠償支援機構は2012年7月31日、東京電力への1兆円の出資を完了し、議決権の50.11％を握って実質国有化した。

5) 『週刊エコノミスト』2017年2月7日号、28-29頁。大島堅一・立命館大学国際関係学部教授の調査によれば、1970～2010年度の実績値で比較すると、原子力が1キロワット時当たり13.1円、火力9.9円、水力3.9円と原子力のコストが最も高い。

6) アレバグループの経営危機は電力の75％を原子力に依存するフランスの経済を揺るがす。親会社「アレバSA」（仏国営企業）は、福島第一原発事故以降、5年間に1兆円を超える最終赤字を出したとされる。こうした中、三菱重工は2017年12月、フランス政府の要請に応じアレバグループが再編されて傘下に入った世界最大の電力事業者・フランス電力会社（EDF）が立ち上げたNew NP社への出資（出資比率19.5％）を決め、EDF及びアレバグループと合意した、と発表した。

主な参考文献

秋元健治『原子力推進の現代史　原子力黎明期から福島原発事故まで』現代書館、2014年。
朝日新聞特別報道部『原発利権を追う　電力をめぐるカネと権力の構造』朝日新聞出版、2014年。
今西憲之『原子力ムラの陰謀　機密ファイルが暴く闇』朝日新聞出版、2013年。
内橋克人『日本の原発、どこで間違えたのか』朝日新聞出版、2011年。

第 2 章

技術と社会の協働

―デンマークの風力発電機開発等からの考察―

はじめに

　日本は戦後の高度成長を経て技術立国として世界列強国に肩を並べてきた。その地位を確立するために、国や民間企業が研究開発に投じてきた費用は膨大であり、現在も OECD 諸国に匹敵する額である。2015 年の科学技術の研究開発総額は約 19 兆円であり、GDP 比では 3.6％（2015 年）に及ぶ[1]。

　日本の技術進歩は、研究開発における技術的課題に焦点を当てて、その解決へと導く新しい技術を開発することで遂げられてきた。即ち技術的課題を新しい技術で解決するというサイクルを回すことですすめられてきたのである。

　他方、研究開発における社会的課題、技術を進めるうえで障害となる既存のサプライチェーンや環境問題などは、政策側が対処する問題として研究開発とは区別されてきた。日本に限らず先進国のほとんどが同様の体制をとってきた。

　しかし、20 世紀後半あたりから、技術と社会は複雑に絡み合うようになり、研究開発課題あるいは技術的な課題を技術的検討のみで解決することが難しくなってきた。化学物質汚染や遺伝子組換え食品など環境面や人の健康面への影響が懸念されるようになり、技術的な課題を社会科学的な視点も含め検討する必要性が出てきたからである。

　物理学者の A.M.ワインバーグは、このような研究開発や技術的課題を、科学によって問うことはできるが、科学によって答えることのできない問題群からなる領域とし、トランス・サイエンスという新しい概念を提示した[2]。トランス・サイエンスにおいては、特に技術の倫理的な側面が重要となることが

指摘されている[3]。今日、生殖医療や人工知能など、社会への多大な影響が予測される技術については、この技術倫理の重要性が顕著になりつつある。このように、21世紀の研究開発は、社会的な側面も同時に視野に入れてすすめる必要があり、その社会的影響も考慮した政策が重要となる。

しかし、技術の進歩が社会と接点をもちながらすすめられてきた事例は20世紀後半以前にも皆無であったというわけではなく、過去にいくつもある。技術の進歩自体が、多くの場合、技術的な改善だけでなく、社会に応用されるアプリケーション、換言するならば、より社会に役立つ使われ方をするかを同時に検討することにより実現されるため[4]、研究開発や技術的課題の検討は、技術に関わる利害関係者との相互のやりとりをとおしてすすめられる必要があるからである。

本稿がとりあげるテーマ「技術と社会の協働」は、トランス・サイエンスの問題群というよりはむしろ、技術開発が社会との接点を経て、より良い技術として改善され、社会に浸透するためにとられるプロセスである。このプロセスへのアプローチとして、技術をもつ企業などにより、マーケティングの観点から技術の応用先や技術改善が検討されてきた。しかし、本稿は、技術を使う人以外の人も含めたその技術に関わる利害関係者との相互のやりとりから改善されたプロセスを対象とした。この点で、いわゆるマーケティングの概念とは異なるのである。

技術的進歩を社会との協働により実現した事例として、科学技術社会論[5]のオランダの研究者による2つの論考から、最初に19世紀のオランダにおける自転車開発の事例[6]を、次にデンマークの風力発電機の開発のプロセスに関する事例[7]をとりあげ、「技術と社会の協働」について考察する。

1. 近代化における技術と社会の協働—オランダの自転車開発

オランダは、自転車王国である。自転車は人々の暮らしに浸透しており、日常の自転車移動の距離は平均2.9km、自転車通勤を行っている人は人口の約25％に及ぶ。電動自転車は2014年時点で約120万台が普及している[8]。このように自転車が普及した背景には、オランダが狭い国土を有効利用するため

に、古くから移動手段として自転車の活用を政策的に推進してきたことにある。

　オランダにおける自転車開発は、19世紀に遡る。科学技術社会論の研究者であるバイカーやピンチは、オランダにおいて自転車が当時の社会に広く浸透したプロセスを、開発者が自転車に関わる利害関係者とのコミュニケーションをとおして行った技術的改善の取組の経緯として論じている。本稿は、「技術と社会の協働」として、このバイカーやピンチが論じた自転車開発の事例について紹介する。

(1) 19世紀オランダの自転車開発

　19世紀のオランダでは、現在普及している前輪と後輪が同じ大きさの典型的な自転車とは異なり、前輪が大きく後輪が極端に小さいペニーファーシング自転車（Penny-Farthing Bicycle）（図表2-1参照）が自転車愛好家に人気を博していた。

図表2-1　ペニーファーシング自転車（Penny-Farthing Bicycle）

出典：http://www.deluxevectors.com/vector/transport/penny-farthing.html
（2018年3月23日時点）

　しかし、ペニーファーシングが、一般の人々の間に普及するには様々な問題があった。例えば、女性はスカートが大きな前輪に絡まりペニーファーシングに乗ることができず、愛好家の多くは男性であった。高齢者は、ペニーファーシングの走行が不安定であるため、その安全性を求めた。このような女性や高

齢者といった当時の社会的弱者からのクレームについて、消費者団体などの組織が企業や政府へ要望を提出した。ペニーファーシングの問題改善の要望も、消費者団体が自転車開発者に対して積極的に行った。

ペニーファーシングの主なユーザーは、スポーツサイクリング愛好家やツーリズム愛好家などであった。彼らが満足する自転車であればよいという考え方もできたわけだが、当時の自転車の開発者は、自転車を一般に広く普及させるために、女性や高齢者がユーザー対象として重要であると考えた。そのため、安全性の問題を重視し、更なる技術的な改善が図られた。そうして開発されたのがイクストラオーディナリ（Xtraordinary）自転車であった。更に加速可能なスピード面の性能を改善したローソン（Lawson）の自転車（図表2-2参照）が1879年に開発された。

図表2-2　ローソンの自転車（Lawson's Bicyclette）

Lawson's chain-driven Bicyclette, 1879.

出典：http://www.oldbike.eu/museum/bikes-1800s/1892-1893/1893-velo-p-fageot/
（2018年3月23日時点）

(2) ローソンの自転車に至る技術的改善のプロセス

ピンチとバイカーは、ペニーファーシング自転車からローソンの自転車に至るプロセスを可視化した（図表2-3）。事業者やユーザーなどの主体は◯、

図表 2-3　ペニーファーシング自転車からローソンの自転車に至る開発プロセス

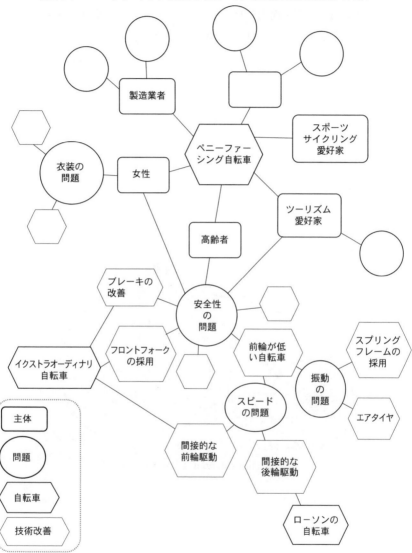

出典：Trevor, J. P. and Bijker, E. W., "The Social Construction of Facts and Artifacts: Or How the Sociology of Science and Sociology of Technology Might Benefit Each Other", *Social Studies of Science*, Vol.14, 1984, 399-441 をもとに筆者翻訳。

第 2 章　技術と社会の協働　191

問題点を〇、自転車を◯、技術的改善点を細い線の◯で表している。

　ペニーファーシング自転車に関わる主体は、左上の製造業者、その下にある女性、斜め下の高齢者、右横のスポーツサイクリング愛好家、その下のツーリズム愛好家である。前述のとおり、女性のスカートなどの衣装が自転車には合わないといった問題があった。更に、女性と高齢者からペニーファーシングの走行の不安定さに対してクレームがだされ、その安全性が求められた。開発者は、こういった問題を克服するために、ブレーキやフロントフォーク[9]、前輪を低くするといった技術的な改善策を講じた。

　安全性や乗りやすさが求められる一方、自転車をより便利なものとするために、スピードを加速させるための性能向上に関する要望も出された。この要望に応えるために、前輪駆動から後輪駆動の技術が採用され、ローソンの自転車の開発に至った。このように、自転車が一部の愛好家から一般の人々に広まるプロセスの中に、消費者団体などからの要請があったために、自転車は更なる普及の一途をたどることができたのである。1879 年以降も、安全で快適な自転車の開発は追及された。ほぼ現在の一般的な自転車の形態になったのは 1898 年であるという[10]。

　このように、自転車開発は利害関係者間の交渉のプロセスを経てすすめられ、今日では、自転車は子どもから高齢者まで日常で使われるようになった。そして、国を越え世界共通の乗り物として社会に浸透している。

2. 再生可能エネルギー普及のための技術と社会の協働
—デンマークにおける風力発電機開発

　次に、デンマークにおける風力発電機開発の歴史的な経緯を概観する。殊に、この経緯のなかで行われた技術と社会の協働のプロセスについて、科学技術社会論の研究者であるグリンとグラフの論考を参照し紹介する。

　デンマークは、2020 年までに電力消費量の 30％を再生可能エネルギー源とし、2030 年に 50％、2050 年には脱化石燃料という野心的な再生可能エネルギーへの移行を目標に掲げている。2016 年時点では、28.9％が再生可能エネルギーによる電力消費量である[11]。そのかなめとなる風力発電は、図表 2-4 に

示す通り、1990年の610GWhから2012年に10,270GWhとなり、9,660GWh増加した。今日、風力発電はデンマークにおける約40%の電力消費を補っている[12]。2016年第四四半期の電力価格は126ドル／MWh（0.126ドル／kWh、日本円で13.6円／kWh（1ドル110円換算））という低価格を実現させている[13]。デンマークの風力発電機の開発企業であるVestas Wind Systmes A/Sは77か国に自社開発した風力発電機を設置し、世界の市場の17%を占めている。

図表2-4 デンマークの風力発電量（Gross electricity production）の推移（1990年〜1912年）

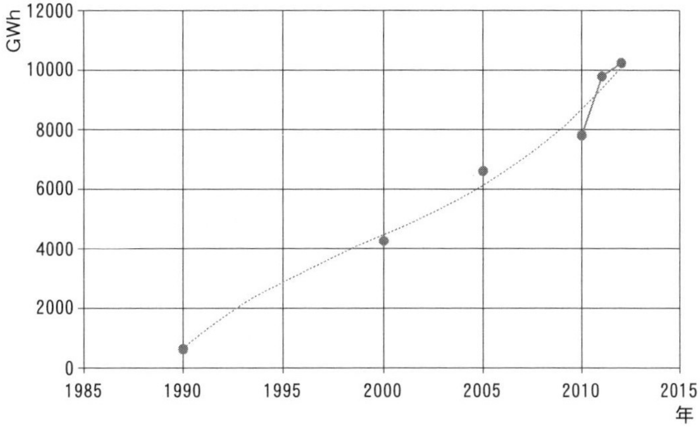

出典：IEA Renewables Information, 2014版をもとに筆者作成。

このようにデンマークの風力発電機が飛躍的に普及し、Vestas Wind Systems A/Sなどグローバルカンパニーが輩出された経緯はいかなるものであろうか。また、何がトリガーになったのであろうか。グリンとグラフは、1970年代から風力発電機の開発の経緯を追い、技術と政策、企業マネジメントの関わりについて論じた。この論考を参照し、以下にデンマークの風力発電機開発の経緯を概観する。

(1) 1970年代から1980年代にかけての風力発電機開発

デンマークは、オイルショック以後、電力の自給化を目指すと同時に国民が原子力に依存しない国家を望んだ[14]ことから、1975年にデンマーク国家風力

発電技術開発プログラムが開始された。このプログラムでは、それまで20年使われてきたジョアン・ジュール（Johannes Juul）が設計した200kWのGedser発電機の計測が行われた。その結果をもとに中央集権的な電力供給のために発電機の規模拡大の推計を行う研究開発が1979年から1981年にすすめられた。実施したのはデンマーク政府が設立した企業 Danish Wind Technology[15]であった。Danish Wind Technologyはデンマークの風力発電の研究開発予算の80％以上を獲得していた。しかし、小規模な発電機の設計をもとに0.5MWから1MWの規模拡大の推計を行うのは難しく成功しなかった。風力発電は予測以上に複雑であったからである。

他方、Danish Wind Technologyによる国家プログラムの他に、地域の小規模事業者、鍛冶屋や技能者（craftman）が、小規模な発電機の設計を徐々に改善しつつ発電機の規模を拡大していた。彼らはジュールの「徐々に改善しつつ習得していく」という開発理念に踏襲して技術開発をすすめた。発電機の顧客は、小さなオフィスをもつ会社や集合住宅で、小規模な発電機による電力が供給された。このような分散化電源による発電は再生可能エネルギー志向に乗ってもてはやされ、デンマーク議会からの支援も得ることができた。グリッドとの接続も可能となり、小規模事業者は民間からも公共政策からも恩恵を受けた。1980年代には、小規模事業者による風力発電機は、徐々に大型化に向けて改善される戦略がとられ、50kWの設計まで大型化した。このデンマークの小規模事業者の発電機は米国で好評で、1982年と1983年には米国がデンマークの風力発電機の第一の輸入国となった。

風力発電機の輸出が拡大するにつれ、小規模事業者の生産だけでは大型化及び海外からの需要に対応できなくなった。小規模事業者に代わって工学的に体系化された知識をもつ技術者のいるDanish Wind Technologyのような企業が75kWまで大型化した風力発電機を生産した。このような技術開発と民間の大型投資が、デンマークの電力会社には脅威となった。1985年12月にデンマークのエネルギー省は、民間の風力発電機の大型化の規制に動き出し、電力会社はその規制に対して合意した。その後5年間、電力会社は風力発電事業のシェアを拡大した。

その結果、小規模事業者の国内シェアは縮小し、輸出量の減少も相まって、

多くの企業が倒産した。他方、小規模事業者のなかで存続した企業は、外部の工学的に体系化された技術の専門知識を得て、新しい経営体制をとった。風力発電機は、1980年代後半には300kWから400kWの、よりスリムでエレガントなデザインとなった。また、この頃、チェルノブイリ事故が起こり、電力会社に対してより一層の風力発電事業拡大の圧力がかかり、風力発電機の需要は増大した。小規模事業者は合併、吸収を繰り返しながら、工学的に体系化された技術知識を得て発展し、デンマークの風力発電事業を成功へと率いていった。

(2) **風力発電草創期の利害関係者とそれぞれの見解**

前述の草創期における風力発電機開発の経緯から、デンマークの風力発電事業の展開には、鍛冶屋や技能者等の小規模事業者と、デンマーク政府主導の国家プロジェクトの2つの関係者の存在が大きく貢献していることがわかる。この2つの関係者の取組が相互に作用して風力発電事業は成功した。どちらかひとつでは成功を遂げることはできなかった。

小規模事業者は「Juulの設計」に基づく知識から地域に根差した風力発電機を開発し、規模を拡大していった。しかし、ある一定以上の規模拡大をとげることはできなかった。一方、国家プロジェクトは、既存の風力発電機から一気に大規模化を図ろうとしたが、簡単にはいかなかった。小規模事業者は倒産、合併を繰り返し、存続した事業者は国家プロジェクト事業の技術者から工学的に体系化された知識を得て事業を展開した。

この技術的な発展について、グリンとグラフは、小規模事業者と国家プロジェクト事業者の事業に対する考え方に注目し、見解フレーム（frame of meaning[16]）という枠組を用いて、その考え方の根底にある ① 方針・手段、② 目的・問題の捉え方、③ 背景にある考え方、④ 支持する社会秩序や知識の違いを比較した。この枠組を用いることで、両者の表面的な違いだけでなく、風力発電機開発に対する考え方のフレームの違いを際立たせることができる。

図表2-5が示す通り、持続可能な環境対策のための ① 方針や手段については、小規模事業者は、地域の小規模風力発電機器を徐々に改善する方針をとった。一方、国家プロジェクト事業者は、工学系の専門組織体制を組んで中央集

権的な大規模風力発電機の開発を行った。

　再生可能エネルギーへの転換のための②目的や問題の捉え方については、小規模事業者が、地域経営による分散型発電での解決を志向するのに対して、国家プロジェクト事業者は、中央集権的な大規模風力発電機を開発することで解決できると考えた。

　③その背景にある考え方については、小規模事業者は、経験的な知識に基づいて徐々に改善を図れば技術的な進歩は実現できると捉えていた。これに対し、国家プロジェクト事業者は、技術的な進歩は政治的な目的に応じて、科学のスコープを広げて実現することができると考えた。

　④支持する社会秩序については、小規模事業者は、国民による参加型社会を前提とし、分散型発電を第一とした。一方、国家プロジェクト事業者は、国

図表 2-5　風力発電機開発をめぐる見解フレーム（frame of meaning）

項目	地域の小規模事業者	Danish Wind Technology など国家プロジェクト事業者
① 方針・手段	・既存の風力発電技術を徐々に改善 ・地域の小規模風力発電機器 ・反体制的な起業家による開発	・工学系改善プログラムによる大規模発電機の開発 ・中央集約的な風力発電機器 ・工学系専門組織による開発
② 目的・問題の捉え方	・環境面を考慮した分散型発電 ・地域経営による風力発電	・中央集約的な発電の風力エネルギーの割合の増加 ・大規模発電
③ 背景にある考え方	・経験的な既存の知識に基づけば技術的な進歩は実現可能 ・技術的な進歩は本質的に制御可能 ・再生可能エネルギー源に代わらなければ化石資源は枯渇	・技術的な進歩は科学のスコープを広げて可能となる ・技術的な進歩は有効に利用され、政治的な目的に応じて制御されるべき ・再生可能エネルギー源は化石資源の需要を減少させるために有効
④ 支持する社会秩序や知識	・国民による参加型社会と分散型の発電 ・既存の知識「Juul の設計」 ・失敗のない試行学習	・政策決定機関にデザインされた中央集権発電システムに基づく社会 ・「流体力学、構造力学」などの専門的な知識に基づき政策目標を遂げる ・予測的な学習

出典：Grin, J. and Graaf, H. v., "Technology Assessment as Learning", *Science, Technology, & Human Values*, Vol.21, No.1, Winter 1996, 72-99.の Figure 2, Figure 3 をもとに筆者作成。

主導の中央集権発電を第一とした。④ 支持する知識については、小規模事業者は、「Juul の設計」を支持し、失敗のない試行学習を前提とした。一方、国家プロジェクト事業者は、工学系の「流体力学、構造力学」を支持して規模を拡大する予測的な学習を前提とした。

このように、分散型の小規模風力発電事業から出発し、徐々に規模を拡大する小規模事業者による地域に根差した事業と、中央集権型の大規模風力発電事業を志向し工学的に体系化された知識に基づき研究開発を行った国家プロジェクト事業者による事業とでは、風力発電事業に対する考え方が明確に異なることが理解できる。そして、風力発電機の大型化の社会的な要請を背景として、両者の「Juul の設計」思想と工学的な体系化した知識の技術的な知識の相互作用をとおして、デンマークの風力発電事業は発展した。

加えて、小規模事業者は、風力発電機の輸出が増加するにつれ、発電機の大規模化に伴う大型経営と国際化にも対応した経営に転換していかざるをえなかった。図表2-6 は、地域の小規模事業者の従来の経営の見解フレームと、大規模化及び国際化に対応した経営の見解フレームである。

図表2-6 の項目にそってみていくと、経営の ① 方針や手段については、従来の小規模経営は、地域ユーザーのための小規模発電機の開発と販売を行っていた。一方、大規模国際化対応の経営では、輸出市場向けとこれまでの地域市

図表 2-6　小規模事業者の経営パラダイム

項目	地域の小規模事業者の経営	大規模国際化段階に必要とされた経営
① 方針・手段	・地域ユーザーのための小規模発電機の開発と販売	・輸出市場向け及び地域ユーザー向け中小規模発電機の開発と販売
② 目的・問題の捉え方	・分散型電力発電のための小規模発電機の開発	・地域ユーザーと海外ユーザーから信頼される発電機
③ 背景にある考え方	・起業家による小規模な経済性	・大規模市場や販売方法に関する理論 ・国際競争や海外市場の理解 ・組織論
④ 支持する社会秩序や知識	・公平性 ・地域の市場	・デンマーク国内と海外市場のビジネスバランス

出典：Grin, J. and Graaf, H. v., "Technology Assessment as Learning", *Science, Technology, & Human Values*, Vol.21, No.1, Winter 1996, 72-99. の Figure 4 をもとに筆者作成。

場向けの異なる市場を対象とした経営が求められた。
　② 目的や問題の捉え方については、従来の小規模経営では、分散型電力発電のための小規模発電機の開発が主たる目的であったが、大規模国際化対応の経営では、地域ユーザーと海外ユーザーから信頼される発電機の提供が主たる目的であった。
　③ 背景にある考え方については、従来の経営では、起業家による小規模経営が前提であったが、大規模国際化対応の経営では、大規模市場や販売方法に関する理論や国際競争や海外市場の理解が求められた。
　④ 支持する社会秩序や知識については、小規模経営では、公平性や地域の市場を前提としたのに対し、大規模国際化対応の経営では、デンマーク国内と海外市場をどのように集中するかそのバランスが重視された。
　このように、草創期のデンマークの風力発電機開発は、再生可能エネルギーを志向する社会的要請から、地域の小規模事業者、国家プロジェクト事業者、電力会社が相互に関与しながら発電機の大型化及び国際化経営を進めることで発展を遂げたのである。

3. 技術と社会の協働に関する考察

　本稿では、技術と社会の協働の事例として、オランダの自転車開発とデンマークの風力発電機開発の2つをとりあげた。この2つの事例から、技術と社会の協働についてあらためて考察したい。
　オランダの自転車開発は、技術開発企業と消費者団体や自転車を使う人々との相互の交渉の中で遂げられた技術開発であった。これに対し、デンマークの風力発電機開発は、地域の小規模事業者と国家プロジェクト事業者、電力会社や海外の輸出市場との駆け引きの中で遂げられた技術開発であった。2つの事例を技術と社会の協働という観点から比較すると、とりあげられる関係者間の構図は異なる。
　オランダの自転車の事例では自転車の愛好家に加えて、社会的弱者とされる高齢者や女性の意見を反映して開発がすすめられた。即ち、開発者と消費者との間の交渉があった。一方、デンマークの風力発電機開発では、主に小規模事

業者と国家プロジェクト事業者との技術開発事業者間の相互関係である。デンマークの風力発電機開発の事例には、消費者や市民が欠けているようにみえる。

しかし、電力事業の進展に目を向けるなら、小規模事業者等が風力発電機を供給した地域の自家発電と電力会社との競争環境において、自家発電を行った地域の人々、すなわち市民が大きく関わっていた。電力会社が、小規模事業者が行った風力発電事業を脅威と感じるようになったのは、地域の自立的な発電事業が市民の賛同を得て発展したためである。小規模事業者の、ある規模以上の風力発電機の開発は、国家プロジェクト事業者の技術者の協力を得てすすめられたが、このようなプロセスを経ても、もともとの小規模事業者が国家プロジェクト企業に吸収されるのではなく、国家プロジェクト事業者が小規模事業者に吸収され、小規模事業者が存続を図っており、草の根的な活動がトップダウン的な活動よりも優位であった。[17]

例えば Vestas Wind Systems A/S は、国家プロジェクト企業の Danish Wind Technology を 1990 年に吸収した。Vestas Wind Systems A/S が地道に技術開発を行い国際化を図る中で培った事業の実績が、もともと欠如していた工学的に体系化された知識を外部から得て、更に国際的なマネジメント手法により国際的な市場シェアを獲得していったものである。

したがって、この 2 つの事例の共通性をあげるなら、第一に、開発者と市民との技術を積極的に活用していこうとする前向きな相互関係があったことがあげられる。即ち、2 つの事例において、ボトムアップの民主的な技術開発の態度が技術的進歩及び社会への普及の牽引力となった。

次に共通点としてあげられるのは、技術が、関係者間のコミュニケーションを通して社会の要請にこたえている点である。オランダの自転車開発の事例では、国土が狭いオランダの交通事情から、輸送手段として自転車を活用し、誰でも利用できるようにするという社会的要請があった。そのため、女性や高齢者も安全に自転車に乗れるための技術開発がすすめられた。デンマークの風力発電機の開発事例では、再生可能エネルギー普及の社会的要請があって、風力発電機の技術開発がすすめられた。どちらの事例においても、技術が社会の要請にこたえるために、関係者間のコミュニケーションが必須であった。オラン

ダの自転車開発の事例では、自転車開発者と消費者団体等とのコミュニケーションがその役割を果たした。デンマークの風力発電機開発では、小規模事業者と国家プロジェクト事業者とのコミュニケーションや、事業者と地域あるいは海外の顧客とのコミュニケーションがその役割を果たした。

　更に、2つの事例には、それぞれ技術開発のプロセスにおいて従来の方法から変更していかなければならないパラダイムシフトがあった。オランダの自転車開発では、女性や高齢者から求められた安全性と自転車愛好家から求められた加速可能な性能改善という、2つの性能に関するパラダイムシフトがあった。また、デンマークの風力発電事業では、大規模化にともなう技術的知識のパラダイムシフトと、国際化にともなう経営面のパラダイムシフトがあった。このような技術的及び経営的なパラダイムシフトを克服できた製造事業者の製品が社会に受け入れられ定着していったのである。

　以上の2つの事例における技術開発は、その時代の社会の要請に対応するために、関係者間のコミュニケーションをとおして、いくつかのパラダイムシフトを図りながらすすめられてきたことがわかる。このプロセスこそが技術と社会の協働のかたちなのではないだろうか。即ち、技術に関わる多様な主体があって、その多様な主体がその時代の社会の要請にこたえるために、様々な動き方をする。そして、相互のコミュニケーションをとおして必要な要素を取り入れることで、技術開発は進歩を遂げる。このような技術進歩のための多様な関係者間のコミュニケーションを俯瞰的に捉えることが、次の技術開発を担うために重要である。

（上野伸子）

注
1）　経済産業省産業技術環境局技術政策企画室「我が国の産業技術に関する研究開発活動の動向 ― 主要指標と調査データ―」
http://www.meti.go.jp/policy/economy/gijutsu_kakushin/tech_research/aohon/a17_1_zentai.pdf
（2018年8月13日時点）
2）　Weinberg, A. M., "Science and Trans-Science", *Minerva*, 1972, 10, 2, 209-222.
3）　小林傳司『トランス・サイエンスの時代―科学技術と社会をつなぐ』NTT出版ライブラリーレゾナント、2007年。
4）　Trevor, J. P. and Bijker, E. W., "The Social Construction of Facts and Artifacts: Or How the Sociology of Science and Sociology of Technology Might Benefit Each Other", *Social*

Studies of Science, Vol.14, 1984, 399-441.
5 ）　科学的、政治的、経済的、文化的な価値がどのように科学の研究と技術革新に影響するのか、そしてこうしたことがらがどのようにして社会、政治、経済、文化のほうにも影響しているのかを探究する研究分野である。英語では、Science and Technology Studies、あるいは Science, Technology and Society、略して STS という。欧米では 1970 年代から研究領域として拡大。
6 ）　Bijker, E. W., *Of Bicycles, Bakelites, and Bulbs: Toward a Theory of Sociotechnical Change*, The MIT Press, 1997.
　　　Trevor, J. P. and Bijker, E. W., *op. cit.*, 1984.
7 ）　Grin, J. and Graaf, H. v., "Technology Assessment as Learning", *Science, Technology, & Human Values*, Vol.21, No.1, Winter 1996, 72-99.
8 ）　「Factsheet The Netherlands: cycling country」 https://www.cbs.nl/NR/rdonlyres/9F9F3F71-9324-46D3-AD7E-076C59F8392D/0/2015factsheetnederlandfietsland_ENG.pdf
9 ）　フロントフォークは自転車の車体を構成する部品の1つで、前輪軸を支持しながら転舵させる機構を持つ。単にフォークとも呼ばれるが、日本工業規格では前ホークと表記する。
10）　Trevor, J. P. and Bijker, E. W., *op. cit.*, 1984.
11）　IEA Wind, "Wind Energy in Denmark", 2018. https://community.ieawind.org/about/member-activities/denmark（2018 年 3 月 31 日時点）
12）　State of Green「前進する風力発電：風力発電がデンマークのエネルギー・システムにもたらす変革」、2018 年。
13）　Levring, P., "Denmark Positions Itself as the Flag Bearer for Wind Power", *Bloomberg Technology*, 2018. https://www.bloomberg.com/news/articles/2018-01-11/naysayers-caught-in-losing-bet-against-wind-power-denmark-warns（2018 年 3 月 31 日時点）
14）　"No, Thank you" campaign を展開した。
15）　Danish Wind Technology は 1989 年まで操業。以降は Vestas Wind Systems A/S に吸収された。https://www.en.wind-turbine-models.com/manufacturers/143-dwt-danish-wind-tech 2018 年 4 月 20 日時点）
16）　グリンとグラフは Schön による「frame of meaning」の方法を用いて論じている。
　　　Schön, D. A., *The reflective practitioner: How professionals think in action*, New York: Basic Books, 1983.
17）　牛山泉「デンマークの風車産業成立の技術史的考察」、『日本技術史教育学会誌』Vol.13、No.1、pp.33-38、2011 年。の中で、牛山は、「デンマークの風車産業成立のヒントは、ボトムアップ型アプローチにより、小規模な農業機械メーカーを中心に比較的単純でロバスト性を有する信頼性の高い風車を設計・製造してきたところにある。」と指摘している。

第3章
生活環境と酸素およびオゾン

はじめに

われわれ人間は地球と共生できているのだろうか？ 18世紀後半の産業革命以降、人間の生活は飛躍的に便利なものになった。さらに、150年ほど前の明治維新の頃からすると気軽に海外旅行へ行けるなど想像を絶する生活の躍進である。その一方で、環境汚染が問題となり1952年12月上旬にはイギリス・ロンドンで大気汚染によって2週間で死者が4千人にのぼったロンドンスモッグ事件などがある。

わが国でいえばかつての足尾鉱毒事件や四日市ぜんそくに代表される公害問題のように限られた範囲での局地的現象を越え、現代は地球温暖化のように環境問題はグローバル化しており、わが国も偏西風で中国からの越境汚染の影響を受ける。地球温暖化という背景から、世界の潮流も脱炭素社会へ動いている。

しかしながら、そのような地球環境汚染といえども、もともと局地的で人間的尺度の汚染の積み重ねの結果である。

われわれにとって一番身近な物質は水と空気であろう。その二つはわれわれの生命に最も関係深い物質である。その空気中の酸素（以下、O_2と表記）を体内に取り込んで、われわれは生活を営んでいる。地球の表面は空気の層で覆われているが、人間を含め陸上生物の多くはこの「空気の海」の深い底にあたる地表面近くで活動している。われわれは何気なく生きるための呼吸としてO_2を利用しているが、現在空気中に20.9％存在するO_2が16％ほどになれば身体にはさまざまな症状が現れてしまう。

個人の体質や訓練によって異なるが、少なくともO_2が10％以下になり、そ

の空気を吸えば脳細胞は壊れ意識不明になる。このように普段意識することのあまりない O_2 は生活の上で絶対に欠かすことのできない物質であるが、実は古来の地球では存在してはいなかったのである。古来の地球では、ほぼ 0% である。

また、O_2 とオゾン (以下、O_3 と表記) は同素体の関係にある。同素体とは互いに同じ元素から構成されるが、物理的ならびに化学的性質が異なる物質同士のことをいう。O_2 と O_3 は地球の空気中において連動している。更に空気の上層にある成層圏の O_3 は太陽の紫外線からわれわれの体内のデオキシリボ核酸 (以下、DNA と表記) を守るためのバリアーの働きをしている。逆に地表面近くの対流圏の O_3 は光化学スモッグとしてわれわれの健康を害する元凶物質となる。

この章では身の回りの生活環境として空気中に存在する主成分の一つである O_2 と、環境問題として重要な O_3 について検討する。昨今、$PM_{2.5}$ (粒径が 2.5 μ m 以下の浮遊粒子状物質) が世間的にも話題になるが、O_3 も中国大陸からの影響がある。そこで中国大陸からの越境汚染の影響として長崎・福江島におけるオキシダント (以下、Ox と表記。また Ox の大部分は O_3) 濃度を科学的な側面もある二十四節気別に解析する。また、光化学スモッグ注意報発令は現在においても首都圏で多く、首都圏から地方への影響についても論じる。

1. 地球の歴史上の酸素とオゾン

宇宙は今から 138 億年前にビッグバンと呼ばれる大爆発で始まったとされる。138 億年というのは現在の観測限界でおそらく今後は更に増えると思われる。この数字は光の速度 (約 30 万 km/秒) で 138 億年かかる距離までの宇宙の情報が、現在地球に届いているという訳で、宇宙空間は時間と共に膨張を続け、更にその拡がりは加速していると考えられている。

宇宙の歴史上で最初にできた元素は原子番号 1 の水素で、宇宙の中でも一番多い物質である。続いて、宇宙で 2 番目にできた元素は原子番号 2 のヘリウムである。これも宇宙において 2 番目に多い元素として存在する。

それでは宇宙の中で 3 番目に多い元素は何か？ 原子番号 8 の酸素原子であ

る（ここでは、酸素分子のO_2と区別するため、酸素原子（O）の場合は"酸素（原子）"と表記する）。ところで宇宙空間の中では簡単に酸素（原子）ができる訳ではない。例えば、現在の太陽は水素同士が核融合反応を経てヘリウムとなるエネルギーで恒星となり、その化学反応のエネルギーが地球などの惑星へ光（熱）エネルギーを与えている。太陽はヘリウムへの生成が全て完了するとその役目を終える。その際には「赤色巨星」となり、地球等を飲み込むほどの大きさとなる。ある限界以上の質量を保存していれば、ヘリウムが核反応を起し、さらに進化を続けヘリウムより重い原子である炭素（原子）や酸素（原子）が生まれる。そのような巨大なエネルギーを経て、宇宙空間で酸素（原子）ができる。こうした星の一生を繰り返し、新しい元素が生まれてくるというサイクルが続いていく。

地球の歴史は46億年となる。現在の金星、地球、火星における大気の組成を図表3-1に示した。大気とは、空気の層を含む地球を覆う気体の総称である。金星と火星の大気組成から、おそらく原始の地球においても二酸化炭素（以下、CO_2と表記）が主成分だったと思われる。地球の大気に劇的な変

図表3-1 金星、地球、火星の大気組成（%）

	金星	地球	火星
大気圧（気圧）	92	1	0.079
窒素（N_2）	3.5	78.1	2.7
酸素（O_2）	—	20.9	—
二酸化炭素（CO_2）	96.5	0.04	95.3

出典：神崎愷『酸素の科学』日刊工業新聞社、2014年。

化が訪れたのは、生命の誕生である。なぜ生命ができたのかは奇跡としか言いようがないが、宇宙の誕生しかり、生命の誕生しかり、その謎が解ける日を待つばかりである。人間を含む動物は有機物を摂取する「消費者」でO_2を代謝（代謝とは、生命が自分自身を維持するために行う化学反応）で利用するが、地球上の最初の生命は大気にO_2が存在しなかった為、O_2を必要とせず生きる上でのエネルギー代謝において海底火山から出る硫化水素（H_2S）を利用し、有機物を分解してエネルギーを作り出すことができる原核生物だったと考えられている。

しかしながら、27億年前に出現したシアノバクテリア（ラン藻）の大繁殖によって、これまでとは異なるエネルギー代謝の生命が生まれることになる。シアノバクテリアは、太陽光エネルギーでCO_2と水を原料に、光合成の結果

グルコース（ブドウ糖）（$C_6H_{12}O_6$）を生成した。CO_2 はルビスコという酵素（地球上で最も多い酵素）でつかまえる。従って、グルコースなど有機物のもとは CO_2 である。また副産物として O_2 を産み出すことになる。

$$6\,CO_2 + 6\,H_2O \rightarrow C_6H_{12}O_6 + 6\,O_2 \tag{1}$$

シアノバクテリアの大繁殖による光合成によって、生成された O_2 が地球の環境を劇的に大きく変える。光合成によって増加した O_2 は、海水中の鉄を酸化して縞状鉄鉱層をつくりながら、やがて海水中で飽和状態となり10億年くらい前から海上の大気中の O_2 濃度が増えていった。こうして生まれた O_2 は生物の体を作る有機物にとっては危険な存在であった。一方で、増え続ける O_2 に対して何とか生き延びようと原始の生物は適応を始め、新しい代謝法（O_2 呼吸）を編みだした。O_2 を利用（呼吸）することによってエネルギーの生成が効率的にできるのである（2節で後述）。エネルギー効率のよい O_2 呼吸で地球上の生命はどんどん多様化の道を歩むことになる。つまり、大気中の O_2 は植物の光合成の結果で生まれたことになる。

また、地球の海上では太陽からの紫外線が降り注ぎ、生命が存在できる場所はなかったが、O_2 が大気に出ると、紫外線により分子が分解し、反応性が非常に活発で不安定な酸素（原子）が産み出される。その酸素（原子）が O_2 と結びつき、O_3 が生成される。

$$O_2 \rightarrow O + O \tag{2}$$
$$O_2 + O \rightarrow O_3 \tag{3}$$

オゾン層は地球の上空で、上記の通り O_2 が紫外線により酸素（原子）となり、酸素（原子）が O_2 と結合して出来た集合体である。このような O_3 の生成は地球の歴史の中で O_2 が海中で作られ大気中に放出されると同時に開始されたはずである。最初は O_2 濃度が極めて薄いので O_3 もごくわずかであったと推測されるが、O_2 濃度がある程度高まると降り注ぐ紫外線の影響で式(3)のように O_3 の生成が激しくなり、地球にオゾン層が形成されることになる。ところで、そのオゾン層は O_2 濃度が薄い時は地上に近いところで形成され、O_2 濃度が濃くなるほど高いところに移動する。なぜならば O_2 濃度が薄い時は式(2)のように O_2 を分解する紫外線が地上近くまで到達し、地上付近で多くの O_3 が生成されるためである。O_2 濃度が高くなると上空でほとんどの紫外線が吸収さ

れ上空にオゾン層が形成されることになる。つまり、オゾン層が地上付近にあった時期は地上の O_3 濃度は高いと考えられる。またその時期は地上の紫外線量もかなり高かったと推測される[1]。

こうした O_2 と O_3 の釣り合いの中、約5億年前になると大気の上空にオゾン層が形成され、太陽からの紫外線や生物に有害な宇宙線が遮られるようになった。そして、淡水の水底に生活していた緑藻類の一部が、太陽の光を多く得られる陸上へ進出した。陸上植物が存在した証拠である胞子の化石は古生代・オルドビス紀（4億7千万年前）から発見されているため、植物の上陸はオルドビス紀と考えられる。ロディニア大陸の分裂によって、すでにゴンドワナ大陸は誕生していた頃である。

以上のように、大気中に現存量の約10%の O_2 濃度に達するまでには30億年を費やし、生物が陸地へようやく這い上がり、地上の O_2 を呼吸するようになったのは約4億年前のことである。そして、ファラロン-イザナギプレートの発散境界が沈みこみ、飛騨帯や三郡帯が形成された約2億2千万年前の中生代・三畳紀に恐竜が現れた。われわれ人間とチンパンジーの分岐は約500万年前の新生代・新第三紀とされるが、日本では丹沢地塊が本州に衝突した頃である。気の遠くなるほどの歳月だと認識できる。

2. 生活の中の酸素

酸素（原子）は、水や空気を構成するたいへん身近な元素である。人体の60％が水分で、体重70 kg の成人には総計45.5 kg の酸素（原子）が含まれていることになる。空気の質量の23％（体積で21％）は O_2 である。また、地球の地殻質量の47％が酸素（原子）である。太陽系でも水素、ヘリウムに次いで多い元素である（相対原子数比、$H : He : O = 1000 : 100 : 1$）。

われわれが義務教育の過程で学習する呼吸については、O_2 を吸って CO_2 を吐き出す外呼吸である。それに対して内呼吸はグルコースを分解してエネルギーのアデノシン三リン酸（以下、ATPと表記）にかえることである。人間は1回の呼吸で空気中に21％含まれている O_2 を15〜16％に減少させる。人間の中では1日に700 g の O_2 を吸収するが、まず肺に吸い込まれ、そこで肺の

細かい袋（肺胞）のわずか $0.2\mu m$ という非常に薄い膜を通して、その膜の裏側にある厚さ $0.1\mu m$ の血管壁を更にすり抜ける。O_2 は水には溶けにくいので、ヘモグロビンと適度な強さで結びつき、O_2 を取り込んだヘモグロビンは血液中を流れ、心臓ポンプによって全身の隅々まで O_2 を届ける。吸収された O_2 の95％が人間の身体の細胞中の小器官ミトコンドリア内で、エネルギーのATPを作る過程で消費される。ATPはわれわれ人間から細菌に至るまで、生命活動のさまざまな場面でエネルギーを受け渡す。その汎用的な役割からATPは「生体内のエネルギー通貨」といわれる。

生物がエネルギーを得る方法は、① その生物が独立して"一人"で無機物から化学的にエネルギーを得る（独立栄養）、② 太陽エネルギーを光合成により化学的にエネルギーを得る（光合成）、③ 光合成生物がつくった有機炭素を摂取し代謝してエネルギーとする（従属栄養）で、われわれは ③ で行っている。例えば、お米やパンなどの多糖類のデンプン（炭水化物、糖質ともいう）を食べ、人間の身体の中では唾液腺で分泌されるアミラーゼによって麦芽糖となり、小腸まで到達する頃には単糖類にまで分解されグルコースとなる。小腸繊毛の栄養吸収上皮細胞でグルコースが吸収され血液中を流れ、全身の細胞へ送られる。われわれの社会では化石燃料等が電気などのエネルギーのもとだが、われわれの身体の中ではグルコース等がエネルギーのもととなる。われわれが生きていく上で、成人の脳だけで1日に120gのグルコースが消費され化学エネルギーに変換される。1分子のグルコース（180g）と O_2 が直接反応した場合には、式(4)のように、CO_2 と水になり686 kcalのエネルギーが出る。

$$C_6H_{12}O_6 + 6O_2 \rightarrow 6CO_2 + 6H_2O \tag{4}$$

式(4)は式(1)のちょうど逆の式となる。このうち3分の1強がATPに変わり、残りは熱となる。ちなみに1 kcalは「1 gの水の温度を摂氏1度上げるのに必要な熱量」である。

呼吸は、大別すると嫌気呼吸と好気呼吸に分けられる。嫌気呼吸は O_2 を使わない呼吸である。O_2 のない条件で生きる細菌などの微生物では、解糖系だけでエネルギーを生産している。解糖系では、1分子のグルコースから2分子のピルビン酸（$CH_3COCOOH$）と2分子のATPが作られる。O_2 がない条件では、ピルビン酸から、乳酸（$CH_3CH(OH)COOH$）ができる。所謂、全力疾

走した際のような無酸素運動の時に筋肉に溜まる物質である。O_2 のない時の ピルビン酸の代謝は「発酵」（人間にとって有益な微生物の呼吸）とも呼ばれる。好気呼吸は、人間を含む動物が行っているもので大きく分けて「解糖系」「クエン酸回路」「電子伝達系」の3つの代謝がある。代謝経路は複雑でこの章ではそのメカニズムについては割愛するが、1分子のグルコースに対して O_2 が充分にある好気呼吸は38分子の ATP が生成される（ただ、好気呼吸のシステムは議論されているところもあり、この数字は今後変わる可能性もある）。O_2 を使ったエネルギー代謝による多量の ATP を作る好気呼吸の効率が、多種多様な動物を育んだといえるだろう。

3. 成層圏オゾン

オゾン（O_3）は酸素（原子）3つで分子を構成する、分子量48の気体である。オゾンという名前はその独特の臭気に由来し、ギリシャ語の「臭う」を意味する「Osein」から取られている。2節の式(3)より、もともと O_2 より一個余分の酸素（原子）がくっつき生成され、酸化作用が強いのが特徴である。

地球の表面においては、地上10 km から50 km 付近に成層圏が存在する。成層圏では上空ほど気温が高くなっており、地上付近とは異なり対流が起こらなく大気は安定した層となる。この高層大気の現象は一見、地上の人間社会とかなり無縁のような印象を与えがちであるが、地球の半径が6400 km であるので比率からいってリンゴの皮より薄く、まさに地面にへばりついているようなものである。これを水平方向の空間距離にすると、たかだか上野・大宮間である。その成層圏に O_3 濃度が極大を示す層が維持されており、大気中の O_3 の約90％が存在する。一般的に"オゾン層"と呼ばれている。言わば、このオゾン層が太陽からの紫外線を遮断するフィルターとして働き、生物の DNA を紫外線から守っている訳である。生物は全て遺伝情報を持っているが、その形や性質などがこの遺伝情報によって、親から子に、子から孫へと受け継がれていく。現在のあらゆる生物の遺伝情報は核酸の一種である DNA の二重らせん構造に納められている。この生命の設計図である DNA は生物の細胞の中の染色体の内部にあるが、紫外線にはすこぶる弱い。紫外線の光子はエネルギーが

高く、生体分子に光化学的傷害を与える。これは植物にも動物にも有害で、この紫外線の遮断がなかったならば、生物は陸上に進出できなかったので、人間のような複雑な生物体へは発達しなかったと思われる。

このように成層圏オゾンは、太陽からの有害な紫外線を吸収し、地上の生態系を保護している。しかしながら、まるで穴があいたように見える"オゾンホール"が発見された。南極上空のオゾンが1982年9〜10月に例年になくO_3全量が少ないことに注目し、1983年12月の極域気水圏シンポジウムおよび翌1984年ギリシャで開かれたオゾンシンポジウムでの、気象庁気象研究所（当時）の忠鉢繁による日本の南極昭和基地の観測データが発表され、これが最初にオゾンホールの存在を公にした記録である。

南極の成層圏は真冬（7〜8月）の間は、太陽が照らない極夜となり、日射による加熱が少ない。そのために放射冷却によって気温が下がり、-80〜-90℃以下の低温になることも珍しくない。このような南極成層圏の低温がオゾンホールに大きな役割を果たす。人間活動の結果、大気中に放出したフロンは長い時間かかって成層圏上部に運ばれる。成層圏では紫外線のもとで絶えずO_2からO_3が生成されるが、フロンによってその生成が妨げられる。

南極上空のオゾンホールが発見されて、1987年のモントリオール議定書により、オゾン層破壊物質の削減・廃止への道筋が定められた。この議定書では、オゾンホールの原因となる5種類のフロンおよび3種類のハロン（フッ化炭素類）を規制した。世界気象機関（WMO）と国連環境計画（UNEP）が2011年に公表した「オゾン層破壊の科学アセスメント：2010」によると、世界平均の大気中のオゾン層破壊物質濃度が1980年のレベルまで減少する時期は21世紀の半ば頃だと予測されている[2]。それと共にオゾンホールは回復しており、まさに一連の発見と対処は"人類の叡智と行動"であろう。

4. 対流圏オゾン

地上付近のO_2は植物の光合成によって発生するのに対し、地上付近のO_3の唯一の化学的生成源はNO_2（二酸化窒素）の光解離とそれに続く酸素（原子）とO_2との反応である（式(3)）。

$$NO_2 + h\nu \rightarrow NO + O \tag{5}$$

ここで $h\nu$ は波長 398nm 以下の光を表す。オゾン層は紫外線をカットするとはいえ波長が 315〜400nm の UV-A という紫外線はオゾン層による吸収をあまり受けずに地表に達する。

そして、成層圏 O_3 がわれわれの生活を守る役割を果たすのに対し、対流圏 O_3 はわれわれの生活に影を落とす。対流圏では、その名前の通りさまざまな運動によって、その中の空気がよくかき混ぜられているのが特徴である。その対流圏 O_3 は、主に成層圏由来と人為起源由来の2種類ある。成層圏 O_3 は生成されるべき"善玉"であるが、対流圏 O_3 は消滅した方がよいという"悪玉"となる。O_3 は強い酸化力のため生物にとって有害であり、わが国の山岳地等における森林衰退の一因とされる。また、日本全国の光化学 O_3 は 1985〜2007 年度の間に、約 0.25 ppb/年（1%/年）の割合で上昇した。

(1) 光化学スモッグ注意報

春季から夏季の大気環境において、晴天時における太陽からの強い紫外線の影響で窒素酸化物（NOx）等の大気汚染物質の光化学反応が進行し、光化学スモッグが発生することがある。ついでながら、スモッグという用語は、煙（smoke）と霧（fog）とを合成した語である。

図表 3-2　21 世紀中の 17 年間（2001〜2017 年）における都府県別の上位 10 位の光化学スモッグ注意報　（合計発令延べ日数）

順位	都府県	日数
1 位	埼玉県	306 日
2 位	千葉県	246 日
3 位	東京都	234 日
4 位	神奈川県	171 日
5 位	大阪府	162 日
6 位	茨城県	146 日
7 位	群馬県	142 日
8 位	栃木県	140 日
9 位	山梨県	105 日
10 位	広島県	84 日

出典：使用したデータは各都府県が公表している光化学スモッグ注意報発令の延べ日数で、2001 年から 2017 年までを対象期間とし、表は筆者が作成。

図表 3-3　近年 3 年間（2015〜2017 年）における都府県別の上位 10 位の光化学スモッグ注意報　（合計発令延べ日数）

順位	都府県	日数
1 位	埼玉県	32 日
	千葉県	32 日
3 位	東京都	25 日
4 位	神奈川県	24 日
	岡山県	24 日
6 位	群馬県	22 日
7 位	大阪府	19 日
8 位	栃木県	11 日
9 位	広島県	10 日
10 位	茨城県	7 日

出典：使用したデータは各都府県が公表している光化学スモッグ注意報発令の延べ日数で、2015 年から 2017 年までを対象期間とし、表は筆者が作成。

日本では光化学大気汚染の対象物質を Ox としているが、O_3 が大部分を占める。Ox の環境基準は 1973 年に制定され「1 時間値が 60 ppb 以下であること」[3]とされたものが現在まで変更なく使用されている。また行政区域ごとに濃度の時間的推移を見て発令される「光化学スモッグ注意報」の目安は 120 ppb、更に警報の目安は 240 ppb とされている。

　図表 3-2 に 21 世紀中の 17 年間（2001～2017 年）と、図表 3-3 に近年 3 年間（2015～2017 年）における光化学スモッグ注意報発令の都府県別の延べ日数を示した。17 年間では埼玉が 1 年あたり 18 日の注意報発令の延べ日数であり、上位 10 位には首都圏（1 都 7 県）が全て入る結果であった。また近年 3 年間の傾向としては、中国地方の岡山県で相対的に注意報発令の延べ日数が多い。このように、光化学スモッグ注意報は首都圏を中心に発令されているが、昨今は中国大陸からの影響も報告される。

(2) 長崎・福江島における二十四節気別の Ox 濃度の季節変動

　近年、中国大陸からの影響で光化学スモッグ注意報の発令範囲は広域化している。2007 年および 2009 年には光化学スモッグ注意報の発令が観測史上最多の 28 都府県に及んだ。大陸からの越境汚染については、例えば 2007 年 5 月 8～9 日にかけて、九州から西日本の広い範囲で高濃度の O_3 が観測された。この時に光化学スモッグ注意報が発令された地域は、5 月 8 日には福岡県、長崎県、熊本県、山口県および広島県の 5 県、5 月 9 日には 22 都府県にのぼり、大分県と新潟県では観測史上初めて注意報が発令されている。この要因としては、中国や韓国で排出された O_3 前駆物質によって生成された光化学 O_3 の越境大気汚染とされている。

　そこで、この節の Ox 濃度の解析については、中国大陸に近い長崎の五島列島に焦点を充てる。解析の対象地は、長崎県五島市福江町の五島振興局敷地内（北緯 32.70 度、東経 128.84 度、標高 10 m）とした。長崎県に離島は多く存在するが、五島列島の福江島は本土と結ばれていない全国の離島の中で 6 位の面積の広さとなる（離島の 1 位は佐渡島）。福江島は、面積 326 km^2 の人口は 2015 年 10 月 1 日現在で 3.7 万となっている。また、1 年という単位は太陽を中心として地球が公転する周期だが、濃度の季節変動も太陽を中心として考え

ることがよりよく解析しやすいと考えられ、濃度の変動解析は科学的な太陽黄経による二十四節気別で行った[4]。解析した時期は、2012年3月21日（春分点）から2015年3月20日までの3年間とした。2012年の春分の日（春分点）は3月20日であったが便宜上、3月21日を春分点とした。解析に使用したデータは各自治体が設置している大気常時監視測定局の測定結果とした。また、欠損値は除外して解析を行った。参考として首都圏の中心地である東京タワー（標高25 m、高度25 m）および山間部の福島県・南会津（標高558 m）との同時期の解析結果を示した[5]。

その結果、長崎・福江島のOx濃度の全平均値は39.9 ppbとなっている。参考までに東京タワーと南会津はそれぞれ26.0 ppbおよび28.1 ppbとなっている。1時間値の最高値としては、福江島、東京タワーおよび南会津においてそれぞれ113 ppb、162 ppbおよび91.0 ppbとなっている。Oxの環境基準は1時間値が60 ppb以上なので、調査した期間においては長崎・福江島では環境基準を大幅に越えている。また、その濃度は光化学スモッグ注意報レベル近くにまで達していることになる。また、図表3-4にはOx濃度の1時間値の1日平均値の上位5日を記載した。表にはその日の二十四節気も併せて記載した。長崎・福江島では2012年5月7日に97.0 ppbとなっている。東京タワーと比べて軒並み平均濃度が高く、二十四節気では清明（4月5〜19日）から立夏（5月5〜20日）にかけて高濃度になるのが集中している。東京タワーでは、太平洋高気圧が卓越する立秋（8月7〜22日）に高くなることもあり、Ox濃度が高くなる時季に違いが見られた。

図表3-4　長崎・福江島、東京タワーおよび福島・南会津におけるOx濃度の1日平均値の上位5日

長崎・福江島			東京タワー			福島・南会津		
2012.5. 7	立夏	97.0 ppb	2014.6. 1	小満	64.63 ppb	2014.5.10	立夏	58.8 ppb
2013.4.14	清明	80.7 ppb	2013.5. 6	立夏	64.58 ppb	2014.5.16	立夏	56.0 ppb
2014.4.22	穀雨	79.4 ppb	2013.8.11	立秋	59.2 ppb	2014.4.27	穀雨	55.5 ppb
2014.4.23	穀雨	75.4 ppb	2012.5.18	立夏	58.7 ppb	2014.4.11	清明	55.0 ppb
2012.5.17	立夏	75.3 ppb	2013.4.30	穀雨	57.4 ppb	2014.4.12	清明	54.7 ppb

出典：使用したデータは各自治体が設置している大気常時監視測定局の測定結果で、2012年3月21日から2015年3月20日までを解析期間とし、表は筆者が作成。

長崎県・福江島、東京タワーおよび福島県・南会津における二十四節気別の

図表 3-5 長崎・福江島、東京タワーおよび福島・南会津における二十四節気別の Ox 濃度

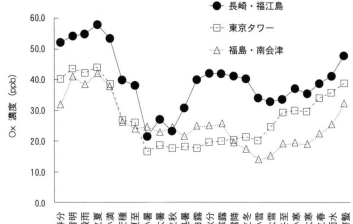

出典：使用したデータは各自治体が設置している大気常時監視測定局の測定結果で、2012 年 3 月 21 日から 2015 年 3 月 20 日までを解析期間とし、図は筆者が作成。

濃度変動を図表 3-5 に示す。福江島においては、最高値は立夏の 57.9 ppb、最低値は小暑（7 月 7〜22 日）の 21.6 ppb となっている。Ox 濃度は気象条件からみれば北または西風が支配的である春季に高くなり、特に立夏の時季に高くなった。また白露（9 月 8〜22 日）から立冬（11 月 7〜21 日）にかけても東京タワーや南会津と比べて高くなっており、越境汚染からの特色であると考えられる。ちなみに、東京タワーおよび南会津についても立夏で最も高くなった。総じて梅雨前線が北上して南風が卓越する頃から Ox 濃度が低くなる。

O_3 は総じて成層圏等からの沈降と、対流圏における光化学反応で生成されるが、長崎県・福江島は「遠方の汚染地域で生成したものが長距離輸送されてきたもの」と考えられる。東京タワーについては近くの汚染地域で生成したものと考えられ、福島県・南会津では標高の高いところほど対流圏上層からの O_3 濃度の高い気団が沈降することによって高くなることが考えられる。このように地上付近の O_3 起源はさまざまなパターンがあると推測される。

図表 3-6　2006 年 8 月 4 日における千葉県、茨城県および群馬県の O_3 濃度の日中の時間変動

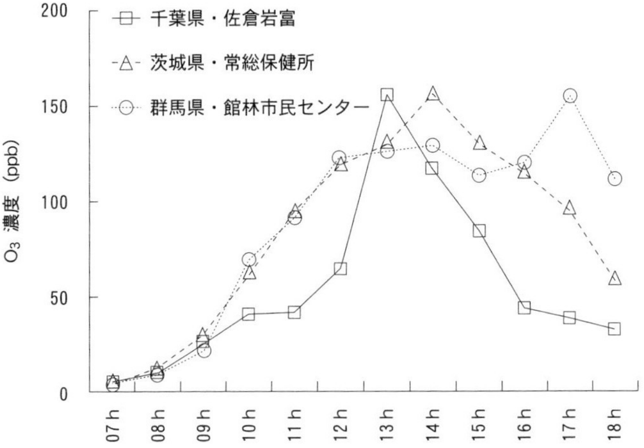

出典：苗村晶彦・渡邉善之「2006 年 8 月 4 日の首都圏周辺の高濃度オゾンの出現」『自然環境科学研究』（第 28 巻）、2015 年。図は筆者が作成。

(3)　首都圏由来のオゾンが東北地方へ

　2006 年 8 月 4 日に首都圏においても光化学スモッグ注意報の発令が東京都、茨城県、群馬県、埼玉県、千葉県、山梨県および栃木県と 1 都 6 県に渡った[6]。更に光化学スモッグ注意報が首都圏に北接する福島県の浜通り（いわき市）においても発令された。2006 年 8 月 4 日について首都圏周辺の O_3 濃度の解析を行うと、O_3 が 120 ppb（注意報発令レベル）を超過している測定局が最も多かったのは埼玉県であった。2006 年 8 月 4 日においては埼玉県の 57 観測所の内、39 観測所で O_3 の日最高値が 120 ppb を超えている。近年は大陸由来の大気汚染物質も注目されるが、この日は日本海側の新潟県等で高濃度の O_3 が観測されていないことから、大陸由来の O_3 の影響はほとんどないものと考えられる。県別による最高値を記録した O_3 濃度の測定局における日中の時間変動（7〜18 時）を図表 3-6 に示す。ここでは、千葉県、茨城県および群馬県のデータのみを示した。最初にピークに達したのは千葉県の佐倉岩富で 13 時に 156 ppb となった。その後の濃度は 14 時から急低下している。14 時には埼玉県のさいたま市岩槻および茨城県の常総保健所で 157 ppb に達している。埼

玉県と茨城県では比較的同じ時間変動を示しており、図表3-6の通り、茨城県と群馬県は13時までほぼ同じ時間変動を示している。15時には東京都の檜原村で150 ppbに達した。埼玉県、茨城県および東京都は14〜15時にピークを迎えたが、群馬県の館林市民センターでは17時に155 ppbに達した。元来O_3濃度のピークは14〜15時が多く、群馬県については千葉県や茨城県とは異なり大気汚染気塊の輸送の可能性が高い。

　2006年8月4日15時におけるO_3濃度分布を解析すると、O_3高濃度地域は主に2箇所あり東京都および山梨県の都県境近辺と、埼玉県、茨城県および千葉県の県境近辺となっていた。また、O_3濃度は山梨県から東北東へ延び、福島県南東部のいわき市付近にかけてベルト状に高濃度になっていた。濃度の時間変動については、東京都の檜原、山梨県の上野原および福島県いわき市の西郷においてO_3濃度の時間推移が同じ傾向にあり、いずれも熱的低気圧が形成された周辺においてO_3が高濃度となっていた。熱的低気圧とは、陸地の表面が水面よりも暖まりやすく冷めやすいために、日中は陸で上昇気流が発生して気流は上空に押し上げられ、地上付近は気圧が低下して低圧部となる気象現象である。その気象によって、この低圧部に向かって海から風が吹き込んで海陸風の原動力となり、夕方から勢力は弱まり始め夜間消滅する。このような低気圧は夏季の本州中央部などでよく発生する。

　渡邉・渡邊(2012)によると、2006年8月2〜4日までの数日間、本州は広く高気圧に覆われ、太陽による日射量が多いためO_3が生成されやすく、また安定層の形成により上空に大気が鉛直拡散しにくい等O_3が高濃度となりやすい状況であった。8月1〜5日を通じて、東京都の大気常時監視測定局のNOxが午前中において最も高濃度であったのは2006年8月3日6時の環七通り松原橋局の544 ppbであった。これらを含む気塊が熱的低気圧等の影響で北上し、方向を東に向け、8月4日15時頃に茨城県沖に到達していると解析されている。このように首都圏由来の一次汚染物質のNOxが光化学反応を経て、大気汚染気塊として首都圏外の福島県へ輸送される実態があり、高濃度O_3現象を広範囲かつ詳細に解析するなど光化学スモッグ注意報が発令された原因を探求していくことは重要であり、二十四節気別で大気環境のデータを解析するとより深く、考察することができる。

おわりに

"人を教えることはできない、ただ自悟させる手助けをするにすぎない。"と名言を残し、空気に重さがあることを実験によって証明したのは「地動説」を唱え裁判で有罪とされたイタリアのガリレオ・ガリレイ（1564年生）である。この言葉は重く、地球との共生関係にあるわれわれは、ガリレイが先見の明をもって挑んだ"叡智と行動"の魂を鑑みて、現代の諸問題へ立ち向かわねばならない。南極のオゾンホールという地球規模の大きな問題に対処したのも、人類の"叡智と行動"であったことは述べた。

人間生活の革新をもたらした産業革命の真っ只中、1774年にイギリスのジョゼフ・プリーストリ（1733年生）がO_2を発見した。そしてO_3は、1840年にスイスの化学者であるクリスチアン・シェーンバイン（1799年生）が新しい気体として確認し"オゾン"と命名された。O_2は環境問題とはならないが、O_2と酸素（原子）から発生するO_3は光化学スモッグの元凶物質である。中国大陸からの越境汚染で長崎県・福江島においてO_3が首都圏の中心地・東京タワーよりも高くなる傾向や、また首都圏由来のNO_2等の発生によって光化学反応の結果O_3が生成され、それらの大気汚染気塊が輸送され、東北地方の福島県まで光化学スモッグ注意報が発令される事態は重く受け止めるべきであろう。

生活の場で起き、"目に見える"ローカルな公害の環境問題に加えて、現代は"目に見えない"グローバル化している地球温暖化へと地球全体を巻き込んだ問題へとも発展している。環境問題もリアクティヴな解決から、プロアクティヴに対処していくことが大変重要である。これまでの知見から、われわれは自ら気づき考え、智恵を構築し何らかのアクションを起こすべきであろう。その背景には地球46億年の中、物質と生命との間で相互作用があり、古来の地球上でほぼ0%だったO_2が21%になった長い歴史がある。しかしながら、人間活動が長い間かけて築いてきた地球の環境を劇的に変化させている。

"Think Globally, Act Locally"という言葉は、環境問題を語る上で重要なキーワードである。われわれはこの大きな地球環境問題に向けて、一歩一歩

地域社会で貢献していくことが肝要である。ネット環境から、地域別の莫大なデータをわれわれは簡便に手に入れることができる。身の周りの環境データも容易に解析できる良き時代なのである。

その意味では、知識を手にし、興味や問題意識を抱き、そして地域の環境を調べ考え、発信していくことが重要である。自らの意志で地域社会に関わり、公益的見地に立ち、問い掛けるのである。誰もが「宇宙船地球号」に乗っているという認識の上で人間的尺度をもって地球環境および地域環境を考え行動していかねばならない。

(苗村晶彦)

注

1) エコデザイン株式会社「オゾンの基礎知識」https://www.ecodesign-labo.jp/ozone/ozone/ (最終参照 2018 年 3 月 19 日)
2) 気象庁「地球温暖化とオゾン層の回復」http://www.data.jma.go.jp/gmd/env/ozonehp/4-10ozone_global_warming.html (最終参照 2018 年 3 月 9 日)
3) ppb とは parts per billion の略で 10 億分の 1 である。合わせて ppm とは parts per million の略で 100 万分の 1 である。すなわち、60 ppb = 0.06 ppm となる。
4) 二十四節気は、中国の戦国時代に月の運行をもとにした太陰暦の季節のずれを正すために、太陽の動きをもとに考案され、1 年を 24 等分(太陽黄経 15 度毎)に区切ったものである。日本には 7 世紀に暦とともに伝来し、太陰暦と二十四節気とが合体した太陰太陽暦が使われるようになった。二十四節気は毎年同じ時季に、同じ節気が来ることや、節気の間隔が約 15 日と一定しており、半月ごとの季節変化に対応できているので、農業や生活の目安として便利なものである。1872 年、明治政府によってグレゴリオ暦が採用されたため、二十四節気は暦としての役割を終えたが、われわれの暮らしの隅々に二十四節気は生き続けている。二十四節気のそれぞれの期間はその年によって若干異なるが、今回解析に用いた二十四節気の具体的な期間は、苗村・福岡 (2017) を参照されたい。
5) 東京タワーと福島県・南会津のデータについては、Naemura et al. (2017) をもとにした。今回、この発表内容と同じ時期に調べた長崎県・福江島のデータを解析し、比較検討するため東京タワーおよび福島県・南会津のデータを併せて記載した。
6) 苗村・渡邉 (2015) では、2006 年 8 月 4 日における首都圏周辺における光化学スモッグ注意報発令時のオゾンの分布を詳細に報告し、この節でその概要を示した。

参考文献

大原利眞・鵜野伊津志・黒川純一・早崎将光・清水厚「2007 年 5 月 8、9 日に発生した広域的な光化学オゾン汚染—オーバービュー」『大気環境学会誌』(第 43 巻)、2008 年。
大原利眞「なぜ、日本の山岳や島嶼でオゾン濃度が上昇しているのか?」『日本生態学会誌』(第 61 巻)、2011 年。
梶山健 (編)『世界名言大辞典』明治書院、1997 年。
神崎愷『酸素の科学』日刊工業新聞社、2014 年。
桜井弘 (編)『元素 118 の新知識』講談社、2017 年。

佐巻健男（編）『水と空気の100不思議』東京書籍、1997年。
数研出版編集部（編）『視覚でとらえるフォトサイエンス地学図録』数研出版、2016年。
関口理郎（著）佐々木徹（改訂）『成層圏オゾンが生物を守る』成山堂書店、2003年。
忠鉢繁「昭和基地におけるオゾン特別観測―観測成果の概要―」『MAPシンポジウム』、1983年。
苗村晶彦・中根周歩・佐久川弘・福岡義隆「広島県極楽寺山におけるガス状汚染物質の動態とマツ・広葉樹の樹木活力度との相関関係」『環境科学会誌』（第10巻）、1997年。
苗村晶彦・渡邉善之「2006年8月4日の首都圏周辺の高濃度オゾンの出現」『自然環境科学研究』（第28巻）、2015年。
苗村晶彦・渡邉善之「東京タワーにおける季節別の夜間高NO_2濃度とポテンシャルオゾン濃度との関係」『日本生気象学会雑誌』（第53巻）、2016年。
苗村晶彦・福岡義隆「太陽黄経による季節区分と大気環境の問題」『戸板女子短期大学研究年報』（第60巻）、2017年。
中西準子・篠崎裕哉・井上和也『オゾン―光化学オキシダント』丸善、2009年。
福岡義隆『人間的尺度の地球環境』古今書院、1992年。
福山郁生『新工事の安全』総合安全工学研究所、1995年。
二井將光『生命を支えるATPエネルギー』講談社、2017年。
溝口次夫・光本茂記・西川雅高「日本列島を覆う対流圏下層オゾンの動態に関する研究」『環境科学会誌』（第2巻）、1989年。
三村芳和『酸素のはなし』中公新書、2007年。
渡邉善之・渡邊明「福島県海岸域における高濃度オゾンの出現」『大気環境学会誌』（第47巻）、2012年。
Andrews, Julian E., Brimblecombe, Peter, Jickells, Tim D. and Liss, Peter S.（渡辺正訳）『地球環境化学入門』シュプリンガー・フェアラーク東京株式会社、1997年。
Chubachi, S., "Preliminary result of ozone observation at Showa station from February 1982 to January 1983," *Memoirs of National Institute of Polar Research*, Special Issue, 34, 1984.
Chubachi, S., "A special ozone observation at Showa station, Antarctica from February 1982 to January 1983," (Eds.) Zerefos, C. S. and Ghazi, A., *Atmospheric ozone*: Proceedings of the *Quadrennial Ozone Sympoium*, Halkidiki, Greece 1984, 1985.
Naemura, A., Nakamura, K. and Fukuoka, Y., "Oxidant concentration by the solar term in Minami-Aizu mountainous region, Fukushima Prefecture, Japan," *Symposium on Atmospheric Chemistry & Physics at Mountain Sites*, Gotemba, Japan, 2017.
Spiro, T. G. and Stigliani, W. N.（岩田元彦・竹下英一訳）『地球環境の化学』学会出版センター、2000年。

あとがき

　現代公益学会は公益研究センターを含め、昨年で創立5周年をむかえた。それに合わせて、はじめて学会主催のシンポジウムが開催された。また学会の主たる事業である公益叢書も2013年より毎年刊行を重ね、第五輯を刊行することができた。これまでの叢書のテーマをみると、以下の通りである。

「東日本大震災後の公益法人・NPO・公益学」
「東日本大震災後の公益学と労働組合」
「東日本大震災後の協同組合と公益の課題」
「東日本大震災後の公益をめぐる企業・経営者の責任」
「文化創造と公益」

　振り返ってみると、2011年3月に起きた、東日本大震災の社会に与えた影響を様々な面から取りあげた第一輯から第四輯、そして成城学園創立100周年を記念した、教育を基点にスポーツ、演劇・文学、科学・都市デザイン、放送・マスコミ文化、創造支援をとりあげた第五輯では複合的、重層的なテーマを取りあげる新たな流れをつくりだした。私見では、時代や社会の潮流に対して、その都度関わりのあるテーマをとりあげてきたといえる。

　10年を1世代と考えれば、今年はその折り返しの6年目にあたるともいえるのであり、公益叢書も第六輯を企画し、刊行する運びとなった。今回は、再び原点回帰となる「公益法人・NPO法人と地域」をテーマとしている。

　その構成は、「地域と公益」　第Ⅰ部　公益法人・非営利法人と地域（学校法人・公益法人と地域、非営利法人の現状と課題、市民社会組織の学習支援と公益）、第Ⅱ部　地域・自治体における共生と公益（地域包括ケアの課題と地域

共生社会への展望、エイジレス社会における人材の循環的活用を目指して、わが国自治体における CSR の政策化の意義と課題)、第Ⅲ部　地域における被災・犯罪と公益の対応（被災地域事業者への復興支援コンサルティングから公益活動を考える、濱口梧陵と公益、未成年者の法律違反についての社会と公益、「環境と公益」（原子力発電に公益性はあるか、技術と社会の協働、生活環境と酸素およびオゾン）である。

　いずれも、会員の皆様からのテーマのご提案、執筆者の決定、編集委員会での原稿収集と実作業、そして文眞堂編集部での地道な基礎校正、最終編集作業と印刷所とのやりとりなど、これらの協働によって刊行されてきたのである。その意味で、関係者の皆様へ深く感謝を申し上げたい。

　次回以降、公益叢書にどのようなテーマを取りあげるか、不安と期待をいだきつつ、今後の展開をみまもりたい。

（境　新一）

資料 1

現代公益学会　活動報告

◎成城学園創立 100 周年記念　現代公益学会主催　シンポジウム「文化創造と公益
～グローバル時代に輝く子供を創る～」
　　後援：朝日新聞東京総局、(株)フジテレビジョン、世田谷区、成城大学経済学部
　　　　　　　　　2017 年 5 月 20 日（土）　成城学園澤柳記念講堂

パネリスト：
　戸部 順一 氏（成城大学学長、同文芸学部教授）
　加藤 陸雄 氏（成城学園初等学校校長、基調講演）
　小松 隆二 氏（白梅学園理事長、慶應義塾大学名誉教授、東北公益文科大学元学長）
　石﨑 朔子 氏（日本女子体育大学学長）
　北野 大 氏　（秋草学園短期大学学長、淑徳大学名誉教授）
　田中 豊 氏　（法政大学教授）
　永井 美奈子 氏（元日本テレビ、フリーアナウンサー）
　渡辺 徹 氏　（文学座、俳優、淑徳大学客員教授、東京藝術大学講師）
　梅若 長左衛門 氏（能楽師、重要無形文化財総合指定保持者）
　杉山 芙沙子 氏（(一社) 次世代 SMILE 協会、NPO 法人パームインターナショナ
　　ル代表理事）
　大森 弘喜 氏（成城大学名誉教授）
　渡邉 芳樹 氏（元駐スウェーデン日本国特命全権大使、(社福)愛成会アール・ブ
　　リュット担当顧問、日本赤十字社常任理事、糸賀一雄記念財団理事）
　藤村 さおり 氏（フジテレビジョン、アナウンス室主任、総合司会）
　境 新一 氏　　（成城大学教授、現代公益学会・副会長、総合司会）

◎現代公益学会　第 10 回研究会　2017 年 6 月 11 日（日）　成城大学
　5/20 成城学園 100 周年記念シンポジウム「文化創造と公益」総括
　（1）報告者：境 新一　企画／実施の経緯と総括
　（2）登壇者・出席者からのコメント、意見交換：小松 隆二 氏　ほか
第 3 回総会　2017 年 10 月 27 日（金）　東方飯店
　（1）収支決算報告、新入会員ほか会務報告ならびに承認
　（2）2017 年　公益叢書　第五輯　刊行報告
　（3）2018 年　公益叢書　第六輯　特集テーマの検討ならびに決定

◎現代公益学会　第 11 回研究会　2018 年 3 月 10 日（土）　成城大学
　(1) 報告者：佐竹　正幸　氏
　　　テーマ：「公益法人の最新の動向―公益等認定委員会のありかたを中心に―」
　(2) 報告者：渡辺　勝也　氏
　　　テーマ：「非営利法人の現状と課題」
　　　登壇者・出席者からのコメント　ほか

資料 2

現代公益学会　会則

2014 年 7 月 12 日制定
2014 年 9 月 20 日改訂

第 1 章　総　則

(名称)
　第 1 条　本会は、現代公益学会と称する。

(事務局)
　第 2 条　本会の事務局は、会員の総会の合議により決定する。

第 2 章　目的及び事業

(目的)
　第 3 条　本会は、公益法人、NPO 法人、ボランティアなどの諸制度、諸活動、および公益学に関する調査・研究の促進と向上をはかる。とりわけ、先端的・創造的研究活動につとめるとともに、後進の育成をはかる教育的・啓蒙的活動を推進する。あわせて他分野や他領域との学際的な相互交流を深めることにより、公益学の研究ならびに公益活動の普及・啓発に資することを目的とする。

(事業)
　第 4 条　本会は、前条の目的を達成するために、次の事業を行う。
　　1 ）公益叢書の刊行
　　2 ）研究会等の開催
　　3 ）他研究会、学会等との連絡及び協力
　　4 ）後進の育成、市民への普及・啓発活動

第 3 章　会　員

(会員の資格)
　第 5 条　本会が目的とする公益学の研究及び発展に賛同し、理事会の承認を得た者は、本会の会員となることができる。
　　2 　本会の会員は、事業に参加し、総会に出席することができる。

(会員の区分)
　第 6 条　本会の会員は、正会員、学生会員（大学院生）に区分される。

(入会)
　第 7 条　入会を希望する者は、本会所定の入会申込書を事務局に提出し、理事会

の承認を得なければならない。
　2　入会を希望する者は、本会会員2名による推薦を受けなければならない。
（会費）
　第8条　会員は、理事会及び総会の定めるところに従い、叢書を購入しなければならない。
　2　年会費は、正会員4,000円、学生会員3,000円（いずれも叢書代金を含む）。
　　ただし、研究会の参加者は参加費を支払うものとする。
　3　寄附等は受け入れる。
（会員資格の喪失）
　第9条　会員は、下記の事由により、その資格を失う。
　1）会員本人が退会届を提出したとき。
　2）本会の名誉を著しく阻害した等の事由により、理事会が退会を決定したとき。

第4章　機　関
（役員）
　第10条　本会の会務を遂行するため、次の役員を置く。
　1）会長　1名
　2）副会長　2名以上
　3）理事　会長および副会長を含め10名以上
　4）監事　2名
（役員の選任）
　第11条　役員は、総会において会員の互選により選出する。
　2　理事より会長および副会長を選出する。
（役員の任期）
　第12条　役員の任期は、以下の通りとする。
　1）会長および副会長の任期は、2年とし2期までとする。
　2）理事の任期は、2年とし、再任を妨げない。
　3）監事の任期は、2年とし、再任を妨げない。
（役員の役割）
　第13条　役員の役割は、以下の通りとする。
　1）会長は、本会を代表し、会務を統括し、理事会を組織し、総会を招集する。
　2）副会長は、会長を補佐する。
　3）理事は、本会の事業を遂行し、会長および副会長を補佐する。
　4）監事は、本会の会計及び会務の執行を監査する。

(理事会)
　第14条　理事会は、会長、副会長および理事により構成される。
　　2　理事会は、会長が招集する。
　　3　監事は、理事会に出席する。
(公益叢書編集委員会)
　第15条　本会に公益叢書編集委員会を置き、委員は3名以上とする。
　　2　編集委員長には理事があたる。
(事務局長)
　第16条　本会に、事務を統括し、処理する事務局長を1名置く。任期は、2年とし、再任を妨げない。

第5章　総　会
(総会の開催)
　第17条　本会は、毎年1回以上、会員総会を開催する。
　　2　総会は、会長がこれを召集し、次の事項を審議し、決定又は承認する。
　　1）本会の活動
　　2）役員の選出
　　3）決算
　　4）本会会則の改正
　　5）その他理事会の提案事項
(総会の議事)
　第18条　総会の議事は、事務局長が進行し、会長及びその他の役員が必要に応じて事項について説明を行い、質疑に応じる。
(議決)
　第19条　総会の議事は、総会における出席会員の過半数の賛成をもって決する。
　　2　本会会則の改正は、総会における出席会員の3分の2以上の賛成をもって決する。

第6章　会　計
(経費)
　第20条　本会の経費は、年会費、研究会参加費、寄附金、その他の収入をもってあてる。
(会計年度)
　第21条　本会の会計年度は、毎年5月1日をもって始まり、翌年4月30日をもって終わる。

(決算の承認)

　第 22 条　事務局長は、監事の監査を経た決算書を総会に報告し、その承認を得なければならない。

第 7 章　事務局

(事務の統括と運営)

　第 23 条　事務局は、事務局長がこれを統括し、事務を遂行し、会員に便宜を供する。

(事務局所在地)

　2　本会の事務局を、以下の所在地に置く。

　〒157-8511

　　東京都世田谷区成城　6-1-20　成城大学経済学部　境　新一研究室内

附　則

　本会則は、2014 年 7 月 12 日から施行する。

資料3

公益叢書発刊の辞

（第一輯）

　阪神・淡路大震災および東日本大震災という2つの大震災を機に、公益および公益学は、その目的や理念、活動のあり方や方法、さらにその研究をめぐって再検証・再検討の必要に迫られている。

　資本主義社会にあっては、私益と公益、市場原理と公益原理の調和が不可欠である。競争原理を基本とする市場原理と私益のみでは、経済活動も市民生活も真の豊かさも、安定・安全・安心も得られない。社会の相互扶助・連帯・調和も容易には進まない。

　それほどに、全ての人が、経済活動のみか、公益活動にも意識はしなくても日頃から関わっている。豊かで調和のとれた社会ほど、公益の理念と活動が行きわたり、公益を主たる目的にする公益法人、NPO（法人）、ボランティアなど公益の諸団体も社会的に大きな役割を演じている。いわば「公益の日常化」「公益法人（NPOなども含む）の市民化」が進んでいるといえよう。

　東日本大震災の勃発は、改めて公益をめぐる日本的状況を浮き彫りにすることになった。甚大な被災・被害や混乱・混迷に直面するときこそ、公益の発露・実行が期待され、その実情が浮き彫りにされるからである。そこでは、市民の間には公益への関心が意外に強い状況、にもかかわらず、それが十分に活用されていない状況、さらに公益を本務とする公益の諸団体も、被災地や被災民に継続的に深く関わるには財政や人材面で力不足である状況が改めて確認された。また、公益を主たる研究対象とする団体の動きも鈍かった。公益研究を本格的にすすめるには、研究者の新しいつながりや新しい場の必要も認識させられた。

　それらを受けとめ、私どもは公益に関する新しい研究集団をつくること、それも形式だけを整えた旧来の学会方式ではなく、目的を共有し、それに向けて日頃から研究を深めあうことを共通の認識とする研究集団をつくることを考え

た。その議論のなかで、形式的な大会の開催などよりも、実際に研究の深化・水準の向上を図れる日頃の研究会活動を重視する研究集団の出発を確認しあったのである。

　その目標への第一歩として、まず研究センターを設立し、公益叢書を定期的に発行することにした。その第一冊目が本書である。この方式と研究センターで公益研究を深めあい、しかる後に新しい理念と目的をもつ学会を発足させることを予定している。

　このような対応・あり方こそ、公益をめぐる現在の状況に応えるものであり、また真に「公益の日常化」「公益法人の市民化」、そして「公益研究の本格化・高度化」をすすめるものと確信する。

2013年3月27日

　　　　　　　　公益（公益法人・NPO・公益学）研究センター

資料4　公益叢書第一輯～第五輯の紹介

東日本大震災後の公益法人・NPO・公益学　第一輯

● 主要目次　　　　　　　　　　　　　　　　　　2013年7月25日発行

公益叢書発刊の辞　　　　　　　　　　　　　　　　　公益研究センター

序　章　東日本大震災後の公益と公共、そして公益学
　　　　―「公益の日常化」と「公益法人の市民化」に向けて―　小　松　隆　二

第Ⅰ部　東日本大震災後の公益法人のあり方

第1章　公益法人改革に関わる誤解を解く「公益法人制度改革は税制改革」
　　　　―東日本大震災の復興に関わる公益法人の活動等もふまえて民に
　　　　よる公益の増進を考える―　　　　　　　　　　佐　竹　正　幸

第2章　公益法人及びNPO法人の会計・監査（会計監査）の役割と責任
　　　　　　　　　　　　　　　　　　　　　　　　　中　村　元　彦

第3章　コーズ・リレーテッド・マーケティングを通した企業と公益の
　　　　ありかた　　　　　　　　　　　　　　　　　世　良　耕　一

第4章　政府系公益法人の不都合な真実　　　　　　　北　沢　　　栄

第Ⅱ部　東日本大震災後の公益・共創・まちづくりの課題

第5章　東日本大震災被災地支援をどう進めるか
　　　　―地域包括ケアと公益学の観点から―　　　　山　路　憲　夫

第6章　東日本大震災からの回復・新生をはかる公益・共創のまちづくり
　　　　―東北に理想の「山林文化都市」づくりの夢―　小　林　丈　一

第7章　東日本大震災と労働組合の社会的役割　　　　後　藤　嘉　代

第8章　渋沢栄一と公利公益の哲学
　　　　―近代日本のプロデューサーとその周辺―　　境　　　新　一

あとがき：新たな段階に入った公益学研究　　　　　　大　森　真　紀

東日本大震災後の公益学と労働組合　第二輯

●主要目次　　　　　　　　　　　　　　　2014年9月30日発行

現代公益学会の発足にあたって　　　　　　　　　現代公益学会

第Ⅰ部　東日本大震災後の公益法人および公益研究

第1章　日本における公益法人の市民化の軌跡
　　　　―公益法人の市民化・地域化に向けて―　　　　小　松　隆　二

第2章　地域包括ケア構築の実践的課題
　　　　―東京都国立市の取り組みからの検証―　　　　山　路　憲　夫

第3章　公的年金制度はいつまで持つか
　　　　―新制度モデルは「税プラス積立方式」―　　　北　沢　　　栄

第4章　現代の風評被害の構造―江戸時代との比較分析―　　上　野　伸　子

第5章　一日一善運動を通して「公益心の芽」を育てる
　　　　―沖縄県公立小学校におけるいじめ撲滅の実践報告―　新　垣　千鶴子

第Ⅱ部　東日本大震災後の労働組合

第1章　労働組合と市民社会―共益と公益をつなぐもの―　　鈴　木　不二一

第2章　公益的労働運動とは―総評労働運動という経験―　　篠　田　　　徹

第3章　連合の非正規労働者等に関わる取り組み
　　　　―地方連合会の運動を中心に―　　　　　　　　村　上　陽　子

第4章　非正規の声は聞こえるか―労働組合の社会的役割―　東海林　　　智

第5章　公益の担い手としての労働者自主福祉　　　　　　麻　生　裕　子

第6章　静かに一大転換期を迎えた労働組合
　　　　―職場から地域・社会へ、労使関係から地域・社会関係へ―
　　　　　　　　　　　　　　　　　　　　　　　　　小　松　隆　二

あとがき：公益研究センターから現代公益学会へ　　　　大　森　真　紀

東日本大震災後の協同組合と公益の課題　第三輯

● 主要目次　　　　　　　　　　　　　　　　2015年10月10日発行

序　章　協同組合と公益法人・NPO法人　　　　　　　　小　松　隆　二

第Ⅰ部　協同組合にとっての公益

第1章　協同組合とプラットフォーム
　　　　―参加・民主主義の再生産のために―　　　　　松　岡　公　明

第2章　協同組合の共益性と公益性　　　　　　　　　　北　川　太　一

第3章　協同組合とマルチ・ステークホルダー論　　　　杉　本　貴　志

第4章　社会的課題解決と協同組合
　　　　―イタリアとイギリスの社会的企業からの考察―　境　　　新　一

第Ⅱ部　協同組合が取り組む現代的課題

第1章　震災復興と協同組合　　　　　　　　　　小山良太・千葉あや

第2章　地域再生と協同組合　　　　　　　　　　　　　小　林　　　元

第3章　高齢者福祉と協同組合　　　　　　　　　　　　濱　田　健　司

第4章　協同組合と女性
　　　　―協同組合活動を通してエンパワメントする女性たち―　藤　木　千　草

第5章　貧困問題と協同組合　　　　　　　　　　　　　志　波　早　苗

第6章　佐久総合病院の医療・福祉事業による地域づくり　棄　田　但　馬

第Ⅲ部　現代における公益

第1章　特定秘密保護法に公益性はあるか　　　　　　　北　沢　　　栄

第2章　再生可能エネルギーと公益　　　　　　　　　　上　野　伸　子

あとがき：協同組合学と公益学の連携　　　　　　　　　境　　　新　一

東日本大震災後の公益をめぐる企業・経営者の責任　第四輯

2016年9月30日発行

● 主要目次

巻頭言　公益の専門的・総合的研究の必要
　　　　―現代公益学会の創設4年目を迎えて―　　　　現代公益学会

特集：東日本大震災後の公益をめぐる企業・経営者の責任

第Ⅰ部　公益からみた企業・経営者の課題

第1章　公益に対する企業・経営者の位置と責任
　　　　―戦前と戦後の変遷―　　　　　　　　　　　　小松隆二

第2章　渋沢栄一の公益活動
　　　　―国民外交との関連を中心として―　　　　　　片桐庸夫

第3章　郵政事業と公益　　　　　　　　　　　　　　　足立盛二郎

第4章　中小企業と公益性　　　　　　　　　　　　　　三井逸友

第Ⅱ部　問われる企業の責任と公益

第5章　企業の社会的責任（CSR）をめぐる国際的枠組み
　　　　―労働分野を中心として―　　　　　　　　　　大森真紀

第6章　本業を通じたコーズ・リレーテッド・マーケティング
　　　　―CSVの修正による「企業と社会の関係」の再考―　世良耕一

第7章　公益法人の不祥事に対する企業経営の活用　　　中村元彦

第8章　企業の公益性とは何か―東芝不正会計事件の検証―　北沢栄

第Ⅲ部　公益の視角―企業経営と生活・福祉

第9章　福祉労働の現実とステークホルダー　　　　　　安田尚道

第10章　風評被害と企業―公益と私益の視点から―　　　上野伸子

第11章　地域包括ケアにおける日本のプライマリケア
　　　　―英国のGPとの比較を中心に―　　　　　　　　山路憲夫

あとがき　　　　　　　　　　　　　　　　　　　　　　大森真紀

文化創造と公益 成城大学創立100周年記念　　第五輯

●主要目次　　　　　　　　　　　　　　　　　　2017年10月31日発行

成城学園創立百周年記念シンポジウムの開催に寄せて　　戸　部　順　一
はじめに　　　　　　　　　　　　　　　　　　　　　　境　　　新　一

第Ⅰ部　教育の理想と公益―成城学園創立100年を迎えて―

第1章　成城学園初等学校は、澤柳政太郎の建学の精神を
　　　　どのように具現化しているか　　　　　　　　　加　藤　陸　雄
第2章　現代における公益（活動）の新しい動向と課題
　　　　―澤柳政太郎没後90周年・成城学園創立100周年を迎えて―　小　松　隆　二

第Ⅱ部　演劇・文化の創造性

第1章　『日本の心』目に見えないものの大切さ　　　　梅　若　靖　記
第2章　アート・プロデューサーによる感動創造と価値創造の
　　　　過程に関わる考察
　　　　―成城学園創立百周年記念シンポジウムの事例、
　　　　　萩元晴彦氏の言葉ならびにFNSDIDBの要件から―　境　　　新　一
第3章　美術作品を通じての郷土意識の涵養と地域の活性化
　　　　―横浜市の事例を中心として―　　　　　　　　頼　松　瑞　生
第4章　胎動するアール・ブリュットと地域創造
　　　　―その役割と可能性―　　　　　　　　　　　　渡　邉　芳　樹

第Ⅲ部　スポーツ・放送・マスコミの市民性

第1章　競技スポーツとしての新体操　　　　　　　　　石　﨑　朔　子
第2章　幼少期のスポーツの公益及びその現状と課題、今後の
　　　　展望について　　　　　　　　　　　　　　　　杉　山　芙沙子
第3章　東日本大震災にみるマッチングの重要性とよりよい
　　　　支援のためのフレームワーク
　　　　―3つの支援団体を検証しての考察―　　　　　堀（永井）美奈子
第4章　未来への投資
　　　　―共働き社会における子育て「個」・「コミュニケーション
　　　　力」の重要性―　　　　　　　　　　　　　　　藤　村　さおり

第Ⅳ部　環境・都市デザインとアメニティ革命

第1章　現代の環境問題を考える
　　　　解決のための文理両面からのアプローチの提案　北　野　　　大
第2章　ものづくりとものがたり・ことづくりとひとづくり　田　中　　　豊
第3章　19世紀パリの都市改造
　　　　―公衆衛生のインフラ整備と景観―　　　　　　大　森　弘　喜

執筆者紹介
(執筆順)

小松　隆二（こまつ・りゅうじ）　地域と公益　第Ⅰ部第１章
　現在：慶應義塾大学名誉教授、経済学博士。白梅学園、日本ニュージーランド学会、現代公益学会、社会政策学会。主要著作『企業別組合の生成』（御茶の水書房）、『社会政策論』（青林書院）、『理想郷の子供たち―ニュージーランドの児童福祉―』（論創社）、『大正自由人物語』（岩波書店）、『現代社会政策論』（論創社）、『ニュージーランド社会誌』（論創社）、『公益とまちづくり文化』（慶應義塾大学出版会）、『公益とは何か』（論創社）、『公益の種を蒔いた人びと』（東北出版企画）、『新潟が生んだ七人の思想家たち』（論創社）、『戦争は犯罪である―加藤哲太郎の生涯と思想―』（春秋社）、ほか。

渡辺　勝也（わたなべ・かつや）　地域と公益　第Ⅰ部第２章
　現在：公益社団法人全日本能率連盟専務理事・事務局長、法政大学大学院社会構想研究所特任研究員、筑波大学大学院人文社会科学研究科国際日本研究専攻博士後期課程在学中。明治大学政治経済学部政治学科卒、法政大学大学院公共政策研究科連帯社会インスティテュート修了。社団法人（現：一般社団法人）日本能率協会勤務を経て現職。専門は、サードセクター論、NPO論、非営利組織論、市民社会論など。

安田　尚道（やすだ・なおみち）　地域と公益　第Ⅰ部第３章
　現在：常磐大学教授。慶應義塾大学大学院商学研究博士課程単位取得満期退学。開成高校、東邦学園短期大学、常磐短期大学を経て現在に至る。茨城地方労働審議会会長、個別労働紛争あっせん委員などを経て、現在、茨城県地方労働委員会委員。ひたちNPOセンター・With You代表理事ほか。日本労務学会研究奨励賞、厚生労働大臣表彰。『持続的発展の経営学』唯学書房、『社会的排除と企業の役割―母子世帯問題の本質』（塚本成美氏と共著）など著書、論文多数。

山路　憲夫（やまじ・のりお）　地域と公益　第Ⅱ部第４章
　現在：白梅学園大学小平学まちづくり研究所長、名誉教授。1970年慶大経済学部卒、毎日新聞社社会部記者、論説委員（社会保障・労働担当）を経て、2017年より現職。東京都福祉サービス運営適正化委員会委員、東村山市地域包括ケア推進協議会会長、NPO福祉フォーラムジャパン副会長など兼務。著書に『国民は在宅医療に何を求めているか』（「明日の在宅医療第一巻」所収、2008年、中央法規）、『医療保険がつぶれる』（2000年、法研）など。

村上　正史（むらかみ・ただし）　地域と公益　第Ⅱ部第５章
　現在：さいたま市保健福祉局長寿応援部高齢福祉課主査。2000年筑波大学第三学群国際総合学類卒業後、（株）第一勧業銀行（現：（株）みずほ銀行）入行。2003年さいたま市入庁。2008年政策研究大学院大学政策研究科知財プログラム修了、修士（公共経済学）。2012年中小企業のCSR活動を自治体が直接認証する全国初の制度「さいたま市CSRチャレンジ企業認証制度」を創設。制度設計の主担当者として従事。職務著作（共著）として『さいたま市CSRチェックリスト～中小企業のためのCSR読本』。

泉　貴嗣（いずみ・よしつぐ）　地域と公益　第Ⅱ部第6章
　現在：允治社代表・CSRエバンジェリスト・第一カッター興業株式会社監査役。東京農工大学大学院博士課程単位取得退学。他にさいたま市CSRコーディネーター、静岡市CSR企業表彰専門委員会委員長など。著述に『CSRチェックリスト読本』（さいたま市刊、監修・執筆）、『［新］CSR検定・3級教科書』（ウィズワークス刊・共著）、「守って伸ばすCSR」（TKC刊『戦略経営者』）連載など。

青木　和博（あおき・かずひろ）　地域と公益　第Ⅲ部第7章
　現在：（株）日本能率協会コンサルティング　テクニカルアドバイザー。慶應義塾大学経済学部卒業後、同大学院社会学研究科修了。カネボウ化粧品（株）を経て（社）日本能率協会コンサルティング事業本部（現、日本能率協会コンサルティング）にてコンサルティング活動を行う。全日本能率連盟認定MMC、中小企業庁ミラサポ専門家派遣員。主著：『中長期経営計画立案・遂行マニュアル』（日本ビジネスレポート、1992年）『生産財企業の拡販戦略』（日本能率協会コンサルティング、2009年）、主な論文『営業の情報武装化（SFA）、成功のポイント』（日経ビジネス、1997年8-4・11号）、『案件創出型営業に変えて受注の"種まき"をせよ！』（TKC戦略経営、2009年3月号）ほか。

仁茂田　恭一郎（にもだ・きょういちろう）　地域と公益　第Ⅲ部第8章
　現在：無職。1970年慶応義塾大学経済学部卒。ヤマサ醤油株式会社入社、営業、物流、秘書役等を担当、2017年退職。

横山　勝（よこやま・まさる）　地域と公益　第Ⅲ部第9章
　現在：家庭裁判所調査官。慶應義塾大学経済学部卒、佛教大学社会学部卒、北九州大学経済学研究科修了、杏林大学国際協力研究科博士後期課程単位満了退学。福岡、高知、神戸、和歌山、横浜、東京、水戸、盛岡で家庭裁判所調査官として勤務すると共に全司法労働組合少年法対策委員、子どもを守る文化会議準備委員として、少年審判、少年法の問題に取り組んでいる。

北沢　栄（きたざわ・さかえ）　環境と公益　第1章
　現在：フリージャーナリスト。慶應義塾大学経済学部卒。共同通信ニューヨーク特派員、東北公益文科大学大学院特任教授等を歴任。公益法人問題などで参議院厚生労働委員会、同決算委員会、同予算委員会、衆議院内閣委員会で意見陳述。2010年12月「厚生労働省独立行政法人・公益法人等整理合理化委員会」座長として報告書を取りまとめた。著書に『亡国予算　闇に消えた「特別会計」』（実業之日本社）、『公益法人　隠された官の聖域』（岩波新書）、『官僚社会主義　日本を食い物にする自己増殖システム』（朝日選書）、中小企業小説『町工場からの宣戦布告』（産学社）、近著に『小説・非正規　外されたはしご』（産学社）、訳書に『リンカーンの三分間』（ゲリー・ウィルズ著、共同通信社）など。

上野　伸子（うえの・のぶこ）　環境と公益　第2章
　現在：国立研究開発法人　新エネルギー・産業技術総合開発機構　技術戦略研究センター研究員。東京電機大学非常勤講師、千葉工業大学非常勤講師。東京大学大学院総合文化研究科広域科学専攻広域システム科学系博士課程修了、学術博士。主な論文に「科学論争におけるステークホルダーのフレーミング分析：魚食に関する米国の論文誌上の論争を事例として」『科学技術社会論研究』9号、2011年、など。

苗村　晶彦（なえむら・あきひこ）　環境と公益　第3章
　現在：戸板女子短期大学総合教養センター専任講師。1969年東京生まれ。1992年東京理科大学工学部卒業。1997年広島大学大学院生物圏科学研究科修了。博士（学術）。紀南農業協同組合経営指導課嘱託職員、日本学術振興会特別研究員（PD）、都留文科大学非常勤講師、市進学院専任教務社員等を経て現職。1999年日本生気象学会研究奨励賞受賞。最近の論文に「東京タワーにおける季節別の夜間高NO_2濃度とポテンシャルオゾン濃度との関係」『日本生気象学会雑誌』第53巻2016年、「福島県中通りにおける阿武隈川水系源流域の渓流水質」『土木学会論文集G（環境）』第73巻2017年など。

公益叢書
第六輯
公益法人・NPO法人と地域

2018年11月5日 第1版第1刷発行　　　　　検印省略

|編　者|現代公益学会|
|発行者|前　野　　　隆|

発行所　㈱文眞堂
東京都新宿区早稲田鶴巻町533
電話 03（3202）8480
FAX 03（3203）2638
http://www.bunshin-do.co.jp
郵便番号(162-0041)振替00120-2-96437

製作・モリモト印刷
© 2018
定価はカバー裏に表示してあります
ISBN978-4-8309-5010-0　C3036